U0930875

君子之风与大学之道

徐林旗◎编著

清華大学出版社
北　京

图书在版编目(CIP)数据

君子之风与大学之道 / 徐林旗编著. — 北京：清华大学出版社，2017

ISBN 978-7-302-47404-3

Ⅰ. ①君… Ⅱ. ①徐… Ⅲ. ①梁启超（1873～1929）—演讲—文集②楼宇烈—演讲—文集 Ⅳ. ①B259.1-53②K825.4-53

中国版本图书馆 CIP 数据核字(2017)第 124849 号

责任编辑：张立红
封面设计：邱晓俐
版式设计：方加青
责任校对：石成琳
责任印制：杨 艳

出版发行：清华大学出版社
网 址：http://www.tup.com.cn，http://www.wqbook.com
地 址：北京清华大学学研大厦 A 座 **邮 编：**100084
社 总 机：010-62770175 **邮 购：**010-62786544
投稿与读者服务：010-62776969，c-service@tup.tsinghua.edu.cn
质 量 反 馈：010-62772015，zhiliang@tup.tsinghua.edu.cn
印 装 者：三河市铭诚印务有限公司
经 销：全国新华书店
开 本：170mm×240mm **印 张：**19.5 **字 数：**309 千字
版 次：2017 年 9 月第 1 版 **印 次：**2017 年 9 月第 1 次印刷
定 价：88.00 元

产品编号：072931-01

梁启超（1873—1929年），字卓如，一字任甫，号任公，又号饮冰室主人。中国近代思想家、政治家、教育家、史学家、文学家。戊戌变法（百日维新）领袖之一、中国近代维新派、新法家代表人物。幼年时从师学习，八岁学为文，九岁能缀千言，17岁中举。后从师于康有为，成为资产阶级改良派的宣传家。梁启超于学术研究涉猎广泛，在哲学、文学、史学、经学、法学、伦理学、宗教学等领域，均有建树。其著作合编为《饮冰室合集》。

楼宇烈，1934年生于杭州，求学于上海。1955年考入北京大学哲学系，后留校任教，先后任北大哲学系暨国学研究院教授、北大宗教研究院名誉院长、北大学术委员会委员。中华优秀传统文化的集大成者和虔诚守护者，儒道释三家皆有涉猎。日常授课外，雅好昆曲、古琴、茶艺。主要著作包括《中国的品格》《中国文化的根本精神》《温故知新——中国哲学研究论文集》《王弼集校释》《康有为学术著作选》等。

徐林旗，清华大学继续教育学院首席课程研究员，“河北清华”发展研究院文化总监、中华优秀传统文化传承发展研究中心主任，清华园里读经典、清华德年公益文化奖等百年树人文化促进基金项目及中国金都新罗峰书院公益总干事、总发起人，清华大学继续教育文库传统文化艺术卷系列丛书主编。多次参加无偿献血，也是中国遗体器官捐献全部器官捐献志愿者。

［策划编辑者说］

100年前，
中华式微；
100年后，
民族中兴！

两代大师，
一位是激情呐喊，
一位是圆融开示——
挽狂澜之沧桑，
传薪火之希望，
只为那五千年华夏生生不息！

且听，
君子之风，
大学之道，
读书与做人——
跨越百年，
清华园里读经典！

让我们一起重温——
大师梁启超、先生楼宇烈，
于清华园里，那些启迪人生的智慧演讲！

代　序

纪念梁启超《君子》演讲一百周年
楼宇烈阐述“君子之风”

清华新闻网2014年11月24日电（通讯员褚政宇）：梁启超先生于1914年11月5日在清华大学发表演讲《君子》，其所引《易经》“自强不息，厚德载物”被立为清华校训，一直影响着清华的莘莘学子。为了纪念《君子》演讲一百周年、弘扬中华传统文化，11月19日晚，北京大学哲学系教授、当代著名国学大师楼宇烈做客清华，以“君子之风”为题，为到场的500余名学生阐述了他对“君子”的认识。清华大学党委书记陈旭出席本次活动。

楼宇烈首谈君子含义。他认为，一个国家的进步不在于国库的充盈、城池的坚固，也不在于公共设施的华丽，而取决于国家民众所受的教育，君子作为中国文化中的重要内容，是一种人的品格与品质，是一种普通民众都可能被教化成的理想人格。

楼宇烈二谈君子作用。任何社会有优点亦有缺点，君子首要社会功用是在引领社会风气，力图将基因中的文化缺点转变为优势，引领整个社会形成正能量氛围。

楼宇烈三谈君子素养。君子素养一字而言为“孝”，二字为“诚敬”，三字为“智仁勇”，四字为“礼义廉耻”，五字为“仁义礼智信”，八字为“孝悌忠信、礼义廉耻”。西方文化的孝归结为对上帝的尊敬，而孝在中国之本源在天地、祖先与父母，是文化核心，感恩本源。

楼宇烈末谈君子学习。诚然，求明师良友，看经典文化固然是一种学习方式，但是向身边的君子学习是最方便、最为有效的方式。并且，天地万物都是我们的榜样，中国的文化用很多比喻去让我们理解君子的道德，比如水、莲、玉、四君子花等。

在互动环节，楼宇烈针对“君子在世俗文化中的作用”做出了解答。他说：“社会越是缺少什么，思想家就越会强调什么，社会不可能只有好或者不好，那太理想化。我们强调君子文化就是竭力用好的一面去平衡文化里坏的一面，以求达到平衡和谐。”

讲座结束后，清华大学继续教育学院首席课程研究员徐林旗老师为楼宇烈送上一盒红漆木包装宣纸，是为纪念梁启超清华《君子》演讲一百周年专门限量定制，内涵深刻久远。同时，楼宇烈受邀成为清华大学百年树人文化促进基金项目秘书处和学生国学经典文化传播协会文化总顾问。

此次讲座由清华大学国家大学生文化素质教育基地、清华大学百年树人文化促进基金、清华大学学生国学经典文化传播协会主办，是纪念梁任公先生《君子》演讲百周年系列活动的首场讲座。

目录

上编 100年前，梁任公演讲清华

附一 大师梁任公

下编 100年后，楼师如是说：

先生楼宇烈

编后感言三则

上编

100年前，梁任公演讲清华

君子

君子二字其义甚广，欲为之诠注，颇难得其确解。惟英人所称“劲德尔门”，包罗众义，与我国君子之意差相吻合。证之古史，君子每与小人对待，学善则为君子，学不善则为小人。君子小人之分，似无定衡。顾习尚沿传类以君子为人格之标准。望治者，每以人人有士君子之心相勖。《论语》云：“君子人与？君子人也！”明乎君子品高，未易几及也。

英美教育精神，以养成国民之人格为宗旨。国家犹机器也，国民犹轮轴也。转移盘旋，端在国民，必使人人得发展其本能，人人得勉为“劲德尔门”，即我国所谓君子者。莽莽神州，需用君子人，于今益亟，本英美教育大意而更张之。国民之人格，駸駸日上乎。

君子之义，既鲜确诂，欲得其具体的条件，亦非易言。《鲁论》所述，多圣贤学养之渐，君子立品之方，连篇累牍势难胪举。《周易》六十四卦，言君子者凡五十三。乾坤二卦所云尤为提要钩元。乾象曰：“天行健，君子以自强不息。”坤象曰：“地势坤，君子以厚德载物。”推本乎此，君子之条件庶几近之矣。

乾象言，君子自励犹天之运行不息，不得有一暴十寒之弊。才智如董子，犹云勉强学问。《中庸》亦曰：“或勉强而行之。”人非上圣，其求学之道，非勉强不得入于自然。且学者立志，尤须坚忍强毅，虽遇颠沛流离，不屈不挠；若或见利而进，知难而退，非大有为者之事，何足取焉。人之生世，犹舟之航于海，顺风逆风，因时而异。如必风顺而后扬帆，登岸无日矣。

且夫自胜则为强，乍见孺子入水，急欲援手，情之真也。继而思之，往援则己危，趋而避之，私欲之念起，不克自胜故也。孔子曰：“克己复礼为仁。”王阳明曰：“治山中贼易，治心中贼难。”古来忠臣孝子，愤时忧国奋不欲生，然或念及妻儿，辄有难于一死不能自克者。若能摈私欲尚果毅，自强不息，则自励之功与天同德，犹英之“劲德尔门”，见义勇为，不避艰险，非吾辈所谓君子其人哉？！

坤象言，君子接物，度量宽厚，犹大地之博，无所不载。君子责己甚厚，责人甚轻。孔子曰：“躬自厚而薄责于人。”盖惟有容人之量，处世接物坦焉无所芥蒂，然后得以膺重任；非如小有才者，轻佻狂薄、毫无度量，不然！小不忍必乱大谋，君子不为也；当其名高任重，气度雍容，望之俨然，即之温然，此其所以为厚也，此其所以为君子也。

纵观四万万同胞，得安居乐业，教养其子若弟者几何人？读书子弟能得良师益友之薰陶者几何人？清华学子，荟中西之鸿儒，集四方之俊秀，为师为友，相蹉相磨，他年遨游海外，吸收新文明，改良我社会，促进我政治，所谓君子人者，非清华学子，行将焉属？！虽然，君子之德风，小人之德草，今日之清华学子，将来即为社会之表率，语、默、作、止，皆为国民所仿效，设或不慎坏习，惯之传行，急如暴雨，则大事偾矣。深愿及此时机，崇德修学，勉为真君子，异日出膺大任，足以挽既倒之狂澜，作中流之砥柱，则民国幸甚矣！

本文原载于1914年11月10日的《清华周刊》第20期，系梁启超先生应邀来清华为学校所做之《君子》主题演讲。

演讲时间为1914年11月5日，梁启超先生从《周易》“天行健，君子以自强不息”“地势坤，君子以厚德载物”这两句“乾”“坤”二卦卦辞的中心内容发挥开来，激励清华师生培养完全人格、“崇德修学，勉为真君子”。这次演讲后（约在1916—1917学年度），学校即以“自强不息，厚德载物”八字为校训，制作图徽，永久流传。1917年，清华开始修建大礼堂时，即设计以巨徽镶嵌于正额，以壮观瞻，流传至今。

演讲地点在今大礼堂东南方的同方部，是校内首期建筑物之一，初建时作礼堂用，还曾长期作每年8月27日祭祀孔子的地方，1923年秋，学校成立“德育指导部”，此处改称“同方部”，作为学校课外训育活动场所。“同方”二字源于《礼记·儒行》中句：“儒有合志同方，营道同术，并立则乐，相下不厌……”，“方”作“道义”解，“同方部”意即“志同道合者相聚的地方”。

以上注释，基于黄延复、贾金悦先生之作《清华园风物志》，清华大学出版社出版。

治国学的两条大路

我以为研究国学有两条应走的大路。一，文献的学问。应该用客观的科学方法去研究。二，德性的学问。应该用内省的和躬行的方法去研究。

第一条路，便是近人所讲的“整理国故”这部分事业。这部分事业最浩博、最繁难而且最有趣的，便是历史。我们是有五千年文化的民族；我们一家里弟兄姊妹们，便占了全人类四分之一；我们的祖宗世世代代在“宇宙进化线”上头不断的做他们的工作；我们替全人类积下一大份遗产，从五千年前的老祖宗手里一直传到今日没有失掉。我们许多文化产品，都用我们极优美的文字记录下来。虽然记录方法不很整齐，虽然所记录的随时散失了不少；但即以现存的正史、别史、杂史，编年、纪事本末，法典、政书、方志、谱牒，以至各种笔记、金石刻文等类而论，十层大楼的图书馆也容不下。拿历史家眼光看来，一字一句，都藏有极可宝贵的史料。又不独史部书而已，一切古书，有许多人见为无用者，拿它当历史读，都立刻变成有用。章实斋说“六经皆史”，这句话我原不敢赞成；但从历史家的立脚点看，说“六经皆史料”，那便通了。既如此说，则何只“六经”皆史？也可以说诸子皆史，诗文集皆史，小说皆史。因为里头一字一句都藏有极可宝贵的史料，和史部书同一价值。我们家里头这些史料，真算得世界第一个丰富矿穴。从前仅用土法开采，采不出什么来；现在我们懂得西法了，从外国运来许多开矿机器了。这种机器是什么？是科学方法。我们只要把这种方法运用得精密巧妙而且耐烦，自然会将这学术界无尽藏的富源开发出来，不独对得起先人，而且可以替世界人类恢复许多公共产业。

这种方法之应用，我在我去年所著的《历史研究法》和前两个月在本校所讲的《历史统计学》里头，已经说过大概。虽然还有许多不尽之处，但我敢说这条路是不错的。诸君倘肯循着路深究下去，自然也会发出许多支路，不必我细说了。但我们要知道：这个矿太大了，非分段开采不能成功，非一直开到深处不能得着宝贝。我们一个人一生的精力，能够彻底开通三几处矿苗，便算了不得的大事业。因此我们感觉着有发起一个“合作运动”之必要，合起一群人在一个共同目的共同计划之下，各人从其性之所好以及平时的学问根柢，各人分担三两门，做“窄而深”的研究，拼着一二十年工夫下去，这个矿或者可以开得有点眉目了。

此外和史学范围相出入或者性质相类似的文献学还有许多，都是要用科学方法研究去。例如：

（一）文字学。我们的单音文字，每一个字都含有许多学问意味在里头。若能用新眼光去研究，做成一部《新说文解字》，可以当做一部民族思想变迁史或社会心理进化史读。

（二）社会状态学。我国幅员广漠，种族复杂。数千年前之初民的社会组织，与现代号称最进步的组织，同时并存。试到各省区的穷乡僻壤，更进一步入到苗子、番子居住的地方，再拿二十四史里头“蛮夷传”所记的风俗来参证，我们可以看见现代社会学者许多想像的事项，或者证实，或者要加修正。总而言之，几千年间一部竖的进化史，在一块横的地平上可以同时看出，除了我们中国以外恐怕没有第二个国了。我们若从这方面精密研究，真是最有趣味的事。

（三）古典考释学。我们因为文化太古，书籍太多，所以真伪杂陈，很费别择；或者文义艰深，难以索解。我们治国学的人，为节省后人精力，而且令学问容易普及起见，应该负一种责任，将所有重要古典，都重新审定一番，解释一番。这种工作，前清一代的学者已经做得不少。我们一面凭借他们的基础，容易进行；一面我们因外国学问的触发，可以有许多补他们所不及。所以从这方面研究，又是极有趣味的事。

（四）艺术鉴评学。我们有极优美的文学美术作品。我们应该认识它的价值，而且将赏鉴的方法传授给多数人，令国民成为“美化”。这种工作，又要另外一帮人去做。我们里头有性情近于这一路的，便应该以此自任。

以上几件，都是举其最重要者。其实文献学所包含的范围还有许多，就是上所讲的几件，剖析下去，每件都有无数的细目。我们做这类文献学问，要悬着三个标准以求到达：

第一求真。凡研究一种客观的事实，须先要知道它“的确是如此”，才能判断它“为什么如此”。文献部分的学问，多属过去陈迹，以讹传讹、失其真相者甚多。我们总要用很谨严的态度，仔细别择，把许多伪书和伪事剔去，把前人的误解修正，才可以看出真面目来。这种工作，前清“乾嘉诸老”也曾努力做过一番，有名的清学正统派之考证学便是。但依我看来，还早得很哩。他们的工作，算是经学方面做得最多，史学、子学方面便差得远，佛学方面却完全没有动手呢。况且我们现在做这种工作，眼光又和先辈不同，所凭借的资料也比先辈们为多。我们应该开出一派“新考证学”，这片大殖民地，很够我们受用咧。

第二求博。我们要明白一件事物的真相，不能靠单文孤证便下武断。所以，要将同类或有关系的事情网罗起来，贯串比较，愈多愈妙。比方做生物学的人，采集各种标本，愈多愈妙。我们可以用统计的精神作大量观察。我们可以先立出若干种“假定”，然后不断的搜罗资料，来测验这“假定”是否正确。若能善用这些法门，真如韩昌黎说的“牛溲马勃，败鼓之皮，兼收并蓄，待用无遗”。许多前人认为无用的资料，我们都可以把它废物利用了。但求博也有两个条件。荀子说：“好一则博。”又说：“以浅持博。”我们要做博的工夫，只能择一两件专门之业为自己性情最近者做去，从极狭的范围内生出极博来。否则，件件要博，便连一件也博不成。这便是“好一则博”的道理。又，满屋散钱，穿不起来，虽多也是无用。资料越发丰富，则驾驭资料越发繁难，总须先求得个“一以贯之”的线索，才不至“博而寡要”，这便是“以浅持博”的道理。

第三求通。好一固然是求学的主要法门，但容易发生一种毛病。这毛病我替它起个名，叫做“显微镜生活”：镜里头的事物看得纤悉周备，镜以外却完全不见。这样子做学问，也常常会判断错误。所以我们虽然专门一种学问，却切不要忘却别门学问和这门学问的关系；在本门中，也常要注意各方面相互之关系。这些关系，有许多在表面上看不出来的，我们要用锐利眼光去求得它。能常常注意关系，才可以成通学。

以上关于文献学，算是讲完，两条路已言其一。此外则为德性学。此学应用内省及躬行的方法来研究，与文献学之应以客观的科学方法研究者绝不同。这可说是国学里头最重要的一部分，人人应当领会的。必走通了这一条路，乃能走上那一条路。

近来国人对于知识方面，很是注意，整理国故的名词，我们也听得纯熟。诚然，整理国故，我们是认为急务，不过若是谓除整理国故外，遂别无学问，那却不然。我们的祖宗遗予我们的文献宝藏，诚然足以傲世界各国而无愧色，但是我们最特出之点，仍不在此。其学为何？即人生哲学是。

欧洲哲学上的波澜，就哲学史家的眼光看来，不过是主智主义与反主智主义两派之互相起伏。主智者主智；反主智者即主情、主意。本来人生方面，也只有智、情、意三者。不过，欧人对主智，特别注重；而于主情、主意，亦未能十分贴近人生。盖欧人讲学，始终未以人生为出发点。至于中国先哲则不然。无论何时代、何宗派之著述，夙皆归纳于人生这一途，而于西方哲人精神萃集处之宇宙原理、物质公例等等，倒都不视为首要。故《荀子·儒效》篇曰："道，仁之隆也。……非天之道，非地之道，人之所以道也。"儒家既纯以人生为出发点，所以以"人之所以为道"为第一位，而于天之道等等，悉以置诸第二位。而欧西则自希腊以来，即研究他们所谓的形而上学。一天到晚，只在那里高谈宇宙原理，凭空冥索，终少归宿到人生这一点。苏格拉底号称西方的孔子，很想从人生这一方面做工夫，但所得也十分幼稚。他的弟子柏拉图，更不晓得循着这条路去发挥，至全弃其师传，而复研究其所谓天之道。亚里斯多德出，于是又反趋于科学。后人有谓道源于亚里斯多德的话，其实他也不过仅于科学方面有所创发，离人生毕竟还远得很。迨后斯端一派，大概可与中国的墨子相当；对于儒家，仍是望尘莫及。一到中世纪，欧洲全部，统成了宗教化。残酷的罗马与日耳曼人，悉受了宗教的感化，而渐进于迷信。宗教方面，本来主情意的居多；但是纯以客观的上帝来解决人生，终竟离问题尚远。后来再一个大反动，便是"文艺复兴"，遂一变主情、主意之宗教，而代以理智。近代康德之讲范畴，范围更过于严谨，好像我们的临"九宫格"一般。所以他们这些，都可说是没有找到人生的大道上去。直到詹姆士、柏格森、倭铿等出，才感觉到非改走别的路不可，很努力的从体验人生上做去，也算是把从前机械的唯物的人生观，拨开几重云雾。但是真果拿来与我们儒家相比，我可以说仍然幼稚。

总而言之，西方人讲他的形而上学，我们承认有他独到之处，换一方面，讲客观的科学，也非我们所能及。不过最奇怪的，是他们讲人生也用这种方法，结果真弄到个莫名其妙。譬如用形而上学的方法讲人，绝不想到是从人生的本体来自证，却高谈玄妙，把冥冥莫测的上帝来对喻。再如用科学的方法讲，尤为妙极。试问人生是什么？是否可以某部当几何之一角，三角之一边？是否可以用化学的公式来化分化合，或是用几种原质来造成？再如达尔文之用生物进化说来讲人生，征考详博，科学亦莫能摇动，总算是壁垒坚固；但是果真要问他人之所以异于禽兽者安在？人既自猿进化而来，为什么人自人而猿终为猿？恐怕他也不能给我们以很有理由的解答。总之，西人所用的几种方法，仅能够用之以研究人生以外的各种问题，人，决不是这样机械易懂的。欧洲人却始终未彻底悟到这一点，只盲目的往前做，结果造成了今日的烦闷，彷徨莫知所措。盖中世纪时，人心还能依赖着宗教过活；及乎今日，科学昌明，赖以醉麻人生的宗教，完全失去了根据。人类本从下等动物蜕化而来，哪里有什么上帝创造？宇宙一切现象，不过是物质和它的运动，还有什么灵魂？来世的天堂既渺不可凭，眼前的利害复日相肉搏。怀疑失望，都由之而起，真正是他们所谓的世纪末了。

以上我等看西洋人何等可怜！肉搏于这种机械唯物的枯燥生活当中，真可说是始终未闻大道！我们不应当导他们于我们祖宗这一条路上去吗？以下便略讲我们祖宗的精神所在。我们看看是否可以终身受用不尽，并可以救他们西人物质生活之疲敝。

知行合一

我们先儒始终看得知行是一贯的，从无看到是分离的。后人多谓知行合一之说，为王阳明所首倡，其实阳明也不过是就孔子已有的发挥。孔子一生为人，处处是知行一贯。从他的言论上，也可以看得出来。他说“学而不厌”，又说“为之不厌”，可知“学”即是“为”，“为”即是“学”。盖以知识之扩大，在人努力的自为，从不像西人之从知识方法而求知识。所以王阳明曰：“知而不行，是谓不知。”所以说这类学问，必须自证，必须躬行，这却是西人始终未看得的一点。

又儒家看得宇宙人生是不可分的。宇宙绝不是另外一件东西，乃是人生的活动。故宇宙的进化，全基于人类努力的创造。所以《易经》曰："天行健，君子以自强不息。"又看得宇宙永无圆满之时，故易卦六十四，始"乾"而以"未济"终。盖宇宙"既济"，则乾坤已息，还复有何人类！吾人在此未圆满的宇宙中，只有努力的向前创造。这一点，柏格森所见的，也很与儒家相近。他说宇宙一切现象，乃是意识流转所构成，方生已灭，方灭已生，生灭相衔，方成进化；这些生灭，都是人类自由意识发动的结果。所以人类日日创造，日日进化。这意识流转，就唤作精神生活，是要从内省直觉得来的。他们既知道变化流转，就是宇宙真相；又知道变化流转之权，操之在我，所以孔子曰："人能弘道；非道弘人。"儒家既看清了以上各点，所以他的人生观，十分美渥，生趣盎然。人生在此不尽的宇宙当中，不过是蜉蝣、朝露一般，向前做得一点是一点，既不望其成功，苦乐遂不系于目的物，完全在我，真所谓"无入而不自得"。有了这种精神生活，再来研究任何学问，还有什么不成？那末，或有人说，宇宙既是没有圆满的时期，我们何不静止不作，好吗？其实不然。人既为动物，便有动作的本能，穿衣吃饭，也是要动的。既是人生非动不可，我们就何妨就我们所喜欢做的、所认为当做的做下去？我们最后的光明，固然是远在几千万年、几万万年之后，但是我们的责任，不是叫一蹴而就的达到目的地，是叫我们的目的地，日近一日。我们的祖宗，尧、舜、禹、汤、孔、孟……在他们的进行中，长的或跑了一尺，短的不过跑了数寸，积累而成，才有今日。我们现在无论是一寸半分，只要往前跑才是。为现在及将来的人类受用，这都是不可逃的责任。孔子曰："士不可以不弘毅，任重而道远。仁以为己任，不亦重乎？死而后已，不亦远乎？"所以我们虽然晓得道远之不可致，还是要努力的到死而后已。故孔子是"知其不可而为之者"。正为其知其不可而为，所以生活上才含着春意。若是不然，先计较它可为不可为，那么，情志便系于外物，忧乐便关乎得失；或竟因为计较利害的原故，使许多应做的事，反而不做。这样，还哪里领略到生活的乐趣呢？

美妙的人生观

再其次，儒家是不承认人是单独可以存在的。故"仁"的社会，为儒家理想的大同社会。“仁”字，从二人；郑玄曰：“仁，相人偶也。”（《礼记注》）非人与人相偶，则“人”的概念不能成立。故孤行执异，绝非儒家所许。盖人格专靠各个自己，是不能完成。假如世界没有别人，我的人格，从何表现？譬如全社会都是罪恶，我的人格受了传染和压迫，如何能健全？由此可知，人格是个共同的，不是孤另的。想自己的人格向上，唯一的方法，是要社会的人格向上。然而社会的人格，本是各个自己化合而成。想社会的人格向上，唯一的方法，又是要自己的人格向上。明白这个，意力和环境提携，便成进化的道理。所以孔子教人“己欲立，而立人；己欲达，而达人”。所谓立人、达人，非立达别人之谓，乃立达人类之谓。彼我合组成人类，故立达彼，即是立达人类；立达人类，即是立达自己。更用“取譬”的方法，来体验这个“达”字，才算是“仁之方”。其他《论语》一书，讲“仁”字的，屡见不一见。儒家何其把“仁”字看得这么重要呢？即上面所讲的，儒家学问，专以研究“人之所以道”为本。明乎“仁”，人之所以道自见。孟子曰：“仁也者，人也；合而言之，道也。”盖仁之概念，与人之概念相函，人者，通彼我而始得名。彼我通，乃得谓之仁。知乎人与人相通，所以我的好恶，即是人的好恶，我的精神中，同时也含有人的精神。不徒是现世的人为然，即如孔孟远在二千年前，他的精神，亦浸润在国民脑中不少，可见彼我相通，虽历百世不变。儒家从这一方面看得至深且切，而又能躬行实践，“无终食之间违仁”。这种精神，影响于国民性者至大。即此一分家业，我可以说真是全世界唯一无二的至宝。这绝不是用科学的方法可以研究得来的，要用内省的工夫，实行体验。体验而后，再为躬行实践。养成了这付美妙的仁的人生观，生趣盎然的向前进，无论研究什么学问，管是兴致勃勃。孔子曰“仁者不忧”，就是这个道理。不幸汉以后这种精神便无人继续的弘发，人生观也渐趋于机械。八股制兴，孔子的真面目日失。后人日称“寻孔颜乐处”，究竟孔颜乐处在哪里？还是莫名其妙。我们既然诵法孔子，应该好好保存这分家私——美妙的人生观——才不愧是圣人之徒啊！

此外，我们国学的第二源泉，就是佛教。佛本传于印度，但是盛于中国。现在，大乘各派，五印全绝，正法一派，全在中国。欧洲人研究佛学的甚多，梵文所有的经典，差不多都翻出来。但向梵文里头求大乘，能得多少？我们自创的宗派，更不必论了。像我们的禅宗，真算得应用的佛教、世间的佛教，的确是印度以外才能发生，的确是表现中国人的特质，叫出世法与入世法并行不悖。它所讲的宇宙精微，的确还在儒家之上。说宇宙流动不居，永无圆满，可说是与儒家相同。曰："一众生不成佛，我誓不成佛"，即孔子立人达人之意。盖宇宙最后目的，乃是求得一大人格实现之圆满相，绝非求得少数个人超拔的意思。儒、佛所略不同的，就是一偏于现世的居多，一偏于出世的居多。至于它的共同目的，都是愿世人精神方面，完全自由。现在"自由"二字，误解者不知多少。其实人类外界的束缚，他力的压迫，终有方法解除；最怕的是"心为形役"，自己做自己的奴隶。儒、佛都用许多的话来教人，想叫把精神方面的自缚，解放净尽，顶天立地，成一个真正自由的人。这点，佛家弘发得更为深透，真可以说佛教是全世界文化的最高产品。这话，东西人士都不能否认。此后全世界受用于此的正多，我们先人既辛苦的为我们创下这分产业，我们自当好好的承受。因为这是人生唯一安身立命之具，有了这种安身立命之具，再来就性之所近的，去研究一种学问，那么，才算尽了人生的责任。

三、结束语

诸君听了我这夜的演讲，自然明白我们中国文化，比世界各国并无逊色。那一般沉醉西风，说中国一无所有的人，自属浅薄可笑。《论语》曰："人虽欲自绝，其何伤于日月乎？多见其不知量也！"这边的诸同学，从不对于国学轻下批评，这是很好的现象。自然，我也闻听有许多人讽刺南京学生守旧，但是只要旧的是好，守旧又何足诟病？所以我很愿此次的讲演，更能够多多增进诸君以研究国学的兴味！

（本文为1923年1月9日，梁启超在东南大学的演讲内容，为方便阅读，标题为编者所加。）

为学与做人

诸君！我在南京讲学将近三个月了。这边苏州学界里，有好几回写信邀我，可惜我在南京是天天有功课的，不能分身前来。今天到这里，能够和全城各校诸君聚在一堂，令我感激的很。但有一件，还要请诸君原谅：因为我一个月以来，都带着些病，勉强支持，今天不能作很长的讲演，恐怕有负诸君期望哩。

问诸君“为什么进学校？”我想人人都会众口一词地答道：“为的是求学问。”再问：“你为什么要求学问？”“你想学些什么？”恐怕各人的答案就很不相同，或者竟自答不出来了。诸君啊！我替你们回答一句罢：“为的是学做人。”你在学校里头学的什么数学、几何、物理、化学、生理、心理、历史、地理、国文、英语，乃至什么哲学、文学、科学、政治、法律、经济、教育、农业、工业、商业等等，不过是做人所需的一种手段，不能说专靠这些便达到做人的目的，任凭你把这些件件学的精通，你能够成个人不成个人还是个问题。

人类心理，有知、情、意三部分。这三部分圆满发达的状态，我们先哲名之为三达德——智、仁、勇。为什么叫做“达德”呢？因为这三件事是人类普通道德的标准，总要三个具备，才能成一个人。三件的完成状态怎么样呢？孔子说：“知者不惑，仁者不忧，勇者不惧。”所以教育应分为知育、情育、意育三方面，——现在讲的智育、德育、体育不对，德育范围太笼统，体育范围太狭隘——知育要教到人不惑，情育要教到人不忧，意育到教到人不惧。教育家教育学生，应该以这三件为究竟，我们自动的自己教育自己，也应该以这三件为究竟。

怎么样才能不惑呢？最要紧的是养成我们的判断力。想要养成判断力，第一步，最少须有相当的常识；进一步，对于自己要做的事须有专门智识；再进一步，还要有遇事能断的智慧。假如一个人连常识都没有，听见打雷，说是雷公发威；看见月蚀，说是蛤蟆贪嘴。那么，一定闹到什么事都没有主意，碰到一点疑难问题，就靠求神问卜看相算命去解决，真所谓“大惑不解”，成了最可怜的人了。学校里小学中学所教，就是要人有了许多基本的知识，免得凡事都暗中摸索。但仅仅有点常识还不够，我们做人，总要各有一件专门职业。这门职业，也并不是我一人破天荒去做，从前已经许多人做过，他们积累了无数经验，发现出好些原理原则，这就是专门学识。我打算做这项职业，就应该有这项专门的学识。例如我想做农吗，怎么的改良土壤，怎么的改良种子，怎么的防御水旱病虫等等，都是前人经验有得成为学识的，我们有了这种学识，应用他来处置这些事，自然会不惑，反是则惑了。做工、做商等等都各有他的专门学识，也是如此。我想做财政家吗，何种租税可以生出何样结果，何种公债可以生出何样结果等等，都是前人经验有得成为学识的；我们有了这种学识，应用他来处置这些事，自然会不惑，反是则惑了。教育家、军事家等等，都各有他的专门学说，也是如此。我们在高等以上学校所求的知识，就是这一类。但专靠这种常识和学识就够吗？还不能。宇宙和人生是活的不是呆的，我们每日碰见的事理是复杂的变化的，不是单纯的刻板的。倘若我们只是学过这一件，才懂这一件，那么，碰着一件没有学过的事来到跟前，便手忙脚乱了。所以还要养成总体的智慧，才能有根本的判断力。这种总的智慧如何才能养成呢？第一件，要把我们向来粗浮的脑筋着实磨炼他，叫他变成细密而且踏实。那么，无论遇着如何繁难的事，我都可以彻头彻尾想清楚他的条理，自然不至于惑了。第二件，要把我们向来浑浊的脑筋，着实将养他，叫他变成清明。那么，一件事理到跟前，我才能很从容很莹澈的去判断他，自然不至于惑了。以上所说常识学识和总体的智慧，都是知育的要件，目的是教人做到“知者不惑”。

怎么样才能不忧呢？为什么仁者便会不忧呢？想明白这个道理，先要知道中国先哲的人生观是怎么样。“仁”之一字，儒家人生观的全体大用都包在里头。“仁” 到底是什么？很难用言语说明，勉强下个解释，可以说是：“普遍人格之实现。”孔子说：“仁者人也。”意思是说人格完成就叫做“仁”。但我们要知道，人格不是单独一个人可以表现的，要从人和人的关系上来看。所以仁字从二人，郑康成解他做“相人偶”。总而言之，要彼此交感互发，成为一体，然后我的人格才能实现。所以我们若不讲人格主义，那便无话可说；讲到这个主义，当然归宿到普遍人格。换句话说，宇宙即是人生，人生即是宇宙，我们的人格，和宇宙无二区别，体验得这个道理，就叫做“仁者”。然则这种仁者为什么就会不忧呢？大凡忧之所从来，不外两端，一曰忧成败，二曰忧得失。我们得着“仁”的人生观，就不会忧成败。为什么呢？因为我们知道宇宙和人生是永远不会圆满的，所以《易经》六十四卦，始“乾”而终“未济”。正为在这永远不会圆满的宇宙中，才永远容得我们创造进化。我们所做的事，不过在宇宙进化几万万里的长途中，往前挪一寸、两寸，那里配说成功呢？然则不做怎么样呢？不做便连这一寸都不往前挪，那可真是失败了。“仁者”看透这种道理，信得过只有不做事才算失败，肯做事便不会失败。所以《易经》说：“君子以自强不息。”换一方面来看，他们又信得过凡事不会成功的，几万万里路挪了一两寸，算成功吗？所以《论语》：“知其不可而为之。”你想，有这种人生观的人，还有什么成败可忧呢？再者，我们得着“仁”的人生观，便不会忧得失。为什么呢？因为认定这件东西是我的，才有得失之可言。连人格都不是单独存在，不能明确的画出这一部分是我的，那一部分是人家的，然则哪里有东西可以为我们所得？既已没有东西为我所得，当然也没有东西为我所失。我只是为学问而学问，为劳动而劳动，并不是拿学问劳动等做手段来达某种目的——可以为我们“所得”得。所以老子说：“生而不有，为而不恃。”“既以为人已愈有，既以与人已愈多。”你想，有这种人生观的人，还有什么得失可忧呢？总而言之，有了这种人生观，自然会觉得“天地与我并生，而万物与我为一”，自然会“无人而不自得”。他的生活，纯然是趣味化艺术化。这是最高的情感教育，目的教人做到“仁者不忧”。

怎么样才能不惧呢？有了不惑不忧功夫，惧当然会减少许多了。但这是属于意志方面的事。一个人若是意志力薄弱，便会有丰富的智识，临时也会用不着，便有优美的情操，临时也会变了卦。然则意志怎么才会坚强呢？头一件须要心地光明。孟子说：“浩然之气，至大至刚。行有不慊于心，则馁矣。”又说：“自反而不缩，虽褐宽博，吾不惴焉；自反而缩，虽千万人，吾往矣。”俗话说得好：“生平不做亏心事，夜半敲门心不惊。”一个人要保持勇气，须要从一切行为可以公开做起，这是第一着。第二件要不为劣等欲望之所牵制。《论语》记：“子曰：‘吾未见刚者。’或对曰：‘伸枨。’子曰：‘枨也欲，焉得刚？’”一被物质上无聊的嗜欲东拉西扯，那么百炼刚也会变成绕指柔了。总之，一个人的意志，由刚强变为薄弱极易，由薄弱返到刚强极难。一个人有了意志薄弱的毛病，这个人可就完了。自己做不起自己的主，还有什么事可做？受别人压制，做别人奴隶，自己只要肯奋斗，终必能恢复自由。自己的意志做了自己情欲的奴隶，那么，真是万劫沉沦，永无恢复自由的余地，终身畏首畏尾，成了个可怜人了。孔子说："和而不流，强哉矫；中立而不倚，强哉矫。国有道，不变塞焉，强哉矫；国无道，至死不变，强哉矫。"我老实告诉诸君说罢，做人不做到如此，决不会成一个人。但做到如此真是不容易，非时时刻刻做磨炼意志的功夫不可。意志磨炼得到家，自然是看着自己应做的事，一点不迟疑，扛起来便做，"虽千万人吾往矣"。这样才算顶天立地做一世人，绝不会有藏头躲尾左支右绌的丑态。这便是意育的目的，要教人做到"勇者不惧"。

我们拿这三件事作做人的标准，请诸君想想，我自己现时做到哪一件——哪一件稍微有一点把握。倘若连一件都不能做到，连一点把握都没有，嗳哟！那可真危险了，你将来做人恐怕做不成。讲到学校里的教育吗，第二层的情育，第三层的意育，可以说完全没有，剩下的只有第一层的知育。就算知育罢，又只有所谓常识和学识，至于我所讲的总体智慧靠来养成根本判断力的，却是一点儿也没有。这种"贩卖知识杂货店"的育，把他前途想下去，真令人不寒而栗！现在这种教育，一时又改革不来，我们可爱的青年，除了他更没有可以受教育的地方。诸君啊！你到底还要做人不要？你要知道危险呀，非你自己抖擞精神方法自救，没有人救你呀！

诸君啊！你千万别要以为得些断片的智识，就算是有学问呀。我老实不客气告诉你罢：你如果做成一个人，智识自然是越多越好；你如果做不成一个人，智识却是越多越坏。你不信吗？试想想全国人所唾骂的卖国贼某人某人，是有智识的呀，还是没有智识的呢？试想想全国人所痛恨的官僚政客——专门助军阀作恶鱼肉良民的人，是有智识的呀，还是没有智识的呢？诸君须知道啊，这些人当十几年前在学校的时代，意气横历，天真烂漫，何尝不和诸君一样？为什么就会堕落到这样的田地呀？屈原说的："何昔日之芳草兮，今直为此萧艾也！岂其有他故兮，莫好修之害也。"天下最伤心的事，莫过于看着一群好好的青年，一步一步的往坏路上走。诸君猛醒啊！现在你所厌所恨的人，就是你前车之鉴了。

诸君啊！你现在怀疑吗？沉闷吗？悲哀痛苦吗？觉得外边的压迫你不能抵抗吗？我告诉你：你怀疑和沉闷，便是你因不知才会惑；你悲哀痛苦，便是你因不仁才会忧；你觉得你不能抵抗外界的压迫，便是你因不勇才有惧。这都是你的知、情、意未经过修养磨炼，所以还未成个人。我盼望你有痛切的自觉啊！有了自觉，自然会自动。那么，学校之外，当然有许多学问，读一卷经，翻一部史，到处都可以发现诸君的良师呀！

诸君啊，醒醒罢！养足你的根本智慧，体验出你的人格人生观，保护好你的自由意志。你成人不成人，就看这几年哩！

（本文选自《梁启超文选》，原文刊载于1923年1月15日《晨报副镌》，转载于1944年《锻炼》，根据梁启超先生1922年12月27日演讲整理。）

改造教育的要求

新会梁启超先生《北海谈话记 》

【周传儒、吴其昌笔记：先生每于暑期将近时，约同学诸君作北海之游，俯仰咏啸于快雪浴兰之堂，亦往往邀名师讲学其间。去年夏宝山张君励先生因事来京，为诸同学讲宋贤名理，盖穆然有鹅湖、鹿洞之遗风焉。今夏复赓盛游，以时故，诸贤因不能莅止，先生恐无以孚此嘉会，故自述此篇，以为诸同学之勉策云尔。弟子海宁吴其昌。】

今天本想约一二位朋友来演讲的，但是都不能来，故只好自己稍谈几句。现在一学年快完了，自己在学校内一年以来，每星期除了在讲堂上与同学会面外，其余接谈时间已不能多，暑期以后，有许多同学，不能再来了，即能再来，也暂时有三四月的分别，所以借此地，约大家来玩玩。本来此地是风景最美的地方，也可以说是我们的先后同学的一个纪念的地方。

大约三十多年前，我二十余岁，在长沙，与几位同志办了个时务学堂。学生先后两班，每班各四十人，办了一年多，遇着戊戌政变，学堂解散了。

第一班同学中有位蔡松坡（锷），那时他只有十余岁，在班中算是年龄最轻的。想起三十年前事，令我很有感触；那时算是中国最初办的学校，功课简陋得可笑：但我现在回忆，还是非常有兴趣；因为人数很少，所以感情易融浃；而功课简单，也就有简单的好处。现在学校功课是多极了，试问学生终日忙忙于机械的训谏中，那有深造自得了机会？在那时功课是很少的，而同学也就各专习一科；而且精神非常团结。同学们都成了极好的朋友，共了多少次患难，几十人，几乎变成了一人。功课因专做一两门，精力集中，故比较的能深造，最少可以说物质的、功利的观念，比现在不知浅薄多少。当时同学于"书本子"学问之外，大家对于"做人"方法，非常注意，所以后来人材很多。

蔡松坡在全班四十人中，也算是高材生之一，当时的批评：最好的是李炳寰，其次是林圭，蔡松坡可以轮到第三，李、林二人，都是于庚子革命之役（编者按：指光绪二十六年庚子七月，唐才常等"自立会"成员在汉口发动的勤王起义，梁氏称为"革命"，有所夸张。）殉难了。那一役主持的人是时务学堂教员唐佛尘先生才常，他是中国第一次革命的领袖，成仁于汉口，我们同学随同殉难的有二十多人，与唐先生同为中国第一次革命的牺牲者。那时因蔡松坡年纪还小，唐先生不许他直接加入革命事务，叫他带信到湖南给黄泽生先生。黄先生是当时在湖南带领新军的，他是罗忠节公（泽南）的再传弟子，生平一切私淑罗忠节公；他虽然和我们同志，却认为时机未到，屡劝唐先生忍耐待时。他不愿意蔡松坡跟着牺牲，便扣留着不放他回去。松坡当时气愤极了，后来汉口事完全失败，黄先生因筹点学费，派松坡往日本留学。从日本回来，方入政界，卒至为国劳瘁而死；于护国之役这一次，总算替国家办了点事业。他死的时（候），不过三十五岁，假使他多活十年，也不过四十五岁，至少国内局面，比今天不同一点。

当时我们看松坡，也不过是个好学的小学生罢了；他自己也想不到后来为国家的大材。一个人将来是什么样人谁也不能料定的，此不独蔡松坡为然，例如：诸葛武侯（亮）在隆中的时候，曾文正公（国藩）在四十岁以前，胡文忠公（林翼）在三十五六岁以前，他自己也就没有料到将来会做这样伟大的事。不过国家需要人材，那是时时需要的，而人们当时时准备着，以供国家的要求。遇到相当的机会，便立刻可以替国家服务。所谓事业也不必一定限定于政治的军事的，才可算事业；所以一个人；能抱定为国家服务的意旨，不会没有建设的。就怕自家没有准备着，则机会来了，当然只有放弃的，所以我们当修养着，自己认清自己的责任。

反观现在的学校，多变成整套的机械作用：上课下课，闹得头昏眼花；进学校的人，大多数除了以得毕业文凭为目的以外，更没有所谓意志，也没有机会做旁的事情，有志的青年们，虽然不流于这种现象，也无从跳出圈套外。于是改造教育的要求，一天比一天迫切了。我这两年来清华学校当教授，当然有我的相当抱负而来的：我颇想在这种新的机关之中，参合着旧的精神。吾所理想的，也许太难不容易实现：我要想把中国儒家道术的修养来做底子，而在学校功课上把他体现出来。在以往的儒家各个不同的派别中，任便做那一家，那都可以的，不过总要有这类的修养来打底子；自己把做人的基础，先打定了。吾相信假定没有这类做人的基础，那末做学问并非为自己做的。至于智识一方面，固然要用科学方法来研究，而我所希望的是：科学不但应用于求智识，还要用来做自己人格修养的工具。这句话怎么讲呢？例如当研究一个问题时，态度应如何忠实，工作应如何耐烦，见解要如何独立，整理组织应如何洽理而且细密……凡此之类，都一面求智识，同时一面即用以磨炼人格，道德的修养，与智识的推求，两者打成一片。现世的学校，完全偏在智识一方面，而老先生又统统偏在修养一边，又不免失之太空了；所以要斟酌于两者之间。我所最希望的是：在求智识的时候，不要忘记了我这种做学问的方法，可以为修养的工具；而一面在修养的时候，也不是参禅打坐的空修养，要如王阳明所谓在“事上磨炼”。

事上磨炼，并不是等到出了学校入到社会才能实行，因为学校本来就是一个社会，除方纔所说用科学方法作磨炼工具外，如朋友间相处的方法，乃至一切应事接物，何一不是我们用力的机会。我很痴心，想把清华做这种理想的试验场所。但照这两年的经过看来，我的目的，并非能达到多少。第一个原因，全国学风都走到急功近利及以断片的智识相夸耀，谈到儒家道术的修养，都以为迂阔不入耳，在这种氛围之下，想以一个学校极少数人打出一条血路，实在是不容易。第二件，清华学校自有他的历史，自有他的风气，我不过是几十位教员中之一位，当未约到多数教员合作以前，一个人很难为力的。第三件，我自己也因智识方面嗜好太多，在堂上讲课与及在私室和诸君接谈时，多半也驰惊于断片的智识，不能把精神集中于一点。因为这种原因，所以两年来所成就，不能如当初的预期。

我对于同学诸君，尤其万分抱歉。大学部选修我的功课的，除了堂上听讲外，绝少接谈的机会，不用说了，就是在研究院中，恐怕也不能不令诸君失望。研究院的形式，很有点像道尔顿制的教育（编者按：道尔顿制Dalton Plan，由美国教师H. H. Parkhurst于1920年在麻省道尔顿中学创行。其目的乃在废除年级和班级教学，学生在教师指导下，各自根据所拟学习计划，以不同教材、进度进行学习。），各人自己研究各人的嗜好，而请教授指导指导。老实说，我对于任何学问，并没有专门的特长，所以对于诸同学的工作，中间也有我所知道的，我当然很高兴地帮帮他们的忙；也许有我们同学的专门工作，比我还做得好，这倒不是客气话。外国研究院中的教授，于很隘小的范围内的学问，他真个可以指导研究，而除此隘小范围以外，他都不管；而我今日在研究院中的地位，却是糟了！同学以为我什么都懂得，所以很亲密地天天来请教我；而我自己觉得很惭愧，没有充分帮助。不过，虽然如此，而我的希望，仍是很浓厚着，仍努力继续下去。什么希望呢？假定要我指导某种学问的最高境界，我简直是不能，可以说：我对于专门学问深刻的研究，在我们同事诸教授中，谁都比我强，我谁都赶不上他；但是，我情愿每天在讲堂上讲做学问的方法。或者同学从前所用的方法不十分对，我可以略略加以纠正。或者他本来已得到方法，而我的方法，可以为相当的补助。这一点，我在智识上对于诸同学可以说是有若干的暗示；也许同学得到我这种的暗示，可以得到做学问的路，或者可以加增一点勇气。

还有一点：我自己做人，不敢说有所成就；不过直到现在，我觉得还是天天想向上。在人格上的磨炼及扩充，吾自少到现在，一点不敢放松。对于诸同学，我不敢说有多少人格上的感化，不过我总想努力，令不至有若干恶影响到诸同学。诸同学天天看我的起居、谈笑，各种琐屑的生活，或者也可以供我同学们相当的暗示或模范。大家至少可以感觉到这一点：我已有一日之长，五十余岁的人，而自己训练自己的工作，一点都不肯放过，不肯懈怠；天天看惯了这种样子，也可以使我们同学得到许多勇气。所以我多在校内一年，我们一部分同学，可以多得一年的熏染，则我的志愿，已算是不虚了。

现在中国的情形，糟到什么样了！将来如何变化？谁也不敢推测。在现在的当局者，那一个是有希望的？那一个帮派是有希望的？那末中国就此沉沦下去了吗？不！决不的！如果我们这样想，那我们便太没有志气，太不长进了！现在一般人，做的不好，固然要后人来改正；就是现在一般人，做的很好，也要后人来继续下去。现在学校的人，当然是将来中国的中坚；然而现在学校里的人，准备了没有？准备什么样来担任这个重大的责任？智识才能，固然是要的；然而道德的信仰——不是宗教——是断然不可少的。现在时事，糟到这样，难道是缺乏智识才能的缘故么？老实说：甚么坏事情，不是智识才能分子做出来的？现在一般人，根本就不相信道德的存在，而且想把他留下的残余，根本去划除。

我们一回头，看数十年前，曾文正公那般人的修养。他们看见当时的社会也坏极了，他们一面自己严厉的约束自己，不跟恶社会跑，而同时就以这一点来朋友间相互勉励，天天这样琢磨着，可以从他们往来的书札中考见。一见面，一动笔，所用以切磋观磨规劝者，老是这么样坚忍，这么样忠实，这么样吃苦，有恒，负责任这一些话；这些话看起来是很普通的，而他们就只用这些普通话来训炼自己。不怕难，不偷巧，最先从自己做起，立个标准，扩充下去，渐次声应气求，扩充到一班朋友，久而久之，便造成一种风气，到时局不可收拾的时候，就只好让他们这班人出来收拾了。所以曾（国藩），胡（林翼），江（忠源），罗（泽南），一般书呆子，居然被他们做了这样伟大的事业，而后来咸丰以后风气，居然被他们改变了，造成了他们做书呆子时候的理想道德社会了。可惜江公、罗公，早死一点，不久胡公也死了，单剩曾文正公，晚年精力也衰了。继曾文正公者，是李文忠公（鸿章）。他就根本不用曾胡罗诸人的，道德改造”政策，而换了他的，功利改造”政策。他的智力才能，确比曾文正公强；他专奖厉一班只有才能不讲道德的人物。继他而起的，是袁项城（世凯），那就变本加厉，明目张胆的专提拔一种无人格的政客作他的爪牙，天下事就大糟而特糟了。顾亭林《日知录》批评东汉的名节，数百年养成不足，被曹操一人破坏之而有余，正是同出一辙呀。

李文忠公，功名之士；以功名为本位，比较以富贵为本位的人，还算好些。再传下去，便不堪设想了，“其父杀人报仇，其子必且行劫”；袁项城就以富贵为本位了！当年曾胡江罗以道德、气节、廉耻，为提倡的成迹，遂消灭无遗。可怜他们用了大半世的功力，象有点眉目了，而被李文忠公以下的党徒，根本划除一点也不留，无怪数十年来中国的内乱便有增无遗了。一方面又从外国舶来了许多什么党，什么派，什么主义，……譬如孙中山先生，他现在已死了，我对他不愿意有甚么苛论，且我对于他的个人，也有相当的佩服：但是，孙中山比袁项城总算好得多了。不过，至少也是李鸿章所走的一条路。尤其是他的党派见解：无论甚么样的好人，不入他的党，多得挨臭骂；无论甚么坏东西，只要一入他的党，立刻变成了很好的好人。固然，国民党的发达，就是靠这样投机者之投机；而将来的致命伤，也都尽在这般人之中，这句话似乎可以断定吧？

现在既然把甚么道德的标准，统统破坏无遗；同时，我们解剖现代思想的潮流，就不出这二股范围之外，一是袁世凯派，二是孙中山派，而一方面老先生们，又全不知挽救的方法，天天空讲些礼教，刚刚被一般青年看做笑话的资料而瞧不起他。我们试看曾文正公等，当时是甚么样修养的？是这样的么？他们所修养的条件：是甚么样克己，甚么样处事，甚么样改变风气……先从个人，朋友，少数人做起，诚诚恳恳，脚踏实地的，一步一步做去；一毫不许放松，我们读曾氏的《原才》，便可见了。风气虽坏，自己先改造自己，以次改造我的朋友，以及朋友的朋友，找到一个是一个，这样继续不断的努力下去，必然有相当的成功。假定曾文正胡文忠迟死数十年，也许他们的成功是永久了；假定李文忠袁项城也走这一条路，也许直到现在还能见这种风气呢！

然而现在的社会，是必须改造的！不改造他，眼看他就此沈沦下去，这是我们的奇耻大辱！但是谁来改造他？一点不客气，是我辈！我辈不改造，谁来改造？要改造社会，先从个人做人方面做去，以次及于旁人，一个，二个以至千万个；只要我自己的努力不断，不会终没有成绩的。江，罗诸公，我们知道他是个乡下先生，他为什么有这样伟大的事业？在这一点上，我对于诸同学，很抱希望：希望什么？希望同学以改造社会风气为各人自己的责任。

至于成功么？是不可说的。天地一日没有息；我相信我们没有绝对成功的一日。我们能工作一部分，就有一部分的成绩，最怕是不做。尤其我们断不要忘了这句话：社会坏，我们切不要“随其流而扬其波，哺其糟而啜其醨”。不然，则社会愈弄愈坏，坏至于极，是不堪设想的。至少我有一分力量，要加以一分的纠正。至于机会之来不来，是不可说的；但是无论有没有机会，而我们改善社会的决心的责任，是绝对不能放松的。所以我希望我们同学不要说“我的力量太小”，或者说“我们在学校里，是没有功夫的”。实际上，只要你有多少力量，尽多少责任就得。至于你无论在什么地方，总是社会的一分子，你也尽一分子的力，我也尽一分子的力，力就大了。将来无论在政治上，或教育上，或文化上，或社会事业上……乃至其他一切方面，你都可以建设你预期的新事业，造成你理想的新风气，不见得我们的中国就此沈沦下去的。这是对于品格上修养的话。

至于智识上的修养——在学问著述方面，改造自己，那末因我个人对于史学有特别兴趣，所以昔时曾经发过一个野心，要想发愤从新改造一部中国史。现在知道，这是绝对不是一个人的力量所可办到的。非分工合作，是断不能做成的。所以我在清华，也是这个目的：希望用了我的方法，遇到和我有同等兴味的几位朋友，合起来工作，忠实的切实的努力一下。我常常这样地想：假定有同志约二三十人，用下二三十年工夫去，终可以得到一部比较好的中国史。我在清华二年，也总可说已经得到几个了；将来或聚在一块，或散在各方，但是终有合作的可能。我希望他们得我多少暗示的帮助，将来他们的成绩比我强几倍。

归纳起来罢！以上所讲的有二点：

（一）是做人的方法——在社会上造成一种不逐时流的新人。

（二）是做学问的方法——在学术界上造成一种适应新潮的国学。

我在清华的目的如此，虽不敢说我的目的，已经满足达到，而终已得了几个很好的朋友，这也是使我自己可以安慰自己的一点。

今天，是一年快满的日子了，趁天气清和时候约诸同学在此相聚，我希望在座的同学们，能完全明了，了解这二点——做人、做学问，而努力向前干下去呀！

还有与朋友之间，最好是互相劝导切磨，所谓“相观而善”。一个人生平不得到一个很好的朋友，他的痛苦，比鳏寡孤独还难过；但是朋友可以找出来的，还可以造出来的。我去改造他，他来改造我。一方面可以找朋友，一方面可以造朋友。所以无论何人，终该要有朋友的，然而，得好朋友，是何等不容易啊？得到了朋友，要看古人对于朋友如何的劝磨，如何的规正；最少不要象现在“功利派”利害的结合：因了一点无聊的纠葛，或者互相团结，或者互相闹翻，日后想起来，只有可笑，没有话说。我情愿我们同学中永远不会发生因一点无聊的事情，而感情发生裂痕，类似这一类的事实，我情愿吾们同学大家以至诚相待，不忘了互相改造与策勉，亲密到同家人父子兄弟一样，那是何等痛快！因为朋友是很难得的，日后散了，回想当时聚在一起做学问的快活，是不能再得的了！

我今天所讲的话，很无伦次，本来不过既然约诸位到此地来玩，随便谈谈罢了。不过，总可算是很真挚的话。

【原载丁卯（1927年）初夏《清华学校研究院同学录》，名“新会梁启超先生《北海谈话记》”。本文题目及各小标题为编者所撰，以便阅读。】

学生自修之三大要义

鄙人于两年前，尝居此月余，与诸君日夕相见，虽年来奔走四方，席不暇暖，所经危难，不知凡几，然与诸君之感情，既深且厚，未尝一日忘。故在此百忙中，亦不能不一来与诸君相见。

相去两载，人事之迁移，又如许矣。旧日之座上诸君，当有一部分已远游外国，而今日座中诸君，想有一部分乃新来，未曾相识。唯大多数当能认此故人。今对于校长及各教员殷勤之情意，与乎诸君活泼之精神，鄙人无限愉快。聊作数言，以相切磋，题为《学生自修之三大要义》。

（一）为人之要义；（二）做事之要义；（三）学问之要义。

第一为人之要义。古来宗教哲学等书，言之已不胜其详，唯欲作一概括之语以论之，则反省克己四字，为最要义。反省之结果，即人与禽兽之所由分也。生理作用，人畜无异焉，如饥而思食，渴而思饮，劳而思息，倦而思眠。凡有血气，莫或不尔。唯禽兽则全为生理冲动所支配，人则于生理冲动之时，每能加以思索，是谓反省。反省而觉其不当，则收束其欲望，是谓克己。如饥火内煎，见有可食之物，陈于吾前，禽兽则不问其谁属，辄攫而食之。人则不然，物非所有，固不能夺，即所有权乃属于我，亦当思所以分惠同病之人，此道德之所由生也。《论语》所谓吾日三省吾身，又曰而内自省也，又曰内省不疚，皆申明此反省之要义。凡事思而后行，言思而后出，此立身之大本也。人之所以为万物之灵，亦因其具有此种能力。唯必思所以发达之而已。此似易而实最难，唯当慎之于始。譬如以不诚之举动欺人，以快意道他人之短长，传播以为谈柄，此人类之恶根性。自圣哲，莫不有之。若放纵而不自克，便成习惯，循至此心不能自主，堕落乃不知所，古来圣贤立教，不外纠正人之此种习惯。唯不自省，至此恶性已成，习惯曾不自觉，则虽有良师益友，亦莫能助也。诸君之年龄，在人生最有希望之时期，然亦为最危险之时期。大抵十五至二十时，乃终身最大之关头，宜谨慎小心，以发达良心之本能，使支配耳目手足，勿为耳目手足所支配。事之来也，可行与否，宜问良心，良心之第一命令，必为真理，宜服从之。若稍迟疑，则耳目手足之欲，必各出其主意，而妄发命令，结果大错谬。譬诸受他人之所托，代保管其金钱，良心之第一命令，必曰克尽厥职，勿坠信用也。若不服从此命令，则耳目之欲，必曰吾久枯寂，盍假此以访酒家。如是则良心之本能，竟为物欲所敝矣。小事如此，大事亦何独不然？历史上之恶人，遗臭万世，然当日其良心之第一命令，必无误也。人之主体，乃在良心，须自幼养成良心之独立，勿为四肢五官之奴隶。身奴于人，尚火可救，唯自作肢体之奴隶，则莫能助，唯当反省克己而已。

第二做事之要义。大抵个人之所受用，固自有其独到处，未必从同。若鄙人则以“精力集中”四字，为做事之秘诀，以为必如此，其力乃大，譬诸以镜取火，集径寸之日光于一点，着物即燃，此显而易见者也。凡事不为则已，为之必用全力，乃克有成。昔有一文弱孝子，力不能缚一鸡，父死未葬，比邻失慎，延及居庐。此子乃举棺而出诸火。此何故？精力集中而已。语曰：至诚所感，金石为开。又曰：想之思之，鬼神通之。李广射石而没羽，非无稽也。即以最近之事言之，蔡公松坡，体质本极文弱，然去年在四川之役，尝四十昼夜不得宁息，更自出其精力，以鼓将士之勇气，卒获大胜。非精力集中，岂能及此？盖精力与物力不同，物力有定限，而精力则无穷。譬诸五百马力之机器，五百即其定量矣，精力则不然，善用之则其力无限，此人类之所以不可思议也。《论语》所谓“居处恭，执事敬”，此语最为精透。据朱子所解释，谓敬者主一无适之谓。主一无适，即精力集中而已。法国人尝著一书，以自箴其国人，谓英国人每做一事，必集精力而为之，法人则不如此，英之所以能强也。至于中国，更何论焉。中且不有，何集之云？执业不对于职务负责任，而思及其次，此我国之国民性也。为学亦然，慧而不专，愚将胜之。学算而思及于文，文固不成，算亦无得，此一定之理也。余最有此等经验，每作一文，或演说，若吾志认为必要时，聚精神而为之，则能动人。己之精力多一分，则人之受感动亦多一分。若循例敷衍，未见其有能动人者矣。正如电力之感应，丝毫不容假借也。曾文正谓精神愈用而愈强，愿诸君今日于学业上，日操练此精神，而他日任事，自能收效矣。

第三学问之要义。勤也，勉也。此古圣贤所以劝人为学之言也。余以为学问之道，宜先在开发本能。孔子曰：“人能弘道，非道弘人。”苏格拉底曰：“余非以学问教人，乃教人以为学。”此即所谓能与人规矩，不能使人巧，所以几许，求其在我而已。若求学而专以试验及格为宗旨，则试验之后，学问即还诸教师，于我无有也。然则若何？曰：当求在应用而已。譬诸算学，于记账之外，当用之以细心思。譬诸几何，于绘图之外，当用之以增条理。几百学问，莫不皆然。若以学问为学校照例之功课，谓非此不足以得毕业证书，则毕业之后，所学悉还诸教师，于己一无所得也。例如体操，学校之常课也，其用在强健身体，为他日任事之预备。若云非此不足以得文凭，吾强为之，则假期之后，其可以按日昼寝矣乎？是无益也。孔子曰：“古之学者为己，今之学者为人。”学以致用，即为己也；欲得文凭，以炫耀乡人，此为人也。年来毕业学生，奚啻千万，问其可以能致用于国家者，能有几人？此无他，亦曰为人太多，而自为太少耳。愿诸君为学，但求发达其本能，勿务于外，此余所以发至亲爱之精神，至热诚之希望，奉告于诸君也。

（原文刊载于1917年3月《环球》，来自于1917年1月10日演讲。）

敬业与乐业

我这题目，是把《礼记》里头“敬业乐群”和《老子》里头“安其居，乐其业”那两句话，断章取义造出来的。我所说的是否与《礼记》《老子》原意相合，不必深求；但我确信“敬业乐业”四个字，是人类生活的不二法门。

本题主眼，自然是在“敬”字、“乐”字。但必先有业，才有可敬、可乐的主体，理至易明。所以在讲演正文以前，先要说说有业之必要。

孔子说：“饱食终日，无所用心，难矣哉！”又说：“群居终日，言不及义，好行小慧，难矣哉！”孔子是一位教育大家，他心目中没有什么人不可教诲，独独对于这两种人便摇头叹气说道：“难！难！”可见人生一切毛病都有药可医，惟有无业游民，虽大圣人碰着他，也没有办法。

唐朝有一位名僧百丈禅师，他常常用两句格言教训弟子，说道：“一日不做事，一日不吃饭。”他每日除上堂说法之外，还要自己扫地、擦桌子、洗衣服，直到八十岁，日日如此。有一回，他的门生想替他服务，把他本日应做的工悄悄地都做了，这位言行相顾的老禅师，老实不客气，那一天便绝对的不肯吃饭。

我征引儒门、佛门这两段话，不外证明人人都要有正当职业，人人都要不断地劳作。倘若有人问我：“百行什么为先？万恶什么为首？”我便一点不迟疑答道：“百行业为先，万恶懒为首。”没有职业的懒人，简直是社会上的蛀米虫，简直是“掠夺别人勤劳结果”的盗贼。我们对于这种人，是要彻底讨伐，万不能容赦的。今日所讲，专为现在有职业及现在正做职业上预备的人——学生——说法，告诉他们对于自己现有的职业应采何种态度。

第一要敬业。敬字为古圣贤教人做人最简易、直捷的法门，可惜被后来有些人说得太精微，倒变得不适实用了。惟有朱子解得最好，他说：“主一无适便是敬。”用现在的话讲，凡做一件事，便忠于一件事，将全副精力集中到这事上头，一点不旁骛，便是敬。业有什么可敬呢？为什么该敬呢？人类一面为生活而劳动，一面也是为劳动而生活。人类既不是上帝特地制来充当消化面包的机器，自然该各人因自己的地位和才力，认定一件事去做。凡可以名为一件事的，其性质都是可敬。当大总统是一件事，拉黄包车也是一件事。事的名称，从俗人眼里看来有高下；事的性质，从学理上解剖起来，并没有高下。只要当大总统的人，信得过我可以当大总统才去当，实实在在把总统当作一件正经事来做；拉黄包车的人，信得过我可以拉黄包车才去拉，实实在在把拉车当作一件正经事来做，便是人生合理的生活。这叫做职业的神圣。凡职业没有不是神圣的，所以凡职业没有不是可敬的。惟其如此，所以我们对于各种职业，没有什么分别拣择。总之，人生在世，是要天天劳作的。劳作便是功德，不劳作便是罪恶。至于我该做哪一种劳作呢？全看我的才能何如，境地何如。因自己的才能、境地，做一种劳作做到圆满，便是天地间第一等人。

怎样才能把一种劳作做到圆满呢？惟一的秘诀就是忠实，忠实从心理上发出来的便是敬。《庄子》记佝偻丈人承蜩的故事，说道："虽天地之大，万物之多，而惟吾蜩翼之知。"凡做一件事，便把这件事看作我的生命，无论别的什么好处，到底不肯牺牲我现做的事来和他交换。我信得过我当木匠的做成一张好桌子，和你们当政治家的建设成一个共和国家同一价值；我信得过我当挑粪的把马桶收拾得干净，和你们当军人的打胜一支压境的敌军同一价值。大家同是替社会做事，你不必羡慕我，我不必羡慕你。怕的是我这件事做得不妥当，便对不起这一天里头所吃的饭。所以我做这事的时候，丝毫不肯分心到事外。曾文正说："坐这山，望那山，一事无成。"一个人对于自己的职业不敬，从学理方面说，便亵渎职业之神圣；从事实方面说，一定把事情做糟了，结果自己害自己。所以敬业主义，于人生最为必要，又于人生最为有利。庄子说："用志不分，乃凝于神。"孔子说："素其位而行，不愿乎其外。"所说的敬业，不外这些道理。

第二要乐业。"做工好苦呀！"这种叹气的声音，无论何人都会常在口边流露出来。但我要问他："做工苦，难道不做工就不苦吗？"今日大热天气，我在这里喊破喉咙来讲，诸君扯直耳朵来听，有些人看着我们好苦；翻过来，倘若我们去赌钱、去吃酒，还不是一样在淘神费力？难道又不苦？须知苦乐全在主观的心，不在客观的事。人生从出胎的那一秒钟起到咽气的那一秒钟止，除了睡觉以外，总不能把四肢、五官都搁起不用。只要一用，不是淘神，便是费力，劳苦总是免不掉的。会打算盘的人，只有从劳苦中找出快乐来。我想天下第一等苦人，莫过于无业游民，终日闲游浪荡，不知把自己的身子和心子摆在哪里才好，他们的日子真难过。第二等苦人，便是厌恶自己本业的人，这件事分明不能不做，却满肚子里不愿意做。不愿意做逃得了吗？到底不能。结果还是皱着眉头，哭丧着脸去做。这不是专门自己替自己开玩笑吗？我老实告诉你一句话，凡职业都是有趣味的，只要你肯继续做下去，趣味自然会发生。为什么呢？第一，因为凡一件职业，总有许多层累、曲折，倘能身入其中，看它变化进展的状态，最为亲切有味。第二，因为每一职业之成就，离不了奋斗；一步一步奋斗前去，从刻苦中将快乐的分量加增。第三，职业的性质，常常要和同业的人比较骈进，好像赛球一般，因竞胜而得快乐。第四，专心做一职业时，把许多游思妄想杜绝了，省却无限闲烦闷。孔子说："知之者不如好之者，好之者不如乐之者。"人生能从自己职业中领略出趣味，生活才有价值。孔子自述生平，说道："其为人也，发愤忘食，乐以忘忧，不知老之将至云尔。"这种生活，真算得人类理想的生活了。

我生平最受用的有两句话：一是"责任心"，二是"趣味"。我自己常常力求这两句话之实现与调和，又常常把这两句话向我的朋友强聒不舍。今天所讲，敬业即是责任心，乐业即味。我深信人类合理的生活应该如此，我盼望诸君和我一同受用！

【选自《饮冰室合集》，为梁启超先生1922年8月14日在上海中华职业学校演讲内容。】

国学入门书要目及其读法

梁启超

两月前，《清华周刊》记者以此题相属，蹉跎久未报命。顷独居翠微山中，行箧无一书，而记者督责甚急。乃竭三日之力，专凭忆想所及草斯篇。

漏略自所不免。且容有并书名篇名亦记忆错误者。他日当更补正也。

十二年四月二十六日启超，碧摩岩揽翠山房。

（甲）修养应用及思想史关系书类

《论语》《孟子》

《论语》为二千年来国人思想之总源泉，《孟子》自宋以后势力亦与相埒。此二书可谓国人内的外的生活之支配者。故吾希望学者熟读成诵。即不能，亦须翻阅多次，务略举其辞；或摘记其身心践履之言以资修养。

《论语》《孟子》之文，并不艰深，宜专读正文，有不解处方看注释。注释之书：朱熹《四书集注》，为其生平极矜慎之作，可读，但其中有堕入宋儒理障处，宜分别观之。清儒注本：《论语》则有戴望《论语注》《孟子》则有焦循《孟子正义》最善。戴氏服膺颜习斋之学，最重实践，所注似近孔门真际：其训诂亦多较朱注为优。其书简洁易读。焦氏服膺戴东原之学，其《孟子正义》在清儒诸经新疏中为最佳本。但文颇繁，宜备置案头，遇不解时或有所感时则取供参考。

戴震《孟子字义疏证》，乃戴氏一家哲学，并非专为注释《孟子》而作。但其书极精辟，学者终须一读。最好是于读《孟子》时并读之，既知戴学纲领，亦可以助读《孟子》之兴味。

焦循《论语通释》，乃摹仿《孟子字义疏证》而作，将全部《论语》拆散，标准重要诸义如言仁言忠恕等列为若干目，通观而总诠之。可称治《论语》之一良法，且可应用其法以治他书。

右两书篇叶皆甚少，易读。

陈澧《东塾读书记》中读《孟子》之卷，取《孟子》学说分项爬疏，最为精切。其书不过二三十叶，宜一读以观前辈治学方法，且于修养亦有益。

《易经》

此书为孔子以前之哲学书。孔子为之注解，虽奥衍难究，然总须一读。吾希望学者将《系辞传》《文言传》熟读成诵；其《卦象传》六十四条，则用别纸抄出，随时省览。

后世说《易》者言人人殊。为修养有益起见，则程颐之《程氏易传》差可读。

说易最近真者，吾独推焦循。其所著《雕菰楼易学》三书（《易通释》《易图略》《易章句》）皆称精诣。学者如欲深通此经，可取读之。否则可以不必。

《礼记》

此书为战国及西汉之“儒家言”丛编，内中有极精纯者，亦有极破碎者。吾希望学者将《中庸》《大学》《礼运》《乐记》四篇熟读成诵。《曲礼》《王制》《檀弓》《礼器》《学记》《坊记》《表记》《缁衣》《儒行》《大传》《祭义》《祭法》《乡饮酒义》诸篇，多浏览数次。且摘录其精要语。

若欲看注解，可看《十三经注疏》内郑注、孔疏。

《孝经》之性质与《礼记》同，可当《礼记》之一篇读。

《老子》

道家最精要之书。希望学者将此区区五千言熟读成诵。

注释书未有极当意者。专读白文自行寻索为妙。

《墨子》

孔、墨在先秦时两圣并称，故此书非读不可。除《备城门》以下各篇外，余篇皆宜精读。

注释书以孙诒让《墨子间诂》为最善。读《墨子》宜即读此本。

《经上、下》《经说上、下》四篇，有张惠言《墨子经说解》及梁启超《墨经校释》两书可参观，但皆有未精惬处。《小取》篇有胡适新诂可参观。

梁启超《墨子学案》，属通释体裁，可参观助兴味。但其书为临时讲义，殊未精审。

《庄子》

《内篇》七篇及《杂篇》中之《天下》篇最当精读。

注释有郭庆藩之《庄子集释》差可。

《荀子》

《解蔽》《正名》《天论》《正论》《性恶》《礼论》《乐论》诸篇最当精读。余亦须全部浏览。

注释书王先谦《荀子集注[解]》甚善。

《尹文子》《慎子》《公孙龙子》

今存者皆非完书。但三子皆为先秦大哲，虽断简亦宜一读。篇帙甚少，不费力也。《公孙龙子》之真伪，尚有问题。

三书皆无善注。《尹文子》《慎子》易解。

《韩非子》

法家言之精华。须全部浏览。（其特别应精读之诸篇，因手边无原书，胪举恐遗漏，他日补列。）

注释书王先慎《韩非子集释[解]》差可。

《管子》

战国末年人所集著者。性质颇杂驳，然古代各家学说存其中者颇多。宜浏览。

注释书戴望《管子校正》甚好。

《吕氏春秋》

此为中国最古之类书。先秦学说存其中者颇多。宜浏览。

《淮南子》

此为秦汉间道家言荟萃之书。宜稍精读。

注释书闻有刘文典《淮南鸿烈集解》颇好。

《春秋繁露》

此为西汉儒家代表的著作。宜稍精读。

注释书有苏舆《春秋繁露义证》颇好。

康有为之《春秋氏学》，为通释体裁，宜参看。

《盐铁论》

此书为汉代儒家法家对于政治问题对垒抗辩之书。宜浏览。

《论衡》

此书为汉代怀疑派哲学，宜浏览。

《抱朴子》

此书为晋以后道家言代表作品，宜浏览。

《列子》

晋人伪书。可作魏晋间玄学书读。

右所列为汉晋以前思想界之重要著作。六朝隋唐间思想界最著光采者为佛学；其书目当别述之。以下举宋以后学术之代表书。但为一般学者节啬精力计，不愿多举也。

《近思录》朱熹著。江永注。

读此书可见程朱一派之理学其内容何如。

《朱子年谱》附《朱子论学（切）要语》王懋竑著。

此书叙述朱学全面目最精要有条理。

若欲研究程朱学派，宜读《二程遗书》及《朱子语类》。非专门斯业者可置之。

南宋时与朱学对峙者尚有吕东莱之文献学一派，陈龙川、叶水心之功利主义一派，及陆象山之心学一派。欲知其详，宜读各人专集。若观大略，可求诸《宋元学案》中。

《传习录》王守仁语。徐爰[爱]、钱洪德等记。

读此可知王学梗概。欲知其详，宜读《王文成公全书》。因阳明以知行合一为教，要合观学问事功，方能看出其全部人格。而其事功之经过，具见集中各文。故阳明集之重要，过于朱、陆诸集。

《明儒学案》黄宗羲著。

《宋元学案》黄宗羲初稿，全祖望、王梓材两次续成。

此二书为宋元明三朝理学之总记录，实创作的学术史。《明儒学案》中《姚江》《江右王门》《泰州》《东林》《蕺山》诸案最精善。《宋元学案》中《象山》案最精善，《横渠》《二程》《东莱》《龙川》《水心》诸案亦好。《晦翁》案不甚好。《百源》（邵雍）、《涑水》（司马光）诸案，失之太繁，反不见其真相。末附（王安石）《荆公新学略》最坏。因有门户之见，故为排斥。欲知荆公学术，宜看《王临川集》。

此二书卷帙虽繁，吾总望学者择要浏览，因其为六百年间学术之总汇，影响于近代甚深。且汇诸家为一编，读之不甚费力也。

清代学术史可惜尚无此等佳著。唐鉴之《国朝（学）案小识》，以清代最不振之程朱学派为立脚点，褊狭固陋，万不可读。江藩之《国朝汉学师承记》《国朝宋学渊源记》，亦学案体裁，较好。但江氏常识亦凡庸，殊不能叙出各家独到之处。万不得已，姑以备参考而已。启超方有事于《清儒学案》，汗青尚无期也。

《日知录》《亭林文集》顾炎武著

顾亭林为清学开山第一人。其精力集注于《日知录》，宜一浏览。读《文集》中各信札，可见其立身治学大概。

《明夷待访录》黄宗羲著。

黄梨洲为清初大师之一。其最大贡献在两学案。此小册可见其政治思想之大概。

《思问录》王夫之著。

王船山为清初大师之一。非通观全书，不能见其精深博大。但卷帙太繁，非别为系统的整理，则学者不能读。聊举此书发凡，实不足以代表其学问之全部也。

《颜氏学记》戴望编。

颜习斋为清初大师之一。戴氏所编《学记》，颇能传其真。徐世昌之《颜李学》，亦可供参考。但其所集《习斋语要》《恕谷（李塨）语要》，将攻击宋儒语多不录，稍失其真。

顾、黄、王、颜四先生之学术，为学者所必须知，然其著述皆浩翰或散佚，不易寻绎。启超行将为系统的整理记述以饷学者。

《东原集》戴震著。

《雕菰楼集》焦循著。

戴东原、焦里堂为清代经师中有精深之哲学思想者。读其集可知其学并知其治学方法。

启超所拟著之《清儒学案·东原、里堂》学两案正在属稿中。

《文史通义》章学诚著。

此书虽以文史标题，实多论学术流别。宜一读。胡适著《章实斋年谱》，可供参考。

《大同书》康有为著。

南海先生独创之思想在此书。曾刊于《不忍》杂志中。

《国故论衡》章炳麟著。

可见章太炎思想之一斑。其详当读《章氏遗书》。

《东西文化及其哲学》梁漱溟著。

有偏宕处，亦有独到处。

《中国哲学史大纲》上卷　胡适著。

《先秦政治思想史》梁启超著。

将读先秦经部子部书，宜先读此两书。可引起兴味，并启发自己之判断力。

《清代学术概论》梁启超著。

欲略知清代学风，宜读此书。

（乙）政治史及其他文献学书类

《尚书》

内中惟二十八篇是真书，宜精读。但其文佶屈聱牙，不能成诵亦无妨。余篇属晋人伪撰。一浏览便足。（真伪篇目，看启超所著《古书之真伪及其年代》。日内当出版。）

此书非看注释不能解。注释书以孙星衍之《尚书今古文注疏》为最好。

《逸周书》

此书真伪参半，宜一浏览。

注释书有朱右曾《逸周书集训校释》颇好。

《竹书纪年》

此书现通行者为元明人伪撰。其古本，清儒辑出者数家。王国维所辑最善。

《国语》《春秋左氏传》

此两书或本为一书。由西汉人析出（？），宜合读之。

《左传》宜选出若干篇熟读成诵。于学文甚有益。

读《左传》宜参观顾栋高《春秋大事表》。可以得治学方法。

《战国策》

宜选出若干篇熟读。于学文有益。

《周礼》

此书西汉末晚出。何时代人所撰，尚难断定。惟书中制度，当有一部分为周代之旧；其余亦战国秦汉间学者理想的产物。故总宜一读。

注释书有孙诒让《周礼正义》最善。

《考信录》崔述著。

此书考证三代史事实最谨严。宜一浏览，以为治古史之标准。

《资治通鉴》

此为编年政治史最有价值之作品。虽卷帙稍繁，总希望学者能全部精读一过。

若苦干燥无味，不妨仿《春秋大事表》之例，自立若干门类，标治摘记作将来著述资料。（吾少时曾用此法，虽无成书，然增长兴味不少。）

王船山《读通鉴论》，批评眼光，颇异俗流。读《通鉴》时取以并读，亦助兴之一法。

《续资治通鉴》毕沅著。

此书价值远在司马原著之下，自无待言。无视彼更优者，姑以备数耳。

或不读正续《资治通鉴》而读九种《纪事本末》亦可。要之非此则彼，必须有一书经目者。

《文献通考》《续文献通考》《皇朝文献通考》

三书卷帙浩繁，今为学者摘其要目：田赋考，户口考，职役考，市籴考，征榷考，国用考，钱币考，兵考，刑考，经籍考，四裔考》，必不读；王礼考，封建考，象纬考……绝对不必读。其余或读或不读随人（手边无原书，不能具记其目，有漏略当校补）。

各人宜因其所嗜，择类读之。例如欲研究经济史、财政史者，则读前七考。余仿此。

《马氏文献通考》，本依仿杜氏《通典》而作。若尊创作，应举《通典》。今舍彼取此者，取其资料较丰富耳。吾辈读旧史，所贵者惟在其原料。炉锤组织，当求之在我也。

《两汉会要》《唐会要》《五代会要》，可与《通考》合读。

《通志二十略》

郑渔仲史识史才皆迈寻常。《通志》全书卷帙繁，不必读。《二十略》则其精神所聚，必须浏览。其中与《通考》门类同者或可省。最要者，《氏族略》《六书略》《七音略》《校雠略》等篇。

《二十四史》

《通鉴》《通考》，已浩无涯涘。更语及彪[庞]大之《二十四史》，学者几何不望而却走！然而《二十四史》终不可不读。其故有二：（一）现在既无满意之通史，不读《二十四史》，无以知先民活动之遗迹。（二）假令虽有佳的通史出现，然其书自有别裁，《二十四史》之原料，终不能全行收入。以故《二十四史》终久仍为国民应读之书。

书既应读，而又浩瀚难读，则如之何？吾今试为学者拟摘读之法数条。

一曰就书而摘。《史记》《汉书》《后汉书》《三国志》，俗称四史。其书皆大史学家一手著述，体例精严。且时代近古，向来学人诵习者众，在学界之势力与六经诸子埒。吾辈为常识计，非一读不可。吾希望学者将此四史之列传，全体浏览一过。仍摘出若干篇稍为熟诵，以资学文之助。因四史中佳文最多也。（若欲吾举其目亦可。但手边无原书，当以异日。）四史之外，则《明史》共认为官修书中之最佳者，且时代最近，亦宜稍为详读。

二曰就事分类而摘读志。例如欲研究经济史财政史，则读《平准书》《食货志》。欲研究音乐，则读《乐书》《乐志》。欲研究兵制，则读《兵志》。欲研究学术史，则读《艺文志》《经籍志》，附以《儒林传》。欲研究宗教史，则读《北魏书·释老志》（可惜他史无之）……每研究一门，则通各史此门之志而读之，且与《文献通考》之此门合读。当其读时，必往往发见许多资料散见于各传者，随即跟踪调查其传以读之。如此引申触类，渐渐便能成为经济史、宗教史……之长编。将来荟萃而整理之，便成著述矣。

三曰就人分类而摘读传。读名人传记，最能激发人志气，且于应事接物之智慧增长不少。古人所以贵读史者以此。全史各传既不能遍读（且亦不必），则宜择伟大人物之传读之，每史亦不过二三十篇耳。此外又可就其所欲研究者而择读：如欲研究学术史，则读《儒林传》及其他学者之专传；欲研究文学史，则读《文苑传》及其他文学家之专传……用此法读去，恐之患其少，不患其多矣。

又各史之《外国传》《蛮夷传》《土司传》等，包含种族史及社会学之原料最多，极有趣。吾深望学者一读之。

《廿二史札记》赵翼著。

学者读正史之前，吾劝其一浏览此书。记称"属辞比事《春秋》之教。"此书深得"比事"之诀。每一个题目之下，其资料皆从几十篇传中零零碎碎觅出，如采花成蜜。学者能用其法以读史，便可养成著述能力。（内中校勘文字异同之部约占三分一，不读亦可。）

《圣武记》魏源著。

《国朝先正事略》李元度著。

清朝一代史迹，至今尚无一完书可读，最为遗憾姑举此二书充数。魏默深有良史之才。《圣武记》为纪事本末体裁，叙述绥服蒙古戡定金川抚循西藏……诸役，于一事之原因结果及其中间进行之次序，若指诸掌。实罕见之名著也。李次青之《先正事略》，道光以前人物略具，文亦有法度。宜一浏览，以知最近二三百年史迹大概。

日本人稻叶君山所著《清朝全史》尚可读（有译本）。

《读史方舆纪要》顾祖禹著

此为最有组织的地理书。其特长在专论形势，以地域为经，以史迹为纬。读之不感干燥。此书卷帙虽多，专读其叙论 (至各府止），亦不甚费力。且可引起地理学兴味。

《史通》刘知几著。

此书论作史方法。颇多特识。宜浏览。章氏《文史通义》，性质略同，范围较广。已见前。

《中国历史研究法》梁启超著。

读之可增史学兴味，且知治史方法。

（丙）韵文书类

《诗经》

希望学者能全部熟读成诵。即不尔，亦须一大部分能举其词。注释书，陈奂《诗毛氏传疏》最善。

《楚辞》

屈、宋作宜熟读。能成诵最佳。其余可不读。

注释书，朱熹《楚辞集注》较可。

《文选》，择读。

《乐府诗集》郭茂倩编。

专读其中不知作者姓名之古辞，以见汉魏六朝乐府风格。其他不必读。

魏晋六朝人诗宜读以下各家：

曹子建，阮嗣宗，陶渊明，谢康乐，鲍明远，谢玄晖。

无单行集者，可用张溥《汉魏（六朝）百三家集》或王闿运《五（八）代诗选》本。

《李太白集》《杜工部集》《王右丞集》《孟襄阳集》《韦苏州集》《高常侍集》《韩昌黎集》《柳河东集》《白香山集》《李义山集》《王临川集》（诗宜用李壁注本）、《苏东坡集》《元遗山集》《陆放翁集》

以上唐宋人诗文集。

《唐百家诗选》王安石选。

《宋诗钞》吕留良抄。

以上唐宋诗选本。

《清真词》（周美成）、《醉翁琴趣》（欧阳修）、《东坡乐府》（苏轼）、《屯田[乐章]集》（柳永）、《淮海词》（秦观）、《樵歌》（朱希真）、《稼轩词》（辛弃疾）、《后村词》（刘克庄）、《白石道人歌曲》（姜夔）、《碧山词[乐府]》（王沂孙）、《梦窗词》（吴文英）

以上宋人词集。

《西厢记》《琵琶记》《牡丹亭》《桃花扇》《长生殿》

以上元明清人曲本。

本门所列书，专资学者课余讽诵陶写情趣之用。既非为文学专家说法，尤非为治文学史者说法。故不曰文学类而曰韵文类。文学范围，最少应包含古文（骈散文）及小说。吾以为苟非欲作文学专家，则无专读小说之必要。至于古文，本不必别学。吾辈总须读周秦诸子《左传》《国策》《四史》《通鉴》及其关于思想关于记载之著作，苟能多读，自能属文。何必格外标举一种名曰古文耶？故专以文鸣之文集不复录（其与学问有关系之文集散见各门）。《文选》及韩柳王集聊附见耳。学者如必欲就文求文，无已，则姚鼐之《古文辞类纂》，李兆洛之《骈体文钞》，曾国藩之《经史百家杂钞》可用也。

清人不以韵文见长，故除曲本数部外，其余诗词皆不复列举。无已，则于最初期与最末期各举诗词家一人。吴伟业之《梅村诗集》与黄遵宪之《人境庐诗集[草]》、成德之《饮水词》与文焯之《樵风乐府》也。

（丁）小学书及文法书类

《说文解字注》段玉裁著。

《说文通训定声》朱骏声著。

《说文释例》王筠著。

段著为《说文》正注。朱注明音与义之关系。王著为《说文》通释。读此三书，略可通《说文》矣。

《经传释词》王引之著。

《古书疑义举例》俞樾著。

《文通》马建忠著。

读此三书可知古人语法文法。

《经籍纂诂》阮元著。

此书汇集各字之义训。宜置备检查。

文字音韵，为清儒最擅之学，佳书林立。此仅举入门最要之数种。若非有志研究斯学者，并此诸书不读亦无妨耳。

（戊）随意涉览书类

学问固贵专精，又须博涉以辅之。况学者读书尚少时，不甚自知其性所近者为何。随意涉猎，初时并无目的，不期而引起问题，发生趣味，从此向某方面深造研究，遂成绝业者，往往而有也。吾固杂举有用或有趣之各书，供学者自由翻阅之娱乐。读此者不必顺叶次，亦不必求终卷者（各书亦随忆想所及杂举，无复诠次。）

《四库全书总目提要》

清乾隆间四库馆，董其事者皆一时大学者。故所作提要，最称精审。读之可略见各书内容（中多偏至语自亦不能免）。宜先读各部类之叙录，其各书条下则随意抽阅。

有所谓存目者，其书被屏，不收入《四库》者也。内中颇有怪书，宜稍注意读之。

《世说新语》

将晋人谈玄语分类纂录，语多隽妙。课余暑暇之良伴侣。

《水经注》郦道元撰，戴震校。

六朝人地理专书。但多描风景，记古迹，文辞华妙。学作小品文最适用。

《文心雕龙》刘勰撰。

六朝人论文书。论多精到，文亦雅丽。

《大唐三藏慈恩法师传》慧立撰。

此为玄装[奘]法师详传。玄装[奘]为第一位留学生，为大思想家。读之可以增长志气。

《徐霞客游记》

霞客晚明人，实一大探险家。其书极有趣。

《梦溪笔谈》沈括。

宋人笔记中含有科学思想者。

《困学纪闻》王应麟撰，阎若璩注。

宋人始为考证学者。顾亭林《日知录》颇仿其体。

《通艺录》程瑶田撰。

清代考证家之博物书。

《癸巳类稿》俞正燮撰。

多为经学以外之考证，如考棉花来历，考妇人缠足历史，辑李易安事迹等。又多新颖之论，如论妒非妇人恶德等。

《东塾读书记》陈澧撰。

此书仅五册，十余年乃成。盖合数十条笔记之长编乃成一条笔记之定稿，用力最为精苦。读之可识搜集资料及驾驭资料之方法。书中论郑学，论朱学，论诸子，论三国，诸卷最善。

《庸童笔记》薛福成。

多记清咸丰、同治间掌故。

《张太岳集》张居正。

江陵为明名相。其信札益人神智；文章亦美。

《王心斋先生全书》王艮。

吾常名心斋为平民的理学家。其人有生气。

《朱舜水遗集》朱之瑜。

舜水为日本文化之开辟人。惟一之国学输出者。读之可见其人格。

《李恕谷文集[遗书]》李塨。

恕谷为习斋门下健将。其文劲达。

《鲒埼亭集》全祖望。

集中记晚明掌故甚多。

《潜揅堂集》钱大昕。

竹汀在清儒中最博洽者。其对伦理问题，亦颇有新论。

《述学》汪中。

容甫为治诸子学之先登者。其文格在汉晋间，极遒美。

《洪北江集》洪亮吉。

北江之学长于地理。其小品骈体文，描写景物，美不可言。

《定盦文集》龚自珍。

吾少时心醉此集。今颇厌之。

《曾文正公全集》曾国藩。

《胡文忠公集》胡林翼。

右二集信札最可读。读之见其治事条理及朋友风义。曾涤生文章尤美，桐城派之大成。

《苕溪渔隐丛话》胡仔。

诗话中资料颇丰富者。

《词苑丛谈》徐釚。

惟一之词话。颇有趣。

《语石》叶昌炽。

以科学方法治金石学，极有价值。

《书林清话》叶德辉。

论刻书源流及藏书掌故。甚好。

《广艺舟双辑》康有为。

论写字。极精博。文章极美。

《剧说》焦循。

《宋元戏曲史》王国维。

二书论戏剧。极好。

既谓之涉览，自然无书不可涉，无书不可览。本不能胪举书目；若举之，非累数十纸不可。右所列不伦不类之寥寥十余种，随杂忆所及当坐谭耳。若绳以义例，则笑绝冠缨矣。

附录一　最低限度之必读书目

右所列五项。倘能依法读之，则国学根柢略立，可以为将来大成之基矣。惟青年学生校课既繁，所治专门别有在，恐仍不能人人按表而读。

今再为拟一真正之最低限度如下：

四书 易经 书经 诗经 礼记 左传 老子 墨子 庄子 荀子 韩非子 战国策 史记 汉书 后汉书 三国志 资治通鉴（或《通鉴纪事本末》） 宋元明史纪事本末 楚辞 文选 李太白集 杜工部集 韩昌黎集 柳河东集 白香山集

其他词曲集随所好选读数种。以上各书，无论学矿学工程学……皆须一读。若并此未读，真不能认为中国学人矣。

附录二　治国学杂话

学生做课外学问，是最必要的。若只求讲堂上功课及格，便算完事，那么，你进学校，只是求文凭，并不是求学问。你的人格，先已不可问了。再者，此类人一定没有“自发”的能力，不特不能成为一个学者，亦断不能成为社会上治事领袖人才。

课外学问，自然不专指读书：如试验，如观察自然界……都是极好的。但读课外书，最少要算课外学问的主要部分。

一个人总要养成读书趣味。打算做专门学者，固然要如此。打算做事业家，也要如此。因为我们在工厂里在公司里在议院里在……里做完一天的工作出来之后，随时立刻可以得着愉快的伴侣，莫过于书籍，莫便于书籍。

但是将来这种愉快得着得不着，大概是在学校时代已经决定。因为必须养成读书习惯，才能尝着读书趣味。人生一世的习惯，出了学校门限，已经铁铸成了。所以在学校中不读课外书以养成自己自动的读书习惯，这个人简直是自己剥夺自己终身的幸福。

读书自然不限于读中国书。但中国人对于中国书，最少也该和外国书作平等待遇。你这样待遇他，他回给你的愉快报酬，最少也和读外国书所得的有同等分量。

中国书没有整理过，十分难读，这是人人公认的。但会做学问的人，觉得趣味就在这一点。吃现成饭，是最没有意思的事，是最没有出息的人才喜欢的。一种学问，被别人做完了四平八正的编成教科书样子给我读，读去自然是毫不费力。但是从这不费力上头，结果便令我的心思不细致不刻入。专门喜欢读这类书的人，久而久之，会把自己创作的才能湮没哩。在纽约、芝加哥笔直的马路崭新的洋房里舒舒服服混一世，这个人一定是过的毫无意味的平庸生活。若要过有意味的生活，须是哥仑布初到美洲时。

中国学问界，是千年未开的矿穴。矿苗异常丰富。但非我们亲自绞脑筋绞汗水，却开不出来。翻过来看，只要你绞一分脑筋一分汗水，当然还你一分成绩，所以有趣。

所谓中国学问界的矿苗，当然不专指书籍。自然界和社会实况，都是极重要的。但书籍为保存过去原料之一种宝库，且可以为现在实测各方面之引线。就这点看来，我们对于书籍之浩瀚，应该欢喜感谢他，不应该厌恶他。因为我们的事业比方要开工厂，原料的供给，自然是越丰富越好。

读中国书，自然像披沙拣金，沙多金少。但我们若把他作原料看待，有时寻常人认为极无用的书籍和语句，也许有大功用。须知工厂种类多着呢。一个厂里头得有许多副产物哩。何止金有用，沙也有用。

若问读书方法，我想向诸君上一个条陈：这方法是极陈旧的极笨极麻烦的。然而实在是极必要的。什么方法呢？是抄录或笔记。

我们读一部名著，看见他征引那么繁博，分析那么细密，动辄伸着舌头说道：这个人不知有多大记忆力，记得许多东西，这是他的特别天才，我们不能学步了。其实那里有这回事。好记性的人不见得便有智慧；有智慧的人比较的倒是记性不甚好。你所看见者是他发表出来的成果，不知他这成果原是从铢积寸累困知勉行得来。大抵凡一个大学者平日用功，总是有无数小册子或单纸片，读书看见一段资料觉其有用者，立刻抄下。（短的抄全文，长的摘要记书名卷数叶数。）资料渐渐积得丰富，再用眼光来整理分析他，便成一篇名著。想看这种痕迹，读赵瓯北的《廿二史札记》，陈兰甫的《东塾读书记》，最容易看出来。

这种工作，笨是笨极了，苦是苦极了。但真正做学问的人，总离不了这条路。做动植物的人懒得采集标本，说他会有新发明，天下怕没有这种便宜事。

发明的最初动机在于注意，抄书便是促醒注意及继续保存注意的最好方法。当读一书时，忽然感觉这一段资料可注意，把他抄下，这件资料，自然有一微微的印象印入脑中，和滑眼看过不同。经过这一番后，过些时碰着第二个资料和这个有关系的，又把他抄下，那注意便加浓一度。经过几次之后，每翻一书，遇有这项资料，便活跳在纸上，不必劳神费力去找了。这是我多年经验得来的实况。诸君试拿一年工夫去试试，当知我不说谎。

先辈每教人不可轻言著述。因为未成熟的见解公布出来，会自误误人，这原是不错的。但青年学生“斐然有述作之志”，也是实际上鞭策学问的一种妙用。譬如同是读《文献通考》的《钱币考》和各史《食货志》中钱币项下各文，泛泛读去，没有什么所得。倘若你一面读一面便打主意做一篇《中国货币沿革考》，这篇考做的好不好另一问题，你所读的自然加几倍受用了。譬如同读一部《荀子》，某甲泛泛读去，某乙一面读一面打主意做部《荀子学案》，读过之后，两个人的印象深浅，自然不同。所以我很奖励青年好著书的习惯。至于所著的书，拿不拿给人看，什么时候才认做成功，这还不是你的自由吗？

每日所读之书，最好分两类：一类是精熟的，一类是涉览的。因为我们一面要养成读书心细的习惯，一面要养成读书眼快的习惯。心不细则毫无所得，等于白读；眼不快则时候不够用，不能博搜资料。诸经诸子、《四史》《通鉴》等书，宜入精读之部，每日指定某时刻读他，读时一字不放过，读完一部才读别部。想抄录的随读随抄。另外指出一时刻，随意涉览。觉得有趣，注意细看；觉得无趣，便翻次页，遇有想抄录的，也俟读完再抄，当时勿窒其机。

诸君勿因初读中国书勤劳大而结果少，便生退悔。因为我们读书，并不是专向现时所读这一本书里头讨现钱现货的得多少报酬。最要紧的是涵养好读书的习惯和磨炼出善读书的脑力。青年期所读各书，不外借来做达这两个目的的梯子。我所说的前提倘若不错，则读外国书和读中国书当然都各有益处。外国名著，组织得好，易引起趣味；他的研究方法，整整齐齐摆出来，可以做我们的模范；这是好处。我们滑眼读去，容易变成享现成福的少爷们，不知甘苦来历，这是坏处。中国书未经整理，一读便是一个闷头棍，每每打断趣味，这是坏处。逼着你披荆斩棘，寻路来走，或者走许多冤枉路。（只要走路断无冤枉，走错了回头，便是绝好教训。）从甘苦阅历中磨炼出智慧，得苦尽甘来的趣味，那智慧和趣味却最真切。这是好处。

还有一件：我在前项书目表中有好几处写“希望熟读成诵”字样。我想诸君或者以为甚难，也许反对说我顽旧。但我有我的意思。我并不是奖励人勉强记忆。我所希望熟读成诵的有两种类。一种类是最有价值的文学作品；一种类是有益身心的格言。好文学是涵养情趣的工具。做一个民族的分子，总须对于本民族的好文学十分领略。能熟读成诵，才在我们的“下意识”里头，得着根柢，不知不觉会“发酵”。有益身心的圣哲格言，一部分久已在我们全社会上形成共同意识。我既做这社会的分子，总要彻底了解他，才不至和共同意识生隔阂。一方面我们应事接物时候，常常仗他给我们的光明。要平日摩得熟，临时才得着用。我所以有些希望熟读成诵者在此。但亦不过一种格外希望而已；并不谓非如此不可。

最后我还专向清华同学诸君说几句话：我希望诸君对于国学的修养比旁的学校学生格外加功。诸君受社会恩惠，是比别人独优的。诸君将来在全社会上一定占势力，是眼看得见的。诸君回国之后对于中国文化有无贡献，便是诸君功罪的标准。饶你学成一位天字第一号形神毕肖的美国学者，只怕于中国文化没有多少影响。若这样便有影响，我们把美国蓝眼睛的大博士抬一百几十位来便够了，又何必诸君呢。诸君须要牢牢记着你不是美国学生，是中国留学生。如何才配叫做中国留学生，请你自己打主意罢。

附录三　评胡适之的《一个最低限度的国学书目》

胡君这书目，我是不赞成的。因为他文不对题。胡君说：“并不为国学有根柢的人设想，只为普通青年人想得一点系统的国学知识的人设想。”依我看：这个书目，为“国学已略有根柢而知识绝无系统”的人说法，或者还有一部分适用。我想：《清华周刊》诸君，所想请教胡君的并不在此，乃是替那些“除却读商务印书馆教科书之外没有读过一部中国书”的青年们打算。若我所猜不错，那么，胡君答案，相隔太远了。

胡君致误之由：第一在不顾客观的事实，专凭自己主观为立脚点。胡君正在做中国哲学史、中国文学史，这个书目正是表示他自己思想的路径和所凭借的资料。（对不对又另是一问题，现在且不讨论。）殊不知一般青年，并不是人人都要做哲学史家文学史家。不是做哲学史家文学史家，这里头的书十有七八可以不读。真要做哲学史文学史家，这些书却又不够了。

胡君第二点误处，在把应读书和应备书混为一谈。结果不是个人读书最低限度，却是私人及公共机关小图书馆之最低限度。(但也不对，只好说是哲学史文学史家私人小图书馆之最低限度。）殊不知青年学生（尤其清华），正苦于跑进图书馆里头不知读什么书才好，不知如何读法，你给他一张图书馆书目，有何用处？何况私人购书，谈何容易？这张书目，如何能人人购置。结果还不是一句空话吗？

我最诧异的：胡君为什么把史部书一概屏绝！一张书目，名字叫做“国学最低限度”，里头有什么《三侠五义》《九命奇冤》，却没有《史记》《汉书》《资治通鉴》，岂非笑话？若说《史》《汉》《通鉴》是要“为国学有根柢的人设想”才列举，恐无此理。若说不读《三侠五义》《九命奇冤》便够不上国学最低限度，不瞒胡君说，区区小子便是没有读过这两部书的人。我虽自知学问浅陋，说我连国学最低限度都没有，我却不服。

平心而论，做文学史（尤其做白话文学史）的人，这些书自然应该读。但胡君如何能因为自己爱做文学史便强一般青年跟着你走？譬如某人喜欢金石学，尽可将金石类书列出一张系统的研究书目。某人喜欢地理学，尽可以将地理类书列出一张系统的研究书目。虽然只是为本行人说法，不能应用于一般。依我看：胡君所列各书，大半和《金石萃编》《窓斋集古录》《殷墟书契考释》（金石类书），《水道提纲》《朔方备乘》《元史译文证补》（地理类书）等等同一性质。虽不是不应读之书，却断不是人人必应读之书。（胡君复《清华周刊》信说：“我的意思是要一班留学生知道《元曲选》等是应该知道的书。”依着这句话，留学生最少也该知道《殷墟书契考释》《朔方备乘》……是应该知道的书。那么，将一部《四库全书总目》搬字过纸更列举后出书千数百种便了，何必更开最低限度书目？须知“知道”是一件事，“必读”又别是一件事。）

我的主张，很是平淡无奇。我认定史部书为国学最主要部分。除先秦几部经书几部子书之外，最要紧的便是读正史《通鉴》《宋元明纪事本末》和《九通》之中一部分，以及关系史学之笔记文集等，算是国学常识，凡属中国读书人都要读的。有了这种常识之人不自满足，想进一步做专门学者时，你若想做哲学史家，文学史家，你就请教胡君这张书目。你若想做别一项专门家，还有许多门我也可以勉强照胡君样子替你另开一张书目哩。

胡君对于自己所好的两门学问研究甚深，别择力甚锐，以为一般青年也该如此，不必再为别择，所以把许多书目胪列出来便了。试思一百多册的《正谊堂全书》千篇一律的“理气性命”，叫青年何从读起？何止《正谊堂》，即以浙刻《二十二子》论，告诉青年说这书该读，他又何从读起？至于其文学史之部所列《全上古三代秦汉三国六朝文》《全汉三国晋南北朝诗》《古文苑》《续古文苑》《唐文粹》《全唐诗》《宋文鉴》《南宋文范》《南宋文录》《宋诗钞》《宋六十家词》《四印斋宋元词》《彊村所刻词》《元曲选百种》《金文最》《元文类》《明文在》《列朝诗集》《明诗综》《六十种曲》等书，我大略估计，恐怕总数在一千册以上，叫人从何读起？青年学生，因为我们是“老马识途”，虚心请教，最少也应告诉他一个先后次序。例如唐诗该先读某家后读某家，不能说你去读《全唐诗》便了；宋词该先读某家后读某家，不能说请你把王幼霞、朱古微所刻的都读。若说你全部读过后自会别择，诚然不错。只怕他索性不读便了。何况青年若有这许多精力日力来读胡君指定的一千多册文学书，何如用来读《二十四史》《九通》呢？

还有一层：胡君忘却学生没有最普通的国学常识时，有许多书是不能读的。试问连《史记》没有读过的人，读崔适《史记探源》懂他说的什么？连《尚书》《史记》《礼记》《国语》没有读过的人，读崔述《考信录》，懂他说的什么？连《史记·儒林传》《汉书·艺文志》没有读过的人，读康有为《新学伪经考》懂他说的什么？这不过随手举几个例，其他可以类推。假如有一位学生（假定还是专门研究思想史的学生），敬谨遵依胡君之教顺着他所列书目读去，他的书目明明没有《尚书》《史记》《汉书》这几部书。你想这位学生，读到崔述、康有为、崔适的著述时，该怎么样狼狈呢？胡君之意，或者以这位学生早已读过《尚书》《史记》《汉书》为前提，以为这样普通书，你当然读过，何必我说。那么，《四书》更普通，何以又列入呢？总而言之，《尚书》《史记》《汉书》《资治通鉴》为国学最低限度不必要之书，《正谊堂全书》……《缀白裘》……《儿女英雄传》……反是必要之书，真不能不算破天荒的怪论。（思想史之部，连《易经》也没有。什么原故，我也要求胡君答复。）

总而言之。胡君这篇书目，从一方面看，嫌他罣漏太多；从别方面看，嫌他博而寡要。我认为是不合用的。

附录四　致《清华周刊》记者书

《清华周刊》记者足下：

《国学入门书要目及其读法》一篇呈上。别属开留美应带书目，颇难著笔。各书内容，拙著中已简单论及。诸君一读后，可择所好者购携。大约普通重要诸书，各校图书馆多有，自不必带。所带者总是为自己随时讽诵或用功时任意批注而设。试择其最普通者：

《四书集注》、石印正续《文献通考》《相台本五经单注》石印《文选》、石印浙刻《二十二子》《李太白集》《墨子间诂》《杜工部集》《荀子集解》《白香山集》、铅印《四史》《柳柳州集》、铅印《正续资治通鉴》《东坡诗集》。

若欲带选本诗，则《古诗源》《唐诗别裁》，勉强可用。欲带选本词，则张皋文《词选》、周止庵《宋四家词选》、谭仲修《箧中词》勉强可用（此五书原目皆未列）。其余涉览书类，择所喜者带数种亦可，因此等书外国图书馆或无有也。

【1923年4月26日，梁启超先生应《清华周刊》记者之约，作于碧摩岩翠山房。】

什么是新文化

——科学的理解与自律的情操——

今天所演的是“什么是新文化”，这几年来所谓新文化运动，举国的先觉相率提倡，一般青年勇猛前进；这是一个顶好的现象，但是口头讲的很多，你若问他什么是新文化？却有许多答不出来，即或答了出来，也是一个人一个样。本来这个问题很难，文化二字包括甚广；人类所发生的文明都可谓之新文化，不过他有许多方面的解释，所以大家反为不懂。不懂还要口头去讲，这可谓无诚意的，即或有诚意的去讲，仅仅对于意思懂得而不能得真正的理解，那么，必会发生许多的流弊。所以要讲新文化，必有两个先决的要点：

在知识上要有科学的理解；
在品格上要有自律的情操。

新文化在现在要养成一种最优秀最新颖的事业，一方要有新知识，否则在现世站不住；一方要有新品格，否则不能生存。新知识和旧知识不同的点，就是新的无论何事总是用科学的去研究。科学的理解和非科学的理解，如何分别呢？非科学的理解：是专靠很聪明，闭目冥想，猝然领悟；从前无论中外，都是如此。这种有时也可得很高层次的知识，然而大概都犯着：样样懂，样样不懂；问他真不真，则不能回答；这都是理想的错误。科学的研究如何呢？凡事必由分析整理着手，非找到的确的证据不相信；非有彻底了解不轻易讲；一个问题都可以还原；驳人家须要预备人家回驳。所以科学的研究不能笼统，对于前人所说的，非经过多少经验，不肯相信。对于自己，不能因一时聪明的悟到，即谓了解；总要切实研究才相信才发表，但是研究也不能太多。譬如今天拿一部文学杂志来讲，明天又拿一部法政杂志来讲，这是万不成的。所谓科学理解，是要有窄而深的研究，用科学的方法分析整理，据这一点看来，我们现在到底是有科学的理解没有？我相信素来讲新文化的人对于科学是不能诋毁的。但是现在我们中国新文化运动中的人，大多未曾经过此番工夫，轻信附和，人云亦云。譬如我们的衣袖，要研究怎样大小才合卫生？但是现在许多人不这样讲，只看怎样才时髦。人家说不好，即跟着说不好，人家说未必不好，也跟着说未必不好。这层是一般青年最容易发生的毛病，可使知识浅薄，社会堕落。还有一种，本来一样东西他的本质很好，倘无了解的能力，专从表面上看，也会生出毛病出来。譬如共和政体，必用科学的方法去研究分析，要知道如何才是共和，如何才可名实相副。又如现在所谓社会主义，联省自治，仅知道皮毛，不了解他的内容，也是一样。这是很危险的，我们中国就是吃了此亏。现在新文化的好处固多，坏处也有，坏处就是在这里！希望我们以后有志于新文化运动的，赶紧对于从前走错了的路不要走了！还希望找一门专门学，用科学的方法专心研究，万不可犯着笼统的毛病，这是新文化主要条件。

关于品格自律的。新时代需要的人格和旧时代不同之点在什么地方？旧时代无论社会家庭，总是一部分人为主体，一部分人为附属：国家是帝王为主，人们为附属；家庭是父母为主，子女为附属；学校是校长为主，学生为附属。现在所谓新人格，即是各个人到了成人的时候，必有各个人自立的能力，不要专靠别人，做别人的附属。好像在孩提时候，要父母喂饭，现在是要到自己吃饭的时候了。

在先前倚赖还不要紧，因为当时人类分为两阶级：（一）倚赖的，是要受人支配；（二）被倚赖的，是受倚赖的底隶属。这种现象只可在文化幼稚的时代，到现在已经像成了年的人，是不成了。

自由，自治，现在可以说是代表新文化的，但是我们有一宗不能忘的，是为什么才自由呢？可以说就是不倚赖别人，能自治，这个名之曰“自律”。一个人能自律而不能自由，是先辈的不对，倘若不能自律硬要讲自由……或还要倚赖别人，是顶不好的，甚至妨害社会秩序，也是有的。现在各学校都有自治团体，这是新教育的精神。中学校以上，要他可自律，对于自己的情感，应发展的发展，不应发展的，要自抑制，这是情操，这是能自律。果真这样，能自治当然让他自治，能走路当然让走，不然，牵着手还怕跌，哪能自走呢！

青年要使他达到自治的程度如何？要看他自律的程度如何为标准，譬如学校不要规条。因为学生有自治的能力，假若没这能力，非管理不可，那末学校自有种规条来管理他。又如图书馆本来没有什么规章，因为一班人已经成了一种遵守的习惯，倘或你要破坏他的习惯——读书高声朗诵……他也只好立出一种规条来，管束你，因为你不能自律！

我看新文化的精神，很有几点和旧文化相同的地方。如从前的法家“信赏必罚”，使社会上现出一种整齐严肃；而儒家则要“道之以政，齐之以刑，民免而无耻”，即是新文化的“自律”！不用旁力去压制他使他自己去作。法家的方法，非采用严务的监督不可，如学校一定要用记过，开缺……儒家是专要人自治，要使社会养成一种各个人都自治的风气，不用旁人去干涉，这即所谓“有耻且格”。好像学校里学生都有自治的习惯能力。在教师既免去了许多干涉的烦恼，在学生也增加无穷的兴趣。那么，儒家主义，可以说正合乎新文化了。我国现代青年，所犯的毛病，遂是不肯努力作自律的工夫，自己没有养成自律的情操，一心专求要解放，要自由。要知道上古时代不自律还可以，倘要在（解）放时代不自律，是不能的。既不自律还要求解放，那是更不成了。所以一方面要求解放、自由，一方面要自己看如何才能得到自律的精神。所以我希望青年们——要作新文化运动应当要“知识上，非做科学的理解不可；在道德品格上，非做到自律的情操不可”！我今天因时间仓促，对于各位没多大的贡献，不过希望诸位在以上两点注意罢了！

（本文为梁启超先生1922年8月31日在长沙第一中学的演讲稿，发表于当年9月1-2日长沙《大公报》，认为儒家主义最合乎新文化。）

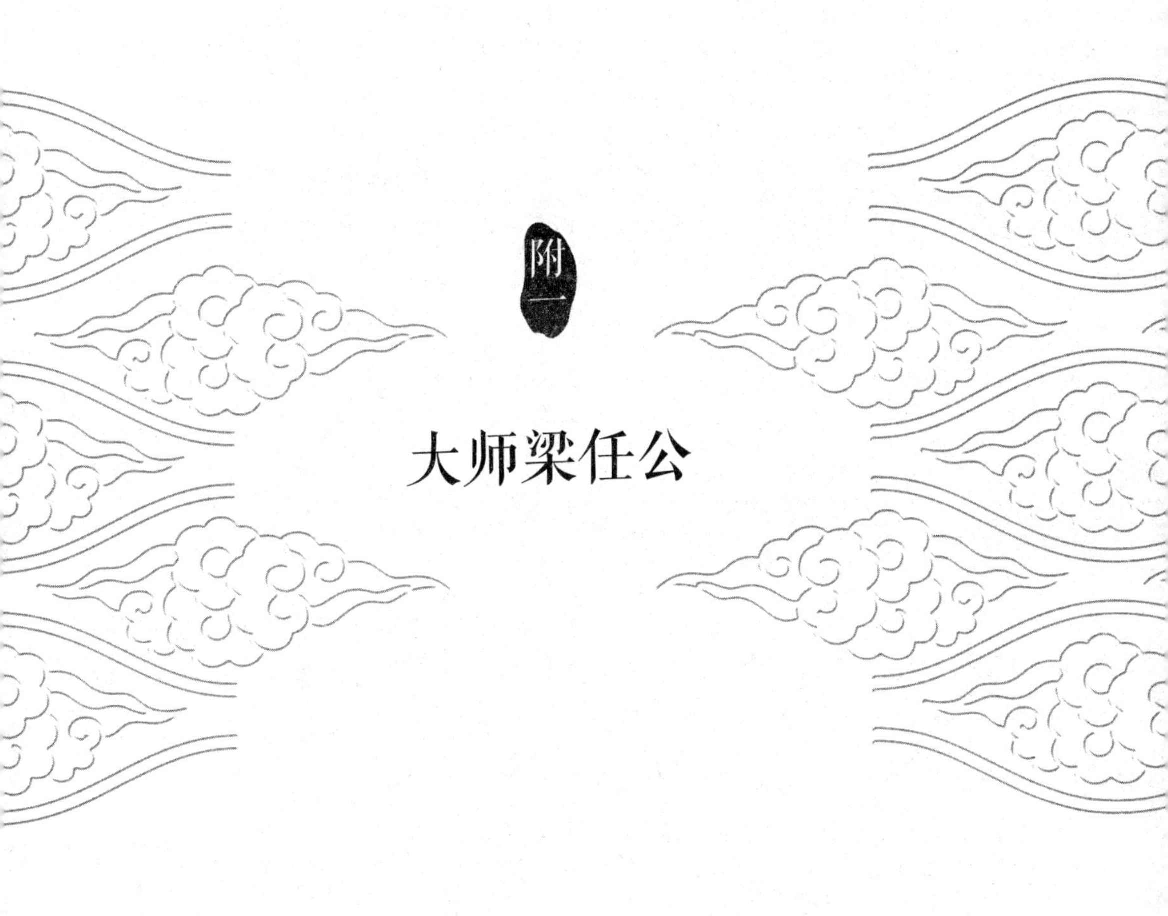

附一

大师梁任公

其人、其家世、其子女教育、其婚姻与爱情

梁启超（1873.02—1929.01），字卓如，号任公，又号“饮冰室主人”，广东新会人。

梁启超幼年承祖父、父亲、母亲等的培养、呵护、教育，度过了幸福的童年和少年，并在很小的时候就显露出过人才华，为他日后成为一代伟人、开创辉煌的事业，奠定了良好的基础。梁启超早年因主笔《时务报》，宣传维新变法而声名鹊起，戊戌政变后流亡日本，创立《清议报》《新民丛报》，致力于引进西学而在国内产生广泛影响；梁启超辛亥革命初期力促清廷与革命党妥协，民国期间两任北洋政府总长，最后退出政坛就任清华国学研究院导师，以学术终老。其著作影响深远，有《饮冰室合集》等存世（解玺璋先生语）。

梁启超先生被学者们誉为：“中国近代伟大的思想启蒙家，中国从古代社会走向现代社会的历史杠杆式的伟大改革家……一个伟大的中国现代社会的开山巨匠”。（刘再复先生语）；“百科全书式的人物，如同汪洋大海……”（雷颐先生语）；“中国近代局面最大的学者，也曾是影响至巨的思想家和举足轻重的政治家”（止庵先生语）。

梁启超先生还有幸福的婚姻与爱情，夫妇间既相敬如宾、亦不乏情诗里的浪漫与风雅；梁启超先生还有成功的家庭教育，九个子女个个成才，世人赞叹其“一门三院士，满门皆俊秀”……如此梁启超，大师梁任公！

在品读100年前梁启超先生《君子》演讲清华的同时，让我们一起跟随刘再复先生、解玺璋先生，去了解大师梁任公其人、其家世、其子女教育、其婚姻与爱情。

梁启超：中国现代社会的开山巨匠

文/刘再复

三十年前，大约是1980年前后，我读了北京出版社的一部《梁启超传》。那时新书很少，能见到这么一部传记，真是高兴，因此立即就买下阅读。可是读了之后，我非常难过，甚至愤怒。梁启超，中国近代伟大的思想启蒙家，中国从古代社会走向现代社会的历史杠杆式的伟大改革家，竟被传记作者说得一无是处，以致被描述成阻碍历史前进的反动人物。这部传记只是一例，在二十世纪下半叶的前三十年，“革命神圣”的思潮压倒一切，激进主义覆盖学术界，梁启超自然也成了“历史罪人”，受尽冤屈，受尽凌辱，受尽贬抑，受尽“革命大批判”。自从有了1980年的阅读经验之后，我再也不读其他新出的《梁启超传》了。因为我害怕会再次产生阅读的恐惧，只愿意独自沉浸在《饮冰室文集》里。尤其是在国外，我的阅读研究一直处于沉浸状态。我常说唯有在沉浸状态中，才能和伟大的灵魂相逢。同样，因为沉浸于《饮冰室文集》中，所以我也一再和梁启超的伟大灵魂相逢。所谓相逢，便是请教、对话、商讨、质疑、提升。在相逢中，我愈来愈觉得梁启超了不起，愈来愈觉得他不愧是一个伟大的中国现代社会的开山巨匠。

因有了三十年前的“恐惧”，此次阅读解玺璋的新著《梁启超传》，仍然“心有余悸”。没想到，一打开目录，就被他新的构架与写法所吸引。此书除了前三章讲述梁启超的出身、婚姻、家庭生活之外，其他皆以梁启超与近代中国的历史性人物的关系为章节。“梁启超与康有为”“梁启超与黄遵宪”“梁启超与谭嗣同”“梁启超与孙中山”“梁启超与章太炎”“梁启超与袁世凯”以及梁启超与汪康年、唐才常、杨度、蔡锷、蒋百里、丁文江、胡适、徐志摩等等，如此构筑传记，便是以“人”为中心，相应地，便是历史以“人”为主轴。这种传记构思与传记框架，与《史记》那种以“世家”“列传”为历史之核的写法相似，但多了一个贯穿始末的主角中轴，从而主客兼宜，脉络清晰，既有历史性，又有文学性。翻过目录，进入文本，才知道此书竟达一千页（最初校样——编者注）。面对这样的长篇，我又生了畏惧，可是，一读进去，却放不下了。没想到，解玺璋对中国近代史如此了如指掌，对梁启超如此深知深敬，更没想到的是，他的笔法竟与梁启超极为相似，可称为“梁文体”。梁氏文体是中国古代文言文向中国现代白话文过渡的文体创造，可谓五四白话文运动的先驱。“梁文体”的产生，本身就是一种巨大的文化变革。这种文体冲破故作“古奥”的学问姿态，既冲破桐城派，也冲破章太炎、吴汝伦，力求明白畅达，再加上他自己于说理中掺入情感，“笔端常带情感”，便形成一种深入浅出、痛快淋漓、势如破竹的文风，从而震撼了整个中国。解玺璋的千页大书，因为有“梁文体”支撑，又有梁氏那种把义理和考证相结合的方法配合，便赢得古今两种语言韵味兼有。于是，愈读愈放不下，不知不觉，三天三夜过去，竟把全书读完。此次虽读得双眼昏花，却也读得心花怒放，一扫我三十年来的郁闷。谢谢你，玺璋兄，虽然我从未见过你，之前也从未读过你的文字，但此次拜读，却一阅倾心，觉得“你属于我热爱的那个世界”。那个世界是真实的，是深邃的，是有胆有识的。那个世界所展示的梁启超也是真实的，而且是丰富的、伟大的。

常说历史是公平的。但要实现历史的公平并不那么简单，至少需要时间。梁启超逝世至今已八十多年，生前他经受过追捕、通缉、痛斥、谩骂，死后又经受过谴责、嘲讽、贬抑、批判，但是近二三十年来，随着改革之风重新吹遍中华大地和“暴力崇拜”之风逐渐减退，梁启超的名字又重新放出芳香。国内评述梁启超的文章又如“风起云涌”，历史终于还给梁启超一点公道。但是要真正还给梁启超以崇高的历史地位，恐怕还为时尚早。因为这与中国近代史的宏观把握有关。二〇一〇年我在《读书》杂志上发表了《爱怨交织的往事》。表达了对胡绳的缅怀之情，同时也表示，我将用“吾爱吾师但更爱真理”的态度与他商榷，他的中国近代史名著《从鸦片战争到五四运动》，发行量数百万册，影响巨大。我多次细读此书，受益匪浅，尤其是胡绳那种严谨而流畅的文字表述更是让我仰慕。可惜，全书的框架却有一个致命的根本性缺陷，这就是把中国近代史写成“太平天国革命、义和团革命、辛亥革命”三大革命的单轨暴力革命史，丢失了“建构现代文明”这一重大线索，即无视洋务运动、改良运动、立宪运动的历史，变成一部片面残缺的单轨近代史。从解玺璋的《梁启超传》，我们可以看到，建构现代文明的历史包括工艺器械建构、社会制度建构、思想文化建构三个层面，第一层面的建构，曾国藩、李鸿章、张之洞等做了巨大贡献，第二层面和第三层面，梁启超则功高盖世。他不仅研究、考察、介绍了世界各国的社会制度，而且直接参与中国从专制走向共和的制度变革，其历史作用有目共睹；除了在制度变革中充当急先锋之外，他在思想文化的变革中，更是发挥了第一启蒙家的作用。至少可以说，他的启蒙广度（包括启蒙内容的广度和社会影响的广度）无人可比。严复的《天演论》固然敲响了启蒙的第一钟声，影响了整整一代人，但那之后，他的其他文章，其影响力就远不如梁启超，何况他不像梁启超那样始终在历史前沿激流勇进，始终站立于大时代的启蒙中心。解玺璋的《梁启超传》，其价值，不仅在于它展示了梁启超个人的历史，还展示了中国近代“现代文明建构”的历史，补救了胡绳近代史的缺陷。我们从解著中可以看到中国近代新制度、新文化的建构是多么艰难、多么曲折，其中的斗争是多么壮烈又是多么残酷。这是中国近代史重大的、不可忽略、不可抹杀的一脉。解著不是近代历史事件编年史，而是以梁启超为中轴的历史人物活动史（其实也包含着历史事件）。人是历史的载体，以人为中心的历史，才是活的历史，也才是最真实的历史。过去常说“历史必然性”，其实，历史充满偶然。其之所以偶然，就是因为历史是人创造的，它不是机械运动，而是人的能动运作。解著摒弃章回体的编年写法，而以人物及其交往纠葛为纵横骨架，这就把历史的偶然更真实地展示出来。展示中，不仅有丰富翔实的史料、有冷静公正的史识、有对历史人物“理解同情”的史德，而且还有布满全书叙述中的“历史肌理”即历史血肉和历史的悲喜歌哭。

把一个人的传记几乎写成一部中国近代史，只有通过梁启超的传记才可能。因为梁启超作为一个巨大的历史存在。他打通了中国近代史各类关键性人物关系，包括政治层面、思想层面、文化层面、国内层面、国外层面的关系。在各层各类能够呈现历史风貌的重要人物关系网络中，他是独一无二的启承转合、承上启下，而且举足轻重的人物。这除了得益于他先进的思想和巨大的多方面的才华之外，还得益于他本身的两大特点：（1）他是一个拥有巨大书面文字语言又拥有巨大行为语言的双重存在，他既创造了巨大的“知”的体系，又创造了巨大的“行”的体系。因此，他既与思想界、文化界、学术界的人物关系密切，又与政治界、军事界、外交界、教育界、财政界的人物关系密切。也就是说，创造中国近代史的各类创造主体都与他相关。（2）另一特点，他除了拥有罕见的知行兼备的能力之外还拥有一种无人可比的极为“谦和”的性格魅力。中国近现代史上有三个突出的推动历史前进又极为“谦和”的人物，这就是梁启超、蔡元培、胡适。他们成就巨大，但从不称霸，“但开风气不为师”。梁启超大事有决断，小事又谦让，能与各类人物坦诚交往又不丧失原则。这种性格魅力使他能够与袁世凯这种人相克相生，从而构成近代史变化万千又有主线的极为精彩的活生生的一页。如果写“康有为传”，就很难选择以传主及人物关系为基本构架的写法。因为康有为虽然比梁启超更有原创性（指思想理念）也更有深度，但他性格专断、固执、主观，名声很大又霸气十足，远离“谦和”作风（谦和包容是中国最缺少的文化性格与文化情怀），所以朋友很少，人际交往既缺乏广度，更没有如梁启超与黄遵宪、谭嗣同等交往中所蕴涵的如歌如泣的诗意。解玺璋正是敏锐地发现梁启超的特殊地位与特殊性格，所以才选择“主客融合为一”的写法，并获得虽只写人物却覆盖大面积近代史的效果。毫无疑问，这种构思与写法是成功的。

通过梁启超传的写作而把握中国近代史的骨架与筋脉，这在海外的中国史研究中，也曾有人感悟到，值得一提的是约瑟夫·列文森（Joseph R·levenson）。他在一九五三年完成的重要著作（有人甚至认为是天才著作）的题目就叫做《梁启超与近代中国思想》，其内容也是通过对梁启超传的写作与生发勾勒出中国近代思想史的基本风貌。尽管列文森英年早逝（一九六九年四十九岁在河上荡舟时不幸落水身亡），但他留下的这一著作却一直是海外的中国近代史研究绕不过的重要史学里程碑。他在书中留下一句著名的评价梁启超的话：“如果一个人拥有能打开他所在囚笼的钥匙，那么他早已不在他的囚笼之中”。确乎如此，梁启超早已冲破专制囚笼，并翱游于思想自由的普世天空与大地中。梁氏的思想体系，充满自由点，少有固定点。有人因此而攻击他“善变”，其实，他的所谓“善变”，恰恰是与时俱进，恰恰是在寻求真理的过程中，不断地破“我执”、破“他执”、破固定点，不断地向真理靠近。他那么敬重自己的老师康有为，但是，当康有为与张勋勾结一起妄图复辟帝制时，他能不改变一下“忠于老师”的角色吗？袁世凯“借助共和”而和平终结帝制时，他与袁世凯妥协合作，而袁世凯“埋葬共和”复辟帝制时他则反戈一击，给袁氏以致命打击，这种变迁，在近代风云变幻多端的时代里，不正是唯国家利益为重，个人面子不予计较的伟大人格表现吗？梁启超多次以今日之自我反对昨日之自我，表面上看，这是变，而究其深层，他始终不变而一以贯之的则是他的爱国之心，他的救国激情，他的把中国从专制引向共和、引向富强、引向自由的努力。列文森在其著作中认为，梁启超在理念上认同西方的价值取向，而在情感上则认同中国的传统人文系统。这一论断可以涵盖梁启超的早期与中期，但是到了五四运动发生，他的生命进入后期即“踱进研究室”之后，他则不仅在感情上而且在理智上也完全认同中国文化尤其是儒家文化的基本价值理念。这并不奇怪，一个人，尤其是一个历史巨人，其人生是非常丰富复杂的，很难用“激进”“保守”“革命”“反动”这些本质化的概念来描述和判断，解著的好处恰恰在于它远离本质化即简单化，而把力气用于对史实的考证与描述，在对待近代史人物的评价中，超越党派眼界，超越意识形态眼界，只着眼于历史人物为中国的进步做了哪些实事。这样的史书，不仅还以历史公平，而且也比较可靠。见到有此可读而可靠的书，能“不亦乐乎”。所以便在读后写了上述心得，以见证解玺璋兄的立传之功德。

刘再复

二〇一二年三月十五日美国马里兰

【本文是著名学者刘再复为解玺璋先生《梁启超传》（上下）一书所做序，题目为编者所加。】

新会少年：梁启超的家世

文/解玺璋

凡是伟大的天才人物，一定有他超拔脱俗、不同凡响之处。而在他的幼年，也一定会有启发引导他的人，培养他，爱护他，不使他中途夭折，直到长成参天大树，开出绚烂无比的花朵，结出硕大无朋的果实。这些人往往就是他的长辈。我们看梁启超，在他的早期教育中，就有三个人发挥了重要作用：一是他的祖父，二是他的父亲，还有一位就是他的母亲。正是他们，呵护他、培养他、教育他，让他度过了幸福的童年和少年，并在很小的时候就显露出过人的才华、远大的志向和深厚的家国情怀，为他日后成为一代伟人，开创辉煌的事业，奠定了坚实的基础。梁启超所以为梁启超，而没有成为方仲永，其重要原因，就是其早期家庭教育有许多平常家庭所不及的地方。所以，讲梁启超，一定要从他的家庭讲起。

梁启超是广东新会人氏，清同治十二年正月二十六日（1873年 2月 23日）生于新会之熊子乡茶坑村，若以干支计算，恰逢癸酉年，属鸡。以星座论，则为双鱼。

梁启超出生的时候，梁氏一族迁居此地至少已有二百四五十年了。在漫长的历史岁月中，他的高祖、曾祖一直都以农耕为业，是中国乡村中最常见的普通农民，地位、财富、学识都是微不足道的。到了他祖父这一代，“始肆志于学”（《梁启超年谱长编》，5页），一边种地，一边攻读诗书，终于考取了“生员”，俗称秀才，才使得梁家跻身于绅士阶层，成为当地受人尊敬的乡绅。

一、祖父：讲“义理”，重“名节”

梁启超的祖父，名维清，字延后，号镜泉先生，是梁启超最为推崇的人物之一，他长大成名之后，还一再撰文称颂他的祖父。可以说，在梁启超的生命中，第一个留下鲜明而深刻印记的，就是他的祖父。在一大群孙儿、孙女中，梁维清也最疼爱梁启超、看重梁启超。至少在六岁以前，他一直生活在祖父身边。白天，他跟着祖父一起读书、玩耍；夜里，就和祖父睡在一张床上，听着祖父给他讲的历史故事入睡。梁维清喜欢讲古代英雄豪杰、学者硕儒的故事给这个小孙子听，尤其喜欢讲宋代亡国、明代亡国的故事，对那些沉痛的往事，他总是津津乐道。

当时的中国，除了科举，没有别的教育，更没有学校。多年以后，梁启超谈及他所看到的国民中的“童年”和“少年”，还是一派放任自流的景象。孩子们游戏活动的空间，离不开自家的小天地；眼睛看到的，耳朵听到的，都是些家长里短、寻常琐碎之事。稍好一点的人家，顶多是教育家中的子弟，走科举为官这条路，能有升官发财、追求利禄、光宗耀祖的想法，也就到头了，就算是有志有为的青年了。待他长大以后，眼里心中，竟以为天下之事，没有比这更大的了。这还是中上阶层家庭里的情形，下层社会的贫苦子弟又将如何呢？怕是更少有受教育的机会。

各地固然有村塾、乡塾，但其中施教的教师，梁启超称之为学究的，却都是“蠢陋野悍、迂谬猥贱”（《饮冰室合集·文集》之一，44页）之人。他说，“中国四万万人之才、之学、之行、之识见、之志气”，就消磨在这些人的手里，其中能够幸免的，“盖万亿中不得一二也”。（同上，45页）正是这种情形，造成了国民中普遍的愚昧自私、目光短浅、心胸狭窄、苟且偷生、奢靡腐败、不思进取，其根源就在于教育的缺失，尤其是早期教育的缺失。梁启超担任《时务报》主笔期间，曾作《变法通议》一文，其中《论师范》《论女学》《论幼学》三章，都对儿童的早期教育有深刻的认识。他认为，中国虽然号称有四万万人口，但其中两万万妇女没受过教育，她们做了母亲，也没有能力教育孩子。而西方学者认为，儿童的早期教育，70%应该由母亲承担，母亲比父亲更容易了解孩子的性情嗜好，也更容易因势利导。如果母亲读过书、有文化，善于对孩子进行教育，孩子的成长就比较容易；反之，就比较难。而教师的情形也不容乐观。孩子一旦走出家门，培养他们的责任就落在教师肩上，但举目望去，可以承担这种责任的教师又何其少啊！大学教授不必说了，那些蒙馆学究，“其六艺未卒业，四史未上口，五洲之勿知，八星之勿辨者”（同上，35页），十个里头倒有八九个。他们只能寻章摘句，鼓励学生死读书，读死书，作八股，求举业，为统治者培养“终身盘旋于胯下”（同上）的奴才。所以，教育兴，则国兴；教育衰，则国衰；教育亡，则国亡。教育是一个人的根本，也是一个国家的根本，而早期教育，更是根本中的根本。

所幸梁启超在他那个时代竟做了“万亿中不得一二”中的一个。他的祖父、父亲和母亲，在他十岁前后，为他的求学、立志、立身打下了坚实的根基。他的祖父梁维清，并无突出的学问专长，也没有著述流传于世，不过就是个秀才，“援例捐作附贡生”，才得到“教谕”一职，管理一县的文教事业。（《梁启超年谱长编》，7页）这是个比七品芝麻官还低一级的八品小官，也是他一生仕途所达到的顶峰。而且，他在“教谕”这个职位上的时间并不长，终其一生，主要还是在村里教授子孙。

岭南人家在思想上受到陈献章（白沙）的影响比较大，陈是明代与王守仁（阳明）齐名的儒学大师，学问都从宋代理学发展而来，尤其受到陆九渊（象山）“心学”的影响，特别强调立志、修身。他主张教育从两个方面入手，从自身的角度来说，在于认识天命，激励节操，积极把握个人命运；从外部的角度来说，就是要将自己的所学尽力为社会服务，报效于国家，所谓内圣外王是也。梁启超后来写道：“吾家自始迁新会，十世为农，至先王父教谕公（梁维清），始肆志于学，以宋明儒义理名节之教贻后昆。”（《饮冰室合集·专集》之三十三，127页）这似乎说明，梁维清对梁启超的教育，主要集中在“义理”和“名节”这两大主题上。

陈献章后半生一直在家乡授徒讲学，过着隐士般的生活。他的那句诗“田可耕兮书可读，半为农者半为儒”，就是这种生活的写照。他是新会人，死后在新会建有白沙祠，家乡人都很推崇他，祀奉他，一直香火不断。梁维清也很羡慕这种生活方式，他用家族“公尝”奖励的“封包”买了十几亩田，加上原有的十几亩，共二十余亩，又在自家屋后的空地上建起一间小书斋，取名“留馀”，也过起了半耕半读的生活。他有三个儿子，小儿子梁宝瑛即梁启超的父亲，“以幼子最见钟爱”（同上，127页）。梁维清课子读书，鼓励儿子去博取功名，把振兴家族的希望寄托在儿子身上。但梁宝瑛的仕途并不顺畅，屡试不第，连秀才都没能考上，慢慢也就把仕途看得淡了。三十岁以后，两位兄长先后病逝，父亲又经常生病，作为家中唯一的壮男，他便放弃了登科及第的梦想，一边在乡里教授私塾，一边耕种着从父亲那里继承下来的六七亩田，既能侍奉生病的父亲，又能督责子侄的学业，一举而两得。

也许是因为儿子没能实现其家族的理想，梁维清在孙子身上倾注了更多的心血。据梁启超后来回忆，他两三岁开始认字，母亲是他第一个老师；四五岁开始读书，则由祖父悉心指导。他在《三十自述》中提到当时曾经读过的两部书，一部是《四子书》，另一部是《诗经》。我们不知道在此之前他是否还读过《三字经》《百家姓》《千字文》等蒙学读物，无论如何，对于一个四五岁的孩子来说，读《诗经》已经不是一件容易的事。尽管它有“多识于鸟兽草木之名”的一面，能够在一定程度上引起孩子的兴趣，但其文字的古奥，内涵的丰富，所谓兴、观、群、怨，都超出了一个儿童可以接受和理解的范围。而《四子书》就更不能说是一部适合儿童阅读的作品了。所谓《四子书》又称《四书》，即《大学》《中庸》《论语》《孟子》的合集。相传《大学》为曾参所作，《中庸》为子思所作，曾参是孔子的学生，子思是孔子的孙子，他们和孔子、孟子合称四子，是早期儒家的四位代表性人物。在很长的时间里，《大学》《中庸》并未单独成书，朱熹将它们从《礼记》中抽出，与《论语》《孟子》合编为一书，增加了注解，称为《四书章句集注》，作为学生的教材。元代从《四书》中摘出考题并以朱熹的注释作为标准答案，开了考“四书义”的先河；明代以八股取士，尊程朱理学，朱元璋更把《四书》定为士子的考试用书，试题都从这里出。于是，《四书》的地位凌驾于所有典籍之上，“六七百年来，数岁孩童入三家村塾者，莫不以《四书》为主要读本，其书遂形成一般常识之基础，且为国民心理之总关键”（《饮冰室合集·专集》之七十二，1页）。　梁启超的这番话写于民国十四年（1925年），他五十二岁的时候。然而，梁维清选择《四书》作为梁启超幼年发蒙的读物，很可能是无意识的。实际上，当时的梁家，也找不到更多的可读之书。梁启超曾经写到他幼年的读书经历，除了四五岁时在祖父及母亲膝下读“四子书诗经”外，“六岁后就父读，受中国史略、五经卒业。八岁学为文，九岁能缀千言，十二岁应试学院，补博士弟子员。日治帖括，虽心不慊之，然不知天地间于帖括外，更有所谓学也。辄埋头钻研，顾颇喜词章，王父、父母时授以唐人诗，嗜之过于八股。家贫无书可读，惟有史记一，纲鉴易知录一，王父、父日以课之，故至今史记之文能成诵八九。父执有爱其慧者，赠以汉书一，姚氏古文辞类纂一，则大喜，读之卒业焉”（《饮冰室合集·文集》之十一，15 ~ 16页）。由此看来，梁维清给幼年的梁启超讲授《四书》，恐怕还是因为这是他当时最方便得到的书，也是他曾经读过的书。但也不排除他有希望孙子求仕进、求功名的心理，他只考中过秀才，儿子连秀才也没考中，他希望孙子能给家族带来更大的荣耀，提升整个家族的社会地位，也是很自然的。不过，梁维清不完全是个读书人，梁家也不是书香门第或官宦之家，他要求孙子读书，固然有步步高升，光耀门庭的考虑，但也不排除他寄希望于孙子，了解儒家经典的微言大义，培养自身的道德情操，进而经世致用，为国家和社会做出自己的贡献。这应该是梁维清为梁启超讲授《四书》的另一层含义。很显然，梁启超的爱国情怀、民族大义、社会责任、仁爱之心，都少不了这层底色。他在《变法通议》中就曾讲到读经的两个方面，不仅揭露了“秦始皇之燔诗书，明太祖之设制艺，遥遥两心，千载同揆，皆所以愚黔首，重君权，驭一统之天下，弭内乱之道，未有善于此者也”（《饮冰室合集·文集》之一，15页）；同时又指出，祸首只是制艺，即科举考试，不能让《四书》代为受过。虽说读的都是《四书》，但不同的人从中得到的东西也不尽相同。有人看到的只是考试的题目和制艺的材料；有人则热衷于故纸堆中的笺注校勘；还有人洁身自爱，将其作为自身道德修养的门径；也有人从中发现了古人的微言大义和先王之志。读书的境界有高低，由此也可见一斑。他甚至感叹：“今日之天下，幸而犹以经义取士耳，否则，读吾教之经者，殆几绝也。”（同上，18页）事实果然如此，在科举考试、经义取士被废除之后，还有几人用心读《四书》这样的经典呢？

二、在祖父言传身教下考取“童子秀”

不过，梁维清对梁启超的教育，除了读书，还有更重要的内容和方式。从有限的记载来看，他很重视历史遗迹、人文环境、节日庆典、祭祀活动的教育功能，这些都成为他对儿孙进行教育的素材。梁家居住的茶坑村，离南宋王朝最终覆灭的崖山不远。六百多年前（编者注：此处指距梁维清生活的时代，陆秀夫死于公元 1279年），大宋忠臣陆秀夫誓死抗元，在此陷入绝境。面对波涛汹涌的大海，他先让自己的妻子投海自尽，然后背起九岁的小皇帝赵昺，一起投海身亡。许多宫人、官员也都跟着投海，在这里，南宋军民没有一个人投降。后来有人在此建起了慈元殿，奉祀帝后和死节的臣民，其中还有陈献章、陈恭尹（独漉）等人的题诗。明朝成化年间，这里又建起一座大忠祠，祭祀抗元牺牲的文天祥、陆秀夫、张世杰三位忠臣。为此，陈献章还撰写了门联：宇宙万年无此事，春秋一例昉诸公。为了祭祀宋元时期死难的忠义、节烈之士，崖山还建起了忠义坛、全节庙，以表彰这些先烈。（《新会梁氏：梁启超家族的文化史》，12页）而梁家的祖墓恰恰也在崖山。每逢清明节，梁维清都要带领儿孙们去祭扫祖墓。从茶坑村到崖山是要坐船的，途中经过南宋舟师覆灭的古战场，有一块高达数丈的巨石突出于大海之中，上书八个大字：元张弘范灭宋于此。每次从这里经过，梁维清都要把这段故事讲了又讲，说了又说，直讲得心情沉痛，直说得老泪纵横。这时，他往往还要声情并茂地背诵陈恭尹的诗篇：

山木萧萧风更吹，两崖波浪至今悲。
一声望帝啼荒殿，十载愁人拜古祠。
海水有门分上下，江山无地限华夷。
停舟我亦艰难日，畏向苍苔读旧碑。（同上，14页）

听着祖父的慷慨悲歌，不知梁启超作何感想？但是，看他成年以后所表现出来的爱国情怀和民族气节，我们得承认：梁维清把忧国忧民的种子，播撒进梁启超的心田里，并且扎下了根，至死不移了。

还有这样的记载：在茶坑村有一座北帝庙，庙里珍藏着四十八幅水粉工笔的古画，据说是明末清初一个来历不明的人所绘，每幅画都讲了历史上一个赫赫有名的忠臣或孝子的故事，共有二十四位忠臣，二十四个孝子。这些画平时总是藏而不露，只有每年正月十五的上元佳节，才悬挂出来，供人观赏。这时，梁维清就率领孙子们到庙里参观，指点着每一幅画，讲故事给孙子们听：这是朱寿昌弃官寻母的故事，这是岳飞出师北征的故事……每年都是如此。他还为庙里撰写了一副长联，来表达自己对这些忠臣孝子的仰慕之情：

周岁三百六旬，屈指计期，试问烟景阳春，一年有几？

屏开四十八幅，举头看望，也知忠臣孝子，自古无多。（同上，13～14页）

梁启超和祖父一起生活了十九年，对他来说，从祖父那里得到的不只有最初的书本知识和生动的户外教育，更多的还有祖父的身教。他从祖父身上看到了高尚的、令人崇敬的道德情操，并且影响到他的品格、性格的形成以及一生的事业。我们看到，在梁启超后来关于祖父的描述中，梁维清是个勤奋、俭朴、自尊、自信、严以律己、宽以待人、有知识、有文化、有威信、热心公益、受人尊敬的乡绅。他是嫡出的次子，两岁时母亲就去世了。他们兄弟八人，除他之外，都是继母、庶母所生。父亲去世以后，兄弟分家，有人说嫡子可以多分一些家产，梁维清却不以为然，坚持与所有兄弟平均分配。他懂得一些医道，平时为乡亲们看病，从不计较费用，遇到贫苦人家有人生病，还馈赠药品。村里的道路因年久失修，行走不便，遇到雨水天气，更加泥泞难行，村民多有抱怨。他主动把自己节省的钱捐出来修路，并号召村民有钱出钱，无钱出力，得到很多人的响应，人们唱着歌来参加修路劳动，竟把原来的土路改成了石板路。咸丰四年（1854年），洪秀全领导的太平天国运动影响到广东沿海地区，新会这个偏远的濒海之乡也有人群起响应，“四方蜂起，城日以困”（《梁启超年谱长编》，7页）。茶坑村离新会县城只有十余里，有些“无赖者”竟也信了拜上帝教，准备起义。梁维清是以儒学为其思想根基的，他当然不能接受披着基督教外衣的拜上帝教，也不赞成给社会造成动荡、使百姓流离失所的过激行为。从安定一方的社会责任感出发，他在乡里倡导组织“保良会力为禁止，以故一乡无乱民”（同上），维护了当地的治安，使得茶坑村在那个风雨飘摇的年代，维持了相对的平静。

梁启超对于祖父的教诲始终心存感激，念念不忘，而他可以报答祖父的，也只有学业上的不断进步。光绪十年（1884年），梁启超十二岁，这一年他再到广州应考，与他第一次应考相隔不到三年。这一次他考中了秀才，补博士弟子员。这是中国科举有史以来难得一见的“童子秀”，也是梁维清一辈子所达到的最高功名，他感到非常欣慰！而此时任主考的广东省学政叶大焯也感到惊喜异常，特地把梁启超和几个年龄稍小的秀才找来“试以艺文”。几个人中，只有梁启超对答如流，有条有理，叶大焯爱才之情溢于言表。这时，聪明的梁启超灵机一动，趁机跪倒在地，言道：“家有大父，今年七十矣，弧矢之期，在仲冬二十一日，窃愿得先生一言为寿，庶可永大父之日月，而慰吾仲父、吾父之孝思，且以为宗族交游光宠也。”（同上，17页）叶大焯听了梁启超的这一番话“矍然”，一副惊讶的样子。我们今天读来也只有惊叹而已，很难想象一个十二岁的孩子，在那种场合，能说出这样一番话来。不过，叶大焯很快便喜形于色，爱其伶俐，嘉其孝心，满口答应，当即提笔写下了这篇祝寿之文。在这篇洋洋洒洒的祝寿文中，叶大主考表达了三层意思：一、梁启超才学不凡，可与历史上的吴祐、桓、任延、祖莹相媲美；二、不可骄傲，巩固所学的知识，勤学新的知识，树立远大的理想；三、梁家教子有方，茶坑人杰地灵，梁启超前途不可限量。

梁启超带着考中秀才的喜悦和叶大主考的祝寿文回到茶坑，老爷爷梁维清惊喜得老泪纵横。当梁启超把那张祝寿文在家中悬挂起来的时候，祖父、父母都深深感受到了梁启超的一片孝心，不只看到了他在人格、学问上的长进，也看到了梁家兴旺发达、蒸蒸日上的未来。这正是梁启超当时唯一可以孝敬祖父、父母的。

三、父母：淑身济物

梁启超的禀赋以及儿童时代所受到的教育，除了得自其祖父，再有便是得自其父母的。他的父亲梁宝瑛，字莲涧，人称莲涧先生，生于道光二十九年己酉（1849年），卒于民国五年丙辰（1916年），享年六十七岁，是梁维清三个儿子中最小的一个，也是寿命最长的一个。虽说他在仕途上很不顺利，未曾博得半点功名，但他退居乡里，在私塾中教书，却是个很好的教书先生。当年，梁启超从护国前线回到上海后，才得知父亲已于一个多月前去世的消息。他怀着悲痛的心情写下《哀启》一文，其中就讲到，他和几个兄弟、堂兄弟从小就在父亲执教的私塾中读书，他们的学业根底、立身根基，一丝一毫都来自父亲的教诲。他在《三十自述》中也写到父亲对他的教育，他说，六岁以后便跟着父亲读书，所读之书有《中国史略》和《五经》。后者同他此前读过的《四书》一样，也是科举考试所规定的必读书。既然不能不走科举仕进之路，不能不将登科及第作为人生的一大理想，那么，对他来说，《四书》《五经》就是无论如何都躲不过去的必修课。但是，他的家庭毕竟不是世家大族或书香门第，没有那么多的忌讳和限制。而且，他所处的时代，恰逢西学东渐、正统学术衰落之际，这也体现在他的读书上。据查，《中国史略》就不是一部传统意义上的中国史书，它的编写者是个德国传教士，中文名叫郭士立（又译郭实腊），早年在中国传教，鸦片战争期间，担任过英军司令官的翻译和向导，还参与起草过《南京条约》。梁家私塾可以选择他的书给学生读。可见，在这方面，他们没有太多的成见。

在梁启超的眼里，父亲是慈祥的，也是严厉的。他对梁启超寄予厚望，激励儿子奋发向上，做一个出类拔萃的人。作为父亲，除了督促儿子读书以外，还要求他参加一些田间劳动，言语举动也要谨守礼仪，如果违反了家风、礼节，他决不姑息，一定严厉训诫。所谓爱之深，必责之切，他对梁启超说得最多的一句话就是，你把自己看作是个平常的孩子吗？“汝自视乃如常儿乎！”（《饮冰室合集·文集》之十一，16页）梁启超说，这句话他此后一直不敢忘。从现有的记载和人们的记述来看，梁宝瑛不是一个很善言谈的人，即使是对自己的儿子，他也没有留下更多的言辞。梁启超的《哀启》是目前可以见到的记述梁宝瑛生平最详尽的文字。在这篇事实上的祭文中，他把父亲描述为一个不苟言笑、中规中矩的人，在孩子们面前，他更显得十分严。他处处按照儒家的伦理道德要求自己，谨守祖父开创的家风，既在道德上严格自律，注重内在修养，又不忘记社会责任，尽力为社会办事。他的生活十分俭朴，没有任何嗜好，一辈子都是这样。梁启超曾经劝他不要太苦了自己，现在有条件了，该享受的还是要享受。但梁宝瑛认为，无论什么时候都不能忘记勤俭、朴素的家风，而且对后辈生活上的优越和安逸感到很担忧。

梁宝瑛的谦谦君子之风使他在茶坑村赢得了很高的威信，村中大小事务，几乎都要他去处理。他也以治理乡政为荣，尽心竭力地维护着茶坑村的社会安宁。广东濒临大海，素来民风彪悍，新会一带则赌博盛行，盗匪出没，械斗更被看作十分平常的事。梁宝瑛为此常常感到痛心疾首，他说，这三种祸害不根除，乡里就不会有和谐平静的生活。茶坑村与邻村东甲乡积怨三十年，一直得不到解决，经常发生械斗。起初，东甲人不大看得起茶坑人，以为茶坑穷，又没有获得科举功名的人。梁启超中举之后，闻名乡里，村里有人觉得可以扬眉吐气了。梁宝瑛却认为，这正是和解的好时机，反对以此报复别人。他谦恭地带着儿子专程去拜访与梁氏有宿怨的东甲人，拜谒他们的宗祠，执弟子礼，让东甲人非常感动。多年的积怨、隔阂从此消除，双方变成了友好的邻居。这件事甚至影响到周围相邻的县、乡，大家都为械斗而感到惭愧，纷纷请梁宝瑛去帮助调解纠纷。梁宝瑛也不辞辛劳，乐此不疲。在他的不懈努力下，三十年中，不止新会许多乡村改变了械斗的风气，就连附近香山、新宁、开平、恩平、鹤山等县，械斗之风也大为减少。梁宝瑛对于治赌也颇有一套办法，他把赌和盗联系起来，认为清盗必先禁赌。在他的管理下，赌具不能进入茶坑，对于野外或密室中的聚众赌博行为，他则冒着风雨，踏着泥泞去劝阻，对赌博的人晓以利害，甚至哭着劝说他们。为此他落下一身疾病，却保证了一乡的安宁。茶坑村没有一个强盗，外面的强盗也不敢来此相扰，三十年内，清乡的军队，其足迹没有到过茶坑。这都是梁宝瑛的功劳。梁启超大为感叹："孔子称仁者安仁，呜呼，吾先君子几近之矣。"（《饮冰室合集·专集》之三十三，129页）梁仲策先生认为，梁启超的这篇文章"皆实录，无溢美之辞"（《梁启超年谱长编》，8页）。在这篇祭文中，梁启超还讲到父亲在家庭伦理方面的表率作用。梁启超的祖父晚年多病，作为儿子，梁宝瑛在病床前侍奉父亲近二十年。梁维清去世时七十四岁，他的大儿子已先他四十年去世，二儿子先他去世也有十六年，他从六十五岁以后更是卧床不起，全靠梁启超的父亲和母亲日夜侍奉在身边。母亲去世以后，最后几年，就是父亲一人承担起侍奉祖父的责任，吃喝拉撒都是他一个人打理，甚至不让其他子侄动手。俗话说，久病床前无孝子。梁宝瑛以他的孝心和孝行，改变了世俗成见。在此期间，他还要操心子侄们的学业，不使病床上的祖父挂心。对于两位寡嫂，他也谨遵儒家的教诲，恭恭敬敬地侍奉到老；她们留下的三个孩子，他更视如亲子。他在道德、为人方面的言传身教，对于年少的梁启超来说，犹如春风化雨，潜移默化，润物无声。

梁启超的母亲赵夫人家世不详，只知道她的祖父是举人，父亲是秀才。她在娘家一定是读过一些书的，嫁到梁家以后，也以知书达理，谨守家规，品性贤孝而受到公婆的喜爱。梁启超说，他最初识字，就是母亲教的。他还说，母亲喜欢吟诵唐诗，估计从小没少教他“春眠不觉晓”或“床前明月光”之类。母亲不仅教他和兄弟们读书识字，乡里一些姑嫂姐妹也常到梁家跟她识字，学做针线。茶坑村一带流传着这样的佳话：人们只要得知某个女子跟赵夫人识过字，学过针线活，那么不必访问，这个女子的德行、品性一定受到大家的称赞，婚事也就比较顺利。总之，她的为人在乡里是传为美谈的。她生了六个孩子，其中四个男孩、两个女孩，梁启超是长子。她是在第四个儿子出生时，难产去世的。

赵夫人对梁启超都有过哪些教育，我们所能看到的记载已不是很多，最著名的还是梁启超自己所述六岁时挨打一事。据梁启超讲，他在六岁的时候，记不得因为什么，说了谎话。母亲发觉后，十分生气，把他叫到卧房，严加盘问。母亲本来是慈祥的，终日含笑，很疼爱自己的孩子。但这时的母亲却是一副盛怒的样子，她命令梁启超跪在地上，竟“力鞭十数”（《饮冰室合集·文集》之十一，19～20页）。她警告伏在膝下的这个儿子，如果再说谎，将来只能做盗贼和乞丐。赵夫人自有她的道理，她说，一个人之所以说谎，一定是他做了不应该做的事，或者是该做的事没有做好。这本来已经错了，如果自己不知道错，还情有可原，改正起来也不难。但说谎则是明知故犯，自欺欺人，就跟盗贼一样，天下万恶，都由此而产生。说谎的人总会被人发觉，最终就很难取信于人。人无信不立，到头来就会一事无成，落得当乞丐的下场。这一番教诲给梁启超留下了深刻印象，以至于多年之后，他还痛悔不已，写成文章，教育后人。

很显然，梁家的家教，从梁维清到梁宝瑛，再到赵夫人，重点都不在知识的灌输和功利的诉求，而是更强调立志和做人，这是梁家早期教育的核心内容。这一点甚至压倒了传统社会要求于学子的“学而优则仕”。尽管梁启超不满十岁就随叔伯兄长一起参加过省城的科举考试，并在不满十二岁时考取了秀才，还在十七岁那年考取了举人，可以说是少年得志，前途远大。但综合其一生的经历以及所取得的成就，这似乎又是微不足道的，并非他所追求的终极目标。假设他的科举仕途不是很顺利，那么，他的祖父、父母也不会给他很大的压力，他很可能和其祖父、父亲一样，退居乡间，服务乡里，继承他们家“田可耕兮书可读，半为农者半为儒”的生活方式。事实上，这也正是宋、明以来儒家知识分子所推崇的精神特质——内圣而外王，特别强调道德的修养和精神的陶冶，把“义理”和“名节”视为立身的根本。梁家不是巨绅大儒，也没有自成体系的家学渊源，但他们受到岭南学风的影响比较多，又有多年来自耕自种所养成的勤俭、务实、淳朴、进取的品质，体现在孩子的早期教育上，也就很自觉地把道德修养和精神品质放在第一位。科举要考，官也要做，但那只是更好地服务社会的一种途径，而不是唯一途径。梁启超曾经讲到他的父亲：“先君子常以为所贵乎学者，淑身与济物而已。淑身之道在严其格以自绳；济物之道在随所遇以为施。”（《饮冰室合集·专集》之三十三，127页）他这里所说的“淑身”，指的就是一个人的内在修养，而“济物之道”的“随所遇以为施”，就是要根据具体情况而尽力服务于社会。

四、凌云壮志出少年

在今天的许多人看来，梁家的家教可能很不科学、很不实用，流于空疏而失当，甚至有一点迂腐，因为当今的教育，只有一个目的，就是应付考试。一切为了考试，甚至从幼教开始，都指向高考这个目标，道德、理想、心灵、品性的修为就讲得少了。现在的青年，从幼教读到大学、硕士、博士，获得了很高的学位，拥有了很多的知识，却发现心灵竟然荒芜已久，成了一片荒原。为什么高学历人群中自杀或杀人案件时有发生？对此，人们多归结为社会生存压力造成的心理失衡。其实，追根溯源，问题还在我们的早期教育。身不立而心不正，只讲出人头地，只讲功成名就，只讲实现自我，只讲社会竞争，一句话，只讲狼性，不讲人性，只讲做事，不讲做人，只讲眼前，不讲长远，看上去是帮助这些孩子走向成功之路，实际上，是引导他们走向万劫不复的深渊。回过头来再看梁启超，就会发现，他最终成为中国近现代历史上一个顶天立地的伟人，很重要的原因就在于十岁以前的家庭早期教育给他奠定了坚实的基础。梁启超的天资固然是一流的，他的记忆力很好，才思敏捷，这些都是他最终获得成功的先天之本。同时，梁家以读书育人为核心诉求的早期教育，又给了他长大成人的后天之本，让他的天资和才华得以充分地发挥和展现。他两岁识字，四岁读书，八岁学作文章，九岁时文章写到千余字，十二岁参加科举考试，中秀才，补博士弟子员，但他并没有自满自足，《四书》《五经》，科举考试都限制不了他的才思和向往。他的家乡有一座凌云塔，在阳光明媚的日子里，梁启超经常与兄弟姐妹一起爬上村后的小山，到凌云塔附近眺望南海的波涛。据说他八岁的时候，以《凌云塔》为题写了一首诗：

朝登凌云塔，引领望四极；
暮登凌云塔，天地渐昏黑。
日月有晦明，四时寒暑易；
为何多变幻，此理无人识。
我欲问苍天，苍天长默默；
我欲问孔子，孔子难解释。
搔首独徘徊，此理终难得。（《新会梁氏：梁启超家族的文化史》，19页）

在这首诗里，梁启超表达了一个孩子天真的好奇心，勤于思考、敢于怀疑的精神，以及渐渐扩大的胸怀和对新的知识的渴求。这座凌云塔也曾带给他冥思遐想，让他对未来有了更多的向往。他还作过一副对联，表达他的心情：

凌云塔下凌云想，海阔天空，迢迢路长；
天竺国里天竺望，云蒸霞蔚，须臾妙相。（同上，21页）

这副对联寄托了梁启超小小年纪就已树立的高远志向，凌云塔启发了他的"凌云"之想，但他清楚地知道，要实现"凌云"之想，脚下的路还很长。他已经做好了走出家乡、走出新会、走向更广阔天地的准备，一棵幼苗已经破土而出，没有什么力量可以阻挡他前进的脚步了。

【作者：解玺璋，著名评论家、学者、近代史研究者，著有《梁启超传》《一个人的阅读史》《喧嚣与寂寞》《雅俗》等。本文出自《梁启超传》】

满门俊秀：梁启超与其子女

文/ 解玺璋

梁氏一族拥有非常优秀的家教和家风。梁启超成长为举世公认的改革家、思想家、教育家，成为文化启蒙的一代宗师、杰出报人，就得益于他的家风、家教。同时，他在整个家族链条中又是十分重要的一环，是一个承前启后的关键人物。他既受益于优秀的家教与家风，又继承和丰富了这个家族的家教与家风。他的教育思想和教育实践，既有中国传统儒学做根基，又能得风气之先，融会西方近现代科学、民主精神，这些都充分体现在他对子女的培养、教育之中。

他有九个儿女，分别是：梁思顺、梁思成、梁思永、梁思忠、梁思庄、梁思达、梁思懿、梁思宁、梁思礼。其中梁思顺、梁思成、梁思庄为李夫人所生，梁思永、梁思忠、梁思达、梁思懿、梁思宁、梁思礼为王夫人所生。他们中有三人成为院士，其他几位也都是各自领域里十分杰出的人才，被称为“满门俊秀”：

梁思顺（令娴）（1893—1966），长女，诗词研究专家。

梁思成（1901—1972），长子，著名建筑学家，1948年 3月当选为中央研究院首届院士（人文组）；其妻为林徽因。

梁思永（1904—1954），次子，著名考古学家，1948年 3月当选为中央研究院首届院士（人文组）。

梁思忠（1907—1932），三子，曾任国民党十九路军炮兵校官，因病早殇。

梁思庄（1908—1986），次女，著名图书馆学家。

梁思达（1912—2001），四子，长期从事经济学研究。

梁思懿（1914—1988），三女，从事社会活动。

梁思宁（1916—2006），四女，投奔新四军参加中国革命。

梁思礼（1924—2016），五子，火箭控制系统专家，1993年当选为中国科学院院士。

一、中西合璧的为父教子之方

梁氏一门，九朵奇葩，这在中国历史上怕也是十分罕见的，开创了前无古人、后无来者的奇迹。《三字经》中曾有“窦燕山，有义方，教五子，名俱扬”的说法，但那只是个因果报应的故事，与梁启超教育子女的思想、方法和路数，是不可同日而语的。梁启超从祖父和父亲那里秉承了以“义理”“名节”为立足之本的家风家教，特别强调道德修养、精神陶冶和人格培育；但区别于祖父和父亲的，是他赶上了一个西风东渐的时代，其眼界和心胸都大大地扩展了。西方近现代教育所倡导的科学、民主、平等、自由、尊重个性、启发式教育等理念，不仅使他感到惊讶、新奇、别开生面，也让他看到了开启民智、改造国民、培育新人的可能。

我们看他教育子女的方式和理念，确实带有亦中亦西、中西合璧的特点。换句话说，他对子女的培养教育，成功实现了以人格教育为主的儒家传统在现代社会的创造性提升和转换。这么说也许有点绕嘴或不知所云，但他的做法和实际效果确实让我们看到了现代教育和传统教育相结合的美好前景。我们曾经有过和传统决裂的时候，传统似乎便意味着愚昧和落后；现在则又把传统捧上了天，却并不了解传统的内涵究竟有些什么，只能得到一些皮毛，甚至把孩子读经（居然是《三字经》）以及穿汉服之类当作时髦。至于如何培养孩子的人格，却不甚了然。这正是梁启超可以启发我们、让我们无限遐想的地方。由于他的悉心教育，九个儿女个个成才，各有所长。他是如何获得成功的？他在教育子女方面又有哪些绝招？他的一位学生很羡慕老师的家庭，曾说“要学先生，须从家庭学起”；梁启超却坦诚地表示，“谈何容易”。（《际遇—梁启超家书》，164页）

梁启超这么说一定有他的道理，可以说是甘苦自知。他的老师康有为也是大教育家，培养了梁启超这样的学生，但他在管教子女方面却远不如梁启超。他晚景凄凉，去世以后，家里发生了很多问题，子女们的为人处世，让其弟子和朋友在伸出援手的同时，又颇感无奈和尴尬。鲁迅倒是写过《我们现在怎样做父亲》一文，当时他已三十八岁（1919年），虽说他很想“摆出父亲的尊严，谈谈我们和我们子女的事；不但将来着手实行，可以减少困难，在中国也顺理成章”（《坟》，102页），但那时他毕竟还不曾做过父亲，没有做父亲的体验。他年近五十岁方才得子，儿子不满七岁，他便已去世，并没有遭遇更多的子女成长中的麻烦和问题。所以，究竟如何以“儿童本位”教育孩子，教育之后又将得到怎样的结果，他所能给予后人的，多是理论的思考和浪漫的想象，而非行动的指南。

梁启超就不同了，他有九个孩子（还不包括早殇的）。大女儿出生的时候，他只有二十岁，按照现在的习俗，二十岁常常还被父母当作“孩子”，他却已经做了父亲，不知那时他是否已经懂得了为父的不易。不过，他二十三岁（1896年）就发表了《论女学》《论幼学》等论文，对于青少年的早期教育有着相当深刻的认识。他说：“人生百年，立于幼学。”（《饮冰室合集·文集》之一，44页）可见，他对早期教育，或者说幼学，是看得非常重的，认为这是关系到每个人一生成败的大事，是安身立命的基础工程。在他看来，教育子女绝非一个人、一个家庭，乃至一个家族的私事，广而言之，教育的好坏，与国家的兴亡、天下的兴亡，都有很密切的关系。因此，要想变法图强，先要有好的教育，才能开启民智，造就新人。这是老大中国走向新生的当务之急，可以说是“悠悠万事，惟此为大”。他参照西方国家的经验，提出了一系列改革中国教育的设想和思路，有些具体做法现在看来也许是幼稚可笑的，但在百余年前就能根据儿童的生理、心理特点，提出循序渐进、循循善诱、启发为主、全面发展的教育思想和理念，梁启超恐怕是第一人。

中国当时所实行的教育实在是太坏了。梁启超非常痛心地说：中国人有两大厄运，不幸都发生在童年，女性躲不过缠足，男性逃不脱科举。除非你不读书，不受教育，否则，你就是再有才华，再有志向，也只能俯首帖耳，被囚于八股制艺的罗网之中。由于国家规定了科举考试的内容，一个人只有通过科考，才能得到功名富贵。所以，乳臭小儿都被家长强迫着读《四书》《五经》。这种情形在当时非常普遍，一点也不奇怪。他举例说，譬如“大学之道，在明明德”这句话，汉代的学者和宋代的学者都有非常详尽的解释，常常写了数千言都说不明白，现在却要牙牙学语、蹒跚学步的孩子跟在老师后面鹦鹉学舌，人云亦云，怎会不伤害孩子的心智和身体呢？尽管这是人人都明白的道理，却仍然坚持这样做，为的是什么呢？很简单，就因为考试题目要从这里出；进而言之，功名富贵也从这里出。事实上，正是科举考试这个指挥棒，犹如一双看不见的手，操纵着所有莘莘学子的命运。这样的教育完全违背了孩子的天性，长此以往，他们的心智被禁锢，他们的品性被玷污，他们的志气被消磨，他们的人生被引入歧途，从而变成一群游手好闲、无所事事、苟且偷安、不辨是非的废物。他还引述严复的话说："长人虚骄，昏人神智，呜呼，几何其不率四万万之人，以尽入于无耻也。"（同上，58页）

光绪二十一年（1895年），梁启超参加会试落榜。这是他最后一次参加会试，此后，他便放弃了考取功名的想法，全身心地投入了变法维新的大事业。作为过来人，他自然不肯以科考和功名再来毒害自己的儿女。而且，由于清政府在光绪三十一年（1905年）废除了科举制度，事实上，梁启超的儿女们并没有赶上从小读经作八股文的时代。大女儿梁思顺出生于光绪十九年（1893年），是他和李夫人的第一个孩子。戊戌政变发生后，梁启超流亡日本。第二年十月，在父亲梁宝瑛的护送下，夫人李蕙仙才抱着女儿梁思顺来到日本，与他团聚。当时，梁启超住在东京小石川久坚町的一个院落里，为躲避清政府的耳目，他取了日本名字"吉田普"，这个院子就叫"吉田宅"。从这时开始，梁启超才比较多的和女儿生活在一起。在此之前，思顺一直是跟着母亲的，她的教育、学习，也是由母亲负责的。到日本后，光绪二十七年（1901年）长子梁思成出生，光绪三十年（1904年）次子梁思永出生，光绪三十三年（1907年）三子梁思忠出生，光绪三十四年（1908年）次女梁思庄出生，这几个孩子都成长于日本，在家里被称作"双涛园群童"。此后还有四个孩子先后来到这个世界，分别是四子梁思达、三女梁思懿、四女梁思宁、五子梁思礼，他们都生于民国年间，其中梁思礼年龄最小，梁启超去世时，他只有五岁，比他最小的姐姐梁思宁还小八岁，比大姐梁思顺则小了三十一岁。如果也要命名的话，他们似乎可以称为"饮冰室群童"，因为他们比较多地生活于天津的"饮冰室"，是在京津两地长大的。

二、发自肺腑、自然纯真的父爱

面对九个性情各异、生长环境又完全不同的子女，梁启超如何实行其教育主张？他的为父之道，又有哪些是常人所不及的呢？他在写给孩子的许多信中反复提到一点，就是发自肺腑的、自然纯真的爱。他说："你们须知你爹爹是最富于情感的人，对于你们的爱情，十二分热烈。"（《际遇—梁启超家书》，157页）这是一种博大的爱，包容的爱。这种爱不仅惠及他的九个子女，也无私地给予女婿和儿媳。梁思成与林徽因成婚后，他写信给二人，表达他的喜悦之情。他写道："我以素来偏爱女孩之人，今又添了一位法律上的女儿，其可爱与我原有的女儿们相等，真是我全生涯中极愉快的一件事。"（同上，54页）有一次，他读了一整天的书，晚上又喝了点儿酒，有些醉了，于是，"书也不读了，和我最爱的孩子谈谈罢"，便在信里和思顺聊起了家常，称赞女婿周希哲"勤勤恳恳做他本分的事，便是天地间堂堂的一个人"。（同上，115页）他在世期间，成家的孩子只有思顺和思成，两个孩子的婚事都是他"包办"的，对此他颇为有些自得，认为是他最成功的作为之一。在他晚年，思顺、思成、思永、思忠、思庄都在国外，或工作，或读书，这些孩子没有不盼着他来信的，常常是两三个礼拜接不到他的信，就噘嘴抱怨。百忙之中，给孩子们写信，也成了他的最大快乐和享受。

应该说，父母爱其子女本是天经地义的，它来自人的天性，过去讲舐犊之情，说的就是这个道理。但这种爱通常容易异化为两种方式：一种是溺爱，孩子想怎样就怎样，要星星不给月亮，培养出来的孩子多是逆子或废物；另一种是棍棒之下出孝子，恨铁不成钢，又有"打是疼，骂是爱"的说法。问题在于，用棍棒教育孩子，有成才的，也有不成才的，甚至有变得很邪恶的。近代以来，中国总是挨打，贫弱的原因一直深挖到家庭内部，以为传统的父子关系限制了孩子的发育和成长，鼓吹儿子造老子的反。于是，百余年来，弑父之声不绝，家教传统断裂，造成很恶劣的影响。也有呼吁老子自觉的，要求做老子的先行解放了儿子，给儿子以自由。当时就有人表示怀疑，"家庭革命，逆子叛弟，接踵而起，国胡不强"？（林琴南译：《孝友镜》之《译余小识》，引自《我们现在怎样做父亲》注 14，《鲁迅全集》第一卷，142页）搞得很热闹，怎么不见国家强大起来呢？

可见，不是这样简单。过去我们读鲁迅，得到过一种认识，以为父子关系是讲不得孝道，也讲不得养育之恩的。一讲，就没有爱了，就是长者本位与利己思想，就是重权利而轻责任、轻义务，就是利害关系、交换关系，就是"人乳喂猪"，无非要猪肉肥美。这种认识的流行，其目的自然是要解放子女的精神和身体，造就一代新人，却也很容易变成放任和纵容。如果说传统的溺爱是在物质方面不加限制地满足孩子的所有要求，那么，这种标榜幼者本位、解放孩子的新式溺爱，则表现为在精神方面，在道德教育、人格培养方面主动放弃责任。特别是“进化论”的流行，使得很多人相信，“后起的人物，一定尤异于前”“长者须是指导者协商者，却不该是命令者”。（同上，136页）这样的教育，新的一代或能成为独立、自由的人，却也容易变成自私的人，不负责任的人，缺少社会情怀、人文情怀的人。为了孩子能“幸福的度日，合理的做人”，鲁迅曾提出三点建议：一是理解，二是指导，三是解放。时至今日，做父母的恐怕很少有人是不肯理解和解放自己儿女的，但如何指导他们，“养成他们有耐劳作的体力，纯洁高尚的道德，广博自由能容纳新潮流的精神，也就是能在世界新潮流中游泳，不被淹没的力量”（同上），却是个老大的难题。由于“弑父”在先，文化传统被割裂，精神道德信仰陷入虚无，父母在孩子面前基本丧失了话语权，即教育子女的合理性与合法性（完全归结为孩子的逆反心理是不对的，是社会在推卸责任），在这种情形之下，父母作为人生第一个老师的资格自然是形同虚设，全部让渡给只重知识教育的所谓幼教（所谓不输在起跑线上），家教传统既失，学校教育又在高考指挥棒的引领下放弃了人格培养的目标，于是，所谓“幼者本位”发展到今天，便只剩下了子女对生活的享受，对权利的要求，没有人告诉他们、指导他们应该承担怎样的责任和义务，怎样为社会和家人尽自己的力量，怎样报答父母和社会的养育之恩。

三、娴儿思顺：梁启超的得力助手

梁启超基于父爱的教育则完全不同。梁思顺是他的大女儿，在他身边长大。刚到日本的时候，神户没有适合华侨子弟读书的正规学校，梁思顺的早期教育只能在家里进行，由梁启超教她读书。这种情形一直延续到光绪三十二年（1906年）他们迁居“双涛园”的时候。在这里，梁启超专门为女儿请了家教，教她“数理化”，并在家里建了一座实验室，想得可谓很周全。梁启超在宣统元年（1909年）写给仲弟梁启勋的信中提到，为了摆脱经济困境，他正在编写中学国文教科书，他称之为“射利之书”，然而，

"无意中反使娴儿获大益"。(《梁启超年谱长编》，492页)女儿做了他所编写的国文教科书的第一个学生读者。梁启超对这个女儿的期望是很高的，为她的学业倾注了大量心血。我们看他的《双涛阁日记》，仅在宣统二年(1910年)农历的正月、二月间，他就为梁思顺"讲书"及批改"日记""作文"二十余次，有时竟至彻夜。其中还有些特别的记载："五日午后，为娴儿作《艺衡馆文卷》第一集叙"；"十二日午后，为娴儿辈讲《说文解字·叙》"；"二十日，为娴儿辈改所作《隈(隗)嚣、窦建德合论》竟至彻夜，复为批点日记，六时就榻"；"二月二十五日，昨夜不能成寐，凌晨，出一策问题，示娴儿辈，即略与论文，至十时始寝"。二月二十八日，恰逢梁思顺十七岁生日，梁启超特意为她作了一首长诗，他在诗中写道："我的娇儿令娴如今已年满十七岁了，希望我作一首诗祝贺她的生日。作文我很内行，作诗却是我的短处，偶然吟诵一下，人们总是笑我。但女儿的要求又不好拒绝，只能勉力为之。"他在诗中历数女儿出生以来所经历的欢娱和坎坷，记述她在学业上所取得的初步成就，并告诫她治学要有恒心，不能贪图安逸，当今世界，东西方文明交汇融合，应当立志做个中西兼通的人，即使今后离开这块土地，也要"葆此雏凤声，毋为江北橘"。(《饮冰室合集·专集》之二十九，1～40页)从这里，我们不难看出一个父亲爱女儿的拳拳之心。

梁思顺一直是父亲的得力助手。她在少年时代就为父亲阅报、读书、收集资料、做翻译，是父亲身边不可缺少的小秘书。《双涛阁日记》就曾多次记载："昨夜竟夕不成寐，晨间卧听娴儿读书，久之睡去。"(同上)民国初年，在父亲的主持下，梁思顺与马来西亚华侨周希哲结为夫妻。梁启超对于女儿的婚姻一直洋洋自得，过了许多年，他在写给思顺的信中还说："我对于你们的婚姻，得意得了不得，我觉得我的方法好极了，由我留心观察看定一个人，给你们介绍，最后的决定在你们自己，我想这真是理想的婚姻制度。好孩子，你想希哲如何，老夫眼力不错罢。"(《际遇—梁启超家书》，116页)周希哲幼年家境贫寒，后在商船上做事，曾经得到康有为的提携和帮助，留学于美国哥伦比亚大学，获国际法学博士学位。北洋政府时期，他长期担任驻菲律宾、缅甸、加拿大的领事和总领事。作为外交官的夫人，梁思顺多年生活在海外，父女之间表达相互思念以及商量家务，都只能通过书信往复。梁启超一生写给孩子们的信非常多，有人统计，这些书信几乎占到他著作总量的十分之一，总数或有百余万字，其中写给梁思顺的书信最多。无论是民国初年梁启超回国参与政治活动，家人留待日本时期，还是二十世纪二十年代，思顺跟随希哲在加拿大工作期间，梁启超都曾有大量书信给思顺。

梁启超去国十余年，其间著书办报，传播新的思想，批判专制制度，推动社会变革，鼓吹“新民”之道，使得他在国民心目中地位甚高，甚至超过了孙中山和黄兴，各界人士都对他寄予厚望。所以，当他于 1912年回国的时候，受到了社会各界及各党各派的热烈欢迎。他在给女儿的信中抱怨：“应酬苦极，夜不得睡，今日虚火涌上，牙痛大作。”（《梁启超年谱长编》，653页）即便如此，他对女儿的学习、儿子的身体仍不能忘怀，百忙之中，还逛到琉璃厂，为女儿购得《东坡集》《韩柳合集》，并给其他家人买了礼物。他还在信中指示尚在日本的思顺：“思成学课归汝监督试验，若至明年二月汝书报告谓其有进益者，吾则于生日时以此赉之。”（《梁启超未刊书信手迹》上册，71页）二十年代，思成、思永、思忠、思庄先后到美国和加拿大读书，大姐自然成为四个弟妹在海外的“家长”，给他们以悉心的照顾。在此期间，梁启超与梁思顺的每封书信，几乎都涉及到几个子女的生活和学习。当时的梁家，收入已不如民国初年，几个孩子海外求学，每年开支又很大，而这时的梁启超，除了稿费几乎没有其他进项。他曾把家中存款数千美金寄给思顺（后来又寄过一些），请希哲做一点证券投资的生意。周希哲算是经营有道，“几个月工夫已经弄到加倍以上的利”。梁启超为此大受鼓舞，他设想“照这样下去，若资本丰富一点，经营三两年岂不成了富翁吗”？（《际遇—梁启超家书》，230页）思顺来信劝他尽力而为，并为自己不能在父亲身边侍奉感到歉疚，他则安慰思顺不要太担心他的身体，也不要因为不能回国伺候生病的父亲而感到不安：你虽是受父母特别的爱（其实也不算特别，我近来爱弟妹们也并不下于爱你），但你的报答也算很够了。妈妈几次的病，都是你一个人服侍，最后半年多，衣不解带送妈妈寿终正寝。对于我呢，你几十年来常常给我精神上无限的安慰喜悦，这几年来把几个弟妹交给你，省我多少操劳，最近更把家里经济基础由你们夫妇手确立，这样女孩儿，真是比别人家男孩还得力十倍。你自己所尽的道德责任，也可以令你精神上常常得无限愉快了，所以我劝你不必思家着急，趁这在外的机会，把桂儿、瞻儿（梁思顺的孩子）的学业打个深厚的基础。（同上，231页）

梁启超有时显得很唠叨，心思缜密得像个母亲；有时又像个孩子，对女儿表现出某种依赖。1928年秋天，疾病反反复复，一直折磨着他，让他感到十分痛苦。听说女儿就要回国了，他很高兴地写了一封信给思顺："我平常想你还自可，每到发病时便特别想得厉害，觉得像是若顺儿在旁边，我向她撒一撒娇，苦痛便减少许多。但因为你事实上既未能回家，我总不愿意说这种话。现在好了，我的顺儿最少总有三五年依着我膝下，还带着一群可爱的孩子——小小白鼻接上老白鼻——常常跟我玩。我想起八个月以后家里的新生活，已经眉飞色舞了。"（同上，260页）

可惜，梁启超没能等到他所祈盼的这种生活，三个月后便不幸去世了。从一定意义上可以说，他也是为孩子操劳而死的，只要关系到孩子，事无巨细，他从来都是极热心地帮助出主意、想办法，并亲自作出安排。

二十世纪二十年代，国共联合发动北伐，北洋政府在财政上也陷入困顿之中，使馆经费和外交官的薪水全无着落，思顺与希哲的生活大受影响。本来，他们所得的薪水公费也算很好了，不仅能够敷衍开销，还能替父亲照顾在海外留学的四个弟妹，对家里的帮助是很大的。然而，随着时局的变迁，北洋军阀的末日已到，北京政府的命运也就成了问题，这样一来，思顺们的生计前途，就成了一件让梁启超忧虑的事情。他立马找朋友商量办法，大家也一筹莫展，因为使领馆的经费此时已经断绝。他又希望能为女婿调一个有收入的缺，却并不顺利。思顺与希哲原先想调新加坡，梁启超以为可以和顾维钧（少川）商量的，经过一番了解，才知并不简单。"顾（少川）说，现在各方面请托求此缺者，已三十人，只好以不动为搪塞，且每调动一人必有数人牵连着要动，单是川资一项已无法应付，只得暂行一概不动。"（同上，128页）面对这种局面，梁启超既没有放弃为希哲寻找出路，又给思顺以谆谆教诲，他在写给思顺的信中说："顺儿着急和愁闷是不对的，到没有办法时一卷起铺盖回国，现已打定这个主意，便可心安理得，凡着急愁闷无济于事者，便值不得急它愁它，我向来对于个人境遇都是如此看法。顺儿受我教育多年，何故临事反不得力，可见得是平日学问没有到家。你小时候虽然也跟着爹妈吃过点苦，但太小了，全然不懂。及到长大以来，境遇未免太顺了。现在处这种困难境遇正是磨炼身心最好机会，在你全生涯中不容易碰着的，你要多谢上帝玉成的厚意，在这个当口儿做到“不改其乐”的工夫才不愧为爹爹最心爱的孩子哩。”（同上，98页） 这一番话使思顺安下心来。南京政府接管北京政府后，因经济和政治的诸多原因，暂时无暇顾及调换领事这种事，尤其像加拿大这种没有收入的领事馆，更没人要打主意，他们住得倒也踏实。但直到去世前的几个月，梁启超还在为周希哲设想未来的生活方向。他建议希哲脱离政府，辞职去东北做生意。在他看来，如果做生意，“没有第二个地方比东三省再好了”（同上，107页）。他为希哲描绘了一幅十分美好的前景，并鼓励他联络美国的农具工厂，投身北满的垦荒事业。这时他还是很乐观的，他说：“兜揽这件事，目前既可以得相当的佣钱，以后和垦务发生关系，发展的机会更不知多少。还有北满的森林，若有材木公司想合办也是有办法的，这些话我告诉你们留意，你们若能找着投资的人，我这边总有信介绍。东三省现在决定采不管关内的方针，照此下去，十年生产力发达不可限量。”（同上，107~108页）然而，随着日本在东北的侵略扩张，几年后，梁启超所设想的这一切，就全都化作了泡影，这当然是后话。

四、化育思成：治学须有兴味

梁思成是梁家的长子，梁启超对他的期待和关心自然更多了一些。梁思成的童年是很清苦的，由于是在流亡之中，梁家的生活始终非常拮据。但知识渊博又充满爱心的父亲，仍然让他觉得自己的童年时光是趣味无穷的。像对待思顺一样，梁启超也是儿子的启蒙老师，并把他送到自己为华侨子弟创办的同文学校读书。学校位于神户市区，离家有很远的一段路程，每天赶小火车上学，还是很辛苦的。很多年后，梁思成回忆起童年紧张而有趣的生活，仍大为感慨。民国初年，梁启超回到阔别十四年的祖国，凭着他在戊戌维新和晚清政治进程中所取得的卓越声望，很快便获得了比较稳定的社会地位。第二年，夫人李蕙仙带领暂时滞留日本的家人启程回国。从此，梁家便在天津安顿下来，并送思成、思永到北京上学。梁思成先后就读于南城的汇文学校和崇德高小。大约两年后，1915年，年仅十四岁的梁思成就考取了名气很大的清华学校，开始了他长达半个多世纪的学术人生。

梁思成在清华八年，终于出落成一个学养扎实、发展全面的有为青年，不仅在英语、西方自然科学和人文知识方面奠定了坚实的基础，而且在美术、音乐、体育等方面的才能也得以充分展现。尤其是在品格训练方面，作为清华学子，他既秉承了“自强不息，厚德载物”的校训，又有父亲的言传身教，这使得他在学术生涯开始的时候，步子就迈得比较稳健和扎实。1923年初夏，梁思成即将从清华学校毕业，准备赴美留学。5月 7日这天，恰逢“国耻纪念日”（编者注：5月 7日为日本针对“二十一条”的最后通牒日），北京的学生照例在天安门前举行纪念游行。中午时分，梁思成和弟梁思永骑着摩托车上街，行至南长街口时，一辆快速行驶的小轿车横撞过来，当时就把兄弟俩撞翻在地。思永血流满面，跑回家中报信，思成则被压在了摩托车的下面。在这场严重的车祸中，梁思成伤势较重，左腿骨折，脊椎也受了伤。出事后，肇事者居然不加理睬，扬长而去。后经查明，肇事者不是别人，正是北洋政府陆军部次长金永炎。但他撞的毕竟是梁启超的儿子，思成的母亲李夫人从天津赶来，亲自到总统府责问，社会舆论也闹得沸沸扬扬，迫使金某人不得不到医院慰问，总统黎元洪也亲自出面赔不是，才平息了这件事。但是，这场事故给梁家兄弟，特别是梁思成造成了巨大伤害。梁启超在事后写给梁思顺的信中说，他曾去事故现场查勘，在离思成受伤一寸多的地方，便是几块大石头，若碰着头部，真是万无生理，现在只能说是不幸中的万幸，到底逢凶化吉，履险如夷，给古老的北京城留下了一个忠诚的守护者。但梁思成出国留学的时间却不得不推迟到第二年。住院期间，梁启超要求儿子一边养病，一边读书，短短两个月内，梁思成便把《论语》《孟子》和《资治通鉴》都读了一遍。梁启超说：“利用这时候多读点中国书也很好。”（《际遇—梁启超家书》，142页）

1924年6月，梁思成携林徽因赴美留学。他们来到美国费城的宾夕法尼亚大学，准备学习建筑学。据梁思成介绍，他选择建筑学主要是受到林徽因的启发，当然也和自己喜欢美术不无关系。早在清华读书时，梁思成准确而漂亮的绘图功夫就为许多朋友所称道，这在很大程度上支持他日后作出了学习建筑的选择。但是他说，如果不是刚从欧洲回国的林徽因和他谈到以后想要学习建筑，他当时连建筑学是什么还不知道呢。这年秋天，思成进入宾大建筑系本科学习，林徽因却因该系不收女生而被排除在外，只得选择美术系。

梁思成在学习方面非常专注，全力以赴，好学不倦，同学们都很佩服他这一点，梁启超也不为此担心。但是，他却很担心思成的身体。1925年，他每次写信给思顺都要询问："思成身子究竟怎么样？思顺细细看察，和我说真实话。"（同上，92页）半年以后，梁启超又在信中和思顺谈起思成的身体："思成体子（身体、体质）复元，听见异常高兴，但食用如此俭薄，全无滋养料，如何要得。我决定每年寄他五百美金左右，分数次寄去。"（同上，121页）他还对思成说："你常常头痛，也是令我不能放心的一件事，你生来体气不如弟妹们强壮，自己便当自己格外撙节补救，若用力过猛，把将来一身健康的幸福削减去，这是何等不上算的事呀。"（同上，33页）仔细体会他的这番话，梁启超对于梁思成的担忧，似乎并不全在身体，更在他的精神和治学方法，在同一封信里他还说道："我这两年来对于我的思成，不知何故常常像有异兆的感觉，怕他渐渐会走入孤峭冷僻一路去。我希望你回来见我时，还我一个三四年前活泼有春气的孩子，我就心满意足了。"（同上，32页）所以，他劝告思成，做学问不要专于某一门："我愿意你趁毕业后一两年，分出点光阴多学些常识，尤其是文学或人文科学中之某部门，稍为多用点工夫。我怕你因所学太专门之故，把生活也弄成近于单调，太单调的生活，容易厌倦，厌倦即为苦恼，乃至堕落之根源。"他接着讲道：

"一个人想要交友取益，或读书取益，也要方面稍多，才有接谈交换，或开卷引进的机会。不独朋友而已，即如在家庭里头，像你有我这样一位爹爹，也属人生难逢的幸福；若你的学问兴味太过单调，将来也会和相对词竭，不能领着我的教训，你全生活中本来应享的乐趣，也削减不少了。我是学问兴趣方面极多的人，我之所以不能专积有成者在此，然而我的生活内容异常丰富，能够永久保持不厌不倦的精神，亦未始不在此。我每历若干时候，趣味转过新方面，便觉得像换个新生命，如朝旭升天，如新荷出水，我自觉这种生活是极可爱的，极有价值的。

我虽不愿你们学我那泛滥无归的短处，但最少也想你们参采我那烂漫向荣的长处。什么叫苦口婆心？我以为，这总算是苦口婆心了。”

他还谈到治学的方法：

“我国古来先哲教人做学问方法，最重优游涵饮，使自得之。这句话以我几十年之经验结果，越看越觉得这话亲切有味。凡做学问总要“猛火熬”和“慢火炖”两种工作循环交互着用去。在慢火炖的时候才能令所熬的起消化作用融洽而实有诸己。思成，你已经熬过三年了，这一年正该用炖的工夫。不独于你身子有益，即为你的学业计，亦非如此不能得益。你务要听爹爹苦口良言。”（同上，32.33页）

这一番话是富有感情的，带着体温的，娓娓道来，透着坦诚、平和、真挚与朴素，种种人生的道理就这样在“润物细无声”的诉说中潜移默化地影响着孩子。梁启超对思成毕业以后的去向、职业和生计，也早有考虑。还在 1926年，思成的学业尚未完成，梁启超就想到了毕业后的生计可能会发生困难。因为，思成选择建筑时，曾有过一个考虑，即思忠去学工程，将来哥儿俩可以合作。现在思忠要走别的路，如果思成所学单纯是美术建筑，恐怕就不适合谋生了。于是梁启超建议思成毕业后转学建筑工程。但思成没有接受这个建议，甚至还把治学方向设定为中国古代建筑。梁启超没有因为儿子不听招呼就生气，他告诉思成，这是一件大事业，而且极有成功的可能，但非要到各处实地考察不可，而当时国内的情形却是到处都在打仗，一步也不可行。他提醒思成：“你回来后恐怕只能在北京城圈内外做工作，好在这种工作也够你做一两年了。”（同上，75页）于是，他建议儿子不妨在西洋美术史上多下一点工夫，将来或许还可以到学校去当教书匠。对于父亲的这个建议，梁思成没有拒绝。梁启超更进一步替他作了安排。在他看来，如果教书，最好不在清华：“清华园是‘温柔乡’，我颇不愿汝消磨于彼中。”（同上，86页）而且，清华的邀请“本来是带几分勉强的”，他主张思成去东北，“东北大学交涉已渐成熟。我觉得为你前途立身计，东北确比清华好（所差者只是参考书不如北京之多）”。（同上，87页）为了帮助他更加切实地了解西洋美术的历史，梁启超还专门筹集五千美金，让毕业后的梁思成与林徽因取道欧洲回国，以便能对欧洲的美术建筑作一番实地考察。他还嘱咐思成："你脚踏到欧陆之后，我盼望你每日有详细日记，将所看的东西留个印象（凡注意的东西都留它一张照片），可以回来作供系统研究的资料。若日记能稍带文学的审美的性质，回来我替你校阅后可以出版，也是公私两益之道。"（同上，82页）为了思成与徽因在欧洲旅行时更加方便，他还特意随信寄去名片十数张，并嘱咐思成："到欧洲往访各使馆时可带着投我一片，问候他们，托其招呼，当较方便些。"（同上）意思就是让梁思成自报家门，说是梁启超的儿子，请叔叔伯伯们多加关照。当时中国派驻欧洲各国的领事，很多都是梁启超的朋友，私人交往很多，借助领事馆作为家信的中转站，至少可以比较快地得到儿子旅欧的消息。他再三嘱咐思成："你到欧后，须格外多寄些家信，明信片最好，令我知道你一路的景况。"（同上，83页）父亲对儿子的舐犊之情跃然纸上。就像梁思顺与周希哲的婚姻一样，梁思成与林徽因的婚姻也被梁启超视为自己的得意之作。梁家与林家可谓世交，梁启超和林长民的交情，可以追溯到民国初年二人共同筹划成立宪法研究会的时候。在交往中，两人的共鸣和默契表现在做人和兴趣的诸多方面，他们很快就成了意气相投的好朋友。所以，当儿女到了谈婚论嫁的年龄，两位父亲几乎同时想到了联姻这件事。1919年夏天，在他们的刻意安排下，十八岁的梁思成在父亲的书房里见到了十四岁的林徽因。不过，对于儿女的婚姻，梁启超并不主张完全由家长包办代替，他一再表示，他只负责观察、挑选，给他们提供相识、了解、培养感情的机会，最后的决定权还在儿女手里。思顺的婚姻是这样，思成的婚姻也是这样。他甚至希望，"普天下的婚姻都像我们家孩子一样"，不过，他也对思顺感叹："但也太费心力了。像你这样有恁么多弟弟妹妹，老年心血都会被你们绞尽了。"（同上，116页）说归说，他照样乐此不疲。

的确，梁思成与林徽因的婚姻让梁启超操了不少心。林家原本希望能早一点订婚并举行婚礼，但梁启超考虑，两个孩子的学业和前途更重要。所以，他主张思成和徽因继续求学，待学业完成之后，再订婚、结婚，建立自己的小家庭。他甚至还有这样的打算，考虑到思成所学，也许不便于谋生，于是提出："你们姐妹弟兄个个结婚后都跟着我在家里三几年，等到生计完全自立后，再实行创造新家庭。”后来急着为思成找工作，帮助他解决生计问题，就是因为发生了新的情况。林徽因的父亲不幸在战争中遇难，“思成结婚后不能不迎养徽音之母，立刻便须自立门户，这就困难多了”。（同上，25页）为儿女，梁启超总是想得很细、很多，事事都想在前面。当时的梁启超已经疾病缠身，但他仍然不能放心万里之外的梁思成。他在给梁思顺的一封信里写道：“我们家几个大孩子大概都可以放心，你和思永大概绝无问题了。思成呢？我就怕因为徽音的境遇不好，把他牵动，忧伤憔悴是容易消磨人志气的（最怕是慢慢的磨）。……我所忧虑者还不在物质上，全在精神上。我到底不深知徽音胸襟如何：若胸襟窄狭的人，一定抵挡不住忧伤憔悴，影响到思成，便把我的思成毁了，你看不至如此吧！关于这一点，你要常常帮助着思成注意预防。总要常常保持着元气淋漓的气象，才有前途事业之可言。”（同上，71～72页）

我们体会梁启超的这一番话，他是深知林徽因与梁思成在性格上有很大差异的，特别是在遭遇了父亲死难的悲剧之后，她的情绪波动很大，甚至影响到梁思成。梁启超专门写信给思成，对林徽因表示安慰：“我从今以后，把她和思庄一样地看待，在无可慰藉之中，我愿意她领受我这种十二分的同情，渡过她目前的苦境。她要鼓起勇气，发挥她的天才，完成她的学问，将来和你共同努力，替中国艺术界有点贡献，才不愧为林叔叔的好孩子。这些话你要用尽你的力量来开解她。”（同上，191页）过了不久，他又在写给孩子们的信中提到：“徽音怎么样？我前月有很长的信去开解她，我盼望她能领会我的意思。‘人之生也，与忧患俱来，知其无可奈何，而安之若命’，是立身第一要诀。思成、徽音性情皆近狷急，我深怕他们受此刺激后，于身体上精神上皆生不良的影响。他们总要努力镇慑自己，免令老人耽心（担心）才好。”（同上，179页）梁思成后来成为中国现代建筑学领域的一代宗师，林徽因也在文学艺术诸领域取得了显著的成就，作为父亲的梁启超是付出太多的心血了！他们结婚之后，梁启超还有两点新的希望给他们：“头一件，你们俩体子都不甚好，希望因生理变化作用，在将来健康上开一新纪元。第二件，你们俩从前都有小孩子脾气，爱吵嘴，现在完全成人了，希望全变成大人样子，处处互相体贴，造成终身和睦安乐的基础。这两种希望，我想总能达到的。”（同上，54页）

五、梁思永：在父亲支持下成为考古大家

梁思永在梁家几个子女中是较少让梁启超操心的，这也许和他的性格中沉着稳重、善解人意的特质不无关系，再有就是，他的恋爱、婚姻少有波折。夫人李福曼是李蕙仙的侄女，也就是他的表妹，比他小三岁，八岁以后一直住在梁家，与他可谓青梅竹马。1930年，梁思永从哈佛学成归来，李福曼也从燕京大学毕业，长期的感情积累，使得他们的结合如水到渠成。梁思永是梁启超第二位夫人王桂荃所生的第一个孩子，光绪三十年（1904年）十月七日出生于上海，成长于日本，1913年随全家一起回国，1915年与思成一起进入北京清华学校读书。1923年 5月“国耻纪念日”这天，他与思成在南长街被陆军次长金永炎的汽车撞翻。所幸思永只受到一点轻伤，很快就复元了。这年夏天，思永从清华毕业，考取哈佛大学，主攻考古及人类学。

梁思永选择考古及人类学作为自己一生的学术方向，显然也是受到了父亲潜移默化的影响。梁启超的学问，按照他在《三十自述》中的说法，早年好段、王训诂之学，“不知天地间于训诂词章之外，更有所谓学也”，甚至一度想要放弃科举考试，专注于此。师从康有为以后，所授乃陆王心学，以及史学和西学，从而接通了梁氏家学中得自陈献章的熏陶，强调“义理”的传统，所以，梁启超的学问带有调和汉宋，把“义理”和“考据”结合起来的特点。虽然他很少研究甲骨学、考古学，但他所开创的“新史学”，却强调史料的搜集和鉴别，不限于书本和文献，还强调实迹、口碑和古物的价值，其中就讲到野外的发现和古器物的发现。他注重“史前时代”的研究，引进了西方考古学的历史分期概念，认为中国的史前史也应该包括新石器和旧石器两个时期，并经历了石器、铜器、铁器的进化。这些都在事实上影响着梁思永对所学专业的选择。梁启超甚至有过这样的想法，希望思永学成之后能留在他的身边做助手，因为，“我做的中国史非一人之力所能成”（同上，25页），在这件事上，他很需要儿子的帮助。

不过，梁启超绝非一个“自私”的人，为儿子的前途考虑，也为中国考古事业的未来考虑，他还是积极地帮助思永开辟自己的学术道路。1926年底，他听说李济和袁复礼要去山西发掘西阴村遗址，力主思永回国参加发掘工作。他多次写信给思永和李济，为他们穿针引线。他告诉远在美国的思

永："李济之（李济）现在山西乡下，正采掘得兴高采烈，我已立刻写信给他，告诉以你的志愿及条件，大约十日内外可有回信。我想他们没有不愿意的，只要能派你实在职务，得有实习机会，盘费食住费等等都算不了什么大问题，家里景况，对于这一点点钱还担任得起也。"（《际遇—梁启超家书》，204页）虽然由于社会政治动乱，梁思永最终没有成行，但梁启超却担负起向他通报现场发掘情况的义务。1927年 1月 10日，他又致信思永，为他回国实习作了具体安排："关于你回国一年的事情，今天已经和济之仔细商量。他说可采掘的地方是多极了，但时局不靖，几乎寸步难行，不敢保今年秋间能否一定有机会出去。……但有一样，现在所掘得 76箱东西整理研究便须莫大的工作。你回来后看时局如何，若可出去，他们便约你结伴；若不能出去，你便在清华帮他整理研究。两者任居其一也，断不至白费这一年光阴云云。"（《新会梁氏：梁启超家族的文化史》，402页）于是，这一年的夏天，梁思永从美国回来了。他在国内工作了大约一年，第二年九月，在梁启超的坚持下，思永回到哈佛大学研究院继续他的学业。

思永回国后，曾以清华研究院导师梁启超助教的身份开展工作，还兼任古物陈列所审查员和故宫博物院审查员。这期间，他参加了由李济主持的西阴村发掘资料的整理、研究工作，并写成《山西西阴村史前遗址的新石器时代的陶器》一文，第一次将西阴村的考古收获以英文公布于世。这篇论文使他获得了哈佛大学硕士学位。在此之前，梁启超还曾听说"有一帮瑞典考古学家要大举往新疆发掘"的消息，觉得是个千载难逢的机会，即使自家承担经费，也一定要让思永加入进去。他说："我想你这回去能够有大发现固属莫大之幸，即不然，跟着欧洲著名学者作一度冒险吃苦的旅行，学得许多科学的研究方法，也是于终身学问有大益的。"（《际遇—梁启超家书》，27页）他兴奋得第二天就要进城去找那个叫"斯温哈丁"（斯文·赫定）的人商议，把路线日期计算清楚，甚至想到让清华发电报给哈佛校长，要求给思永提前放假。由于斯文·赫定一行很快就要出发，他的这番计划又没能实现，但思永回国以后，仍然给他带来了很多快乐。他对思顺们说："思永每次回家和我谈谈学问，都极有趣。我想再过几年，你们都回来，我们不必外求，将就家里人每星期开一次'学术讨论会'，已经不知多快乐了。"（同上，79页）

六、梁思忠：政治热情得到父亲肯定

梁思忠生于光绪三十三年（1907年），他和梁思永都是王夫人所出，却也为李夫人所喜爱。思忠小时候很活泼，又善解人意，李夫人很喜欢他，常和他下棋、聊天。梁启超也曾写道，思顺、思庄赴加拿大以后，他觉得寂寞时，便带着思忠去听歌剧；无聊的时候，也拉思忠一起打牌。思忠那时十八九岁，很懂事，哥哥姐姐都在国外，他在家里就主动多承担一点“孝道”。1925年，李夫人的墓修好之后，正式安葬的时候，就是思忠、思达二人扶柩送李夫人上山的。1926年春夏，梁启超病情加重，住进协和医院做割肾手术，也是思忠一直在身边伺候，直到父亲身体好转出院。同年八月，思忠赴美留学，仍不放心父亲的身体，时时写信提醒。梁启超在写给孩子们的信中说：“忠忠劝我卫生的那封六张纸的长信，半月前收到了。好啰嗦的孩子，管爷管娘的，比先生管学生还严，讨厌讨厌。但我已领受他的孝心，一星期来已实行八九了。”（同上，160页）

在梁启超的这些子女中，思忠的政治热情是最高的。到美国后，他首先选择了学习政治。梁启超得知后在信中表示：“忠忠来信叙述入学后情形，我和你娘娘都极为高兴。你既学政治，那么进什么团体是免不了的，我一切不干涉你，但愿意你十分谨慎，须几经考量后方可加入。在加入前先把情形告诉我，我也可以做你的顾问。”（同上，150页）梁启超的这种态度，既尊重子女的选择，又不放弃引导、教育的责任，在今天也是很难得的。说心里话，这时的梁启超是很为思忠感到担忧和不安的。随着国内形势的发展，思忠在海外也热血沸腾，竟提出终止学业回国参加“北伐”。这使得梁启超在“万千心事中又增加一重心事”，他说，“我有好多天把这问题在我脑里盘旋”，毕竟，这是关系到儿子终身的一件大事情。对于儿子的精神，他首先给予充分肯定，然后说：“你们谅来都知道，爹爹虽然是挚爱你们，却从不肯姑息溺爱，常常盼望你们在困苦危险中把人格能磨练出来。”（同上，68页）也许是基于这个理由，梁启超最初是同意儿子回国的，需要商量的只是回国以后去哪里。梁启超倾向于去白崇禧那里或李济深那里，而且已经派人去联系。但仅仅过去三个礼拜，梁启超的主张就完全改变了，他坦诚地说明了发生这种变化的理由：“因为三个礼拜前情形不同，对他们还有相当的希望，觉得你到那边阅历一年总是好的。现在呢？对于白、李两人虽依然不绝望——假使你现在国内，也许我还相当的主张你去——但觉得老远跑回来一趟，太犯不着了。头一件，现在所谓北伐，已完全停顿，参加他们军队，不外是参加他们火拼，所为何来？第二件，自从党军发展之后，素质一天坏一天，现在迥非前比。白崇禧军队算是极好的，到上海后纪律已大坏，人人都说远不如孙传芳军哩。跑进去不会有什么好东西学得来。第三件，他们正火拼得起劲，人人都有自危之心，你们跑进去立刻便卷搀在这种危险漩涡中。危险固然不必避，但须有目的才犯得着冒险。现这样不分皂白切葱一般杀人，死了真报不出账来。冒险总不是这种冒法。这是我近来对于你的行止变更主张的理由，也许你自己亦已经变更了。”（同上，68～69页）梁启超对于儿子的冲动始终没有责备和埋怨，他说：“这也难怪。北京的智识阶级，从教授到学生，纷纷南下者，几个月以前不知若干百千人；但他们大多数都极狼狈，极失望而归了。”（同上，69页）所以，他倒有些庆幸儿子最终没有赶上这个机会。但他对于儿子所说“照这样舒服几年下去，便会把人格送掉”的话，却不能接受，明确讲“这是没出息的话”！他谆谆告诫这个儿子：“一个人若是在舒服的环境中会消磨志气，那么在困苦懊丧的环境中也一定会消磨志气。你看你爹爹困苦日子也过过多少，舒服日子也经过多少，老是那样子，到底志气消磨了没有？——也许你们有时会感觉爹爹是怠惰了（我自己常常有这种警惧），不过你再转眼一看，一定会仍旧看清楚不是这样——我自己常常感觉我要拿自己做青年的人格模范，最少也要不愧做你们姊妹弟兄的模范。我又很相信我的孩子们，个个都会受我这种遗传和教训，不会因为环境的困苦或舒服而堕落的。你若有这种自信力，便‘随遇而安’的做。现在所该做的工作，将来绝不怕没有地方没有机会去磨练，你放心罢。”（同上，69～70页）

但他却仍然放心不下，几天后又在给梁思顺的信中谈起思忠：“思忠呢，最为活泼，但太年轻，血气未定，以现在情形而论，大概不会学下流（我们家孩子断不至下流，大概可以放心），只怕进锐退速，受不起打击。他选择的术——政治军事——又最含危险性，在中国现在社会做这种职务很容易堕落。即如他这次想回国，原是一种极有志气的举动，我也很夸奖他，但是发动得太孟浪了。这种过度的热度，遇着冷水浇过来，就会抵不住。从前许多青年的堕落，都是为此。我对于这种志气，不愿高压，所以只把事业上的利害慢慢和他解释，不知他听了如何。这种教育方法，很是困难，一面不可以打断他的勇气，一面又不可以听他走错了路。……所以我对于他还有好几年未得放心，你要就近常察看情形，帮着我指导他。”（同上，72页）思忠还算是很听话的，他在威斯康星读完政治学，又转到弗吉尼亚军事学院学习军事。三十年代初，他从美国西点军校毕业回国，加入国民革命军，很快升任十九路军炮兵上校。1932年“一·二八事变”，日本派海军陆战队登陆上海，十九路军奋起抵抗，梁思忠所在的炮兵部队也参加了战斗，他表现得非常出色。战斗中，他不慎喝了路边的脏水，结果患上腹膜炎，没能及时救治，年仅二十五岁就去世了。

七、梁启超其他儿女

梁家在北美的五个姐弟中，梁思庄年纪最小。她生于光绪三十四年（1908年），1925年和大姐思顺一起赴加拿大。当时思庄只有十六七岁，读大学不够资格，只能先读中学，一年后，才考取加拿大著名的麦吉尔大学。刚到加拿大时，梁思庄是想直接进大学的。年轻人，满怀理想，心高气盛，最不能受到挫折，梁启超便写信告诫她：“至于未能立进大学，这有什么要紧，‘求学问不是求文凭’，总要把墙基越筑得厚越好。你若看见别的同学都入大学，便自己着急，那便是‘孩子气’了。”（同上，20页）听说她英文不及格，梁启超还劝她：“绝不要紧，万不可以此自馁。学问求其在我而已。汝等都会自己用功，我所深信。将来计算总成绩不在区区一时一事也。”（同上，23页）对于思庄的学业，梁启超也有很多考虑，他一直希望思庄将来能做他的助手，为此他建议思庄：“我很想你以生物学为主科，因为它是现代最进步的自然科学，而且为哲学社会学之主要基础，极有趣而不须粗重的工作，于女孩子极为合宜，学回来后本国的生物随在可以采集试验，容易有新发明。截到今日止，中国女子还没有人学这门（男子也很少），你来做一个‘先登者’不好吗？还有一样，因为这门学问与一切人文科学有密切关系，你学成回来可以做爹爹一个大帮手，我将来许多著作，还要请你做顾问哩！不好吗？你自己若觉得性情还近，那么就选它，还选一两样和它有密切联络的学科以为辅。你们学校若有这门的好教授，便留校，否则在美国选一个最好的学校转去，姊姊哥哥们当然会替你调查妥善，你自己想想定主意罢。”（同上，33～34页）

梁启超最初并不主张梁思庄到美国读书，因为已有三个儿子留学美国，他不愿看到自己的家庭“美国化”。他劝思庄留在加拿大，读一两年，然后到欧洲去。他嘱咐思庄学好法文，就是留作去法国的本钱。不过，梁思庄并没有接受父亲的建议，她坚持学习文学，直到1930年从麦吉尔大学毕业，转入美国哥伦比亚大学攻读图书馆学。此后她成为著名的图书馆专家，一生致力于西文编目的教学和研究。尽管她选择图书馆学是在梁启超去世之后，但是，她的选择不能说没有梁启超的影响和推动。从家学渊源上说，梁启超于光绪二十二年（1896年）在《时务报》期间就发表了《西学书目表》，收录西书三百余种；以后数十年间，他始终没有放弃对图书分类、编目的研究，但直到去世也没有实现培养图书馆管理人才和建立中国图书馆学两大目标。梁思庄成为父亲未竟事业的真正继承者，她依托西方的现代理念，参照家学中的思想学术传统，开创了中国前所未有的“东方学目录”，被人誉为“青出于蓝而胜于蓝”。

梁启超生前，他的另外四个子女梁思达、梁思懿、梁思宁、梁思礼，年纪都还很小，没能到国外留学，他们的学业都是在国内完成的。二十世纪二十年代是中国的多事之秋，梁启超来往于北京、天津之间，除了要在清华、南开等大学开课、演讲外，还担任了京师图书馆馆长、北平图书馆馆长等社会职务，还有大量的写作计划要完成，非常紧张和繁忙。就在这个时期，他的身体也开始出现问题，病魔缠身。但是，他并未放松对儿女的早期教育，也未忽略为儿女的学业早作安排。思达、思懿都在天津南开中学读书，思懿后来还转到清华，他们的学习成绩都非常好。1927年，中国政局动荡，社会乱象丛生，梁启超决定为几个孩子聘一位专教国文的先生，让他们在家读书。不久，他又请了南开中学的教员，到家里给他们补习英文和算学。他在给梁思顺的信中还说：“今年偶然高兴，叫达达们在家读书，真是万幸……好在他们既得着一位这样好先生，那先生又是寒士，梦想去日本留学而不得，我的意思想明年暑假或寒假后，请那先生带着他们到东京去。达、懿两人补习一年或两年便可望考进大学，六六便正式进中学。”（同上，163页）梁启超请来的这位先生，就是他在清华大学研究院的学生谢国桢。谢国桢后来回忆这段往事时说："那时我学费都缴不起，衣食无着，只有教私馆为生，混过了肄业的期间。结业以后，就承梁启超先生叫我到天津他的家饮冰室去教他的子女。"（《追忆梁启超》，400页）他在另一篇文章中又写道："1917年（应为 1927年）夏，桢在清华大学研究院结业之后，即馆于天津梁任公师家中，教思达、思懿诸弟读书。先生著述之暇，尚有余兴，即引桢等而进之，授以古今名著，先生立而讲，有时吸纸烟徐徐而行，桢与思达等坐而听。"（同上，172页）真是一幅教学相长、其乐融融的图景。

这也是没有办法的办法，在社会不能提供安全、正常的学习环境时，梁启超能以家庭教育作为补偿，可见他对子女的教育是不肯放任自流的。梁启超在世时，梁思礼（他称之为老白鼻）尚未到读书年龄，但他给操劳、病痛中的父亲带来了许多快乐。梁启超在给梁思顺等人的信中常常提到老白鼻的可爱之处，他写道："老白鼻一天一天越得人爱，非常聪明，又非常听话，每天总逗我笑几场。他读了十几首唐诗，天天教他的老郭（保姆）念，刚才他来告诉我说：'老郭真笨，我教他念"少小离家"，他不会念，念成"乡音无改把猫摔"。'（他一面说一面抱着小猫就把那猫摔下地，惹得哄堂大笑）他念：'两人对酌山花开，一杯一杯又一杯，我醉欲眠君且去，明朝有意抱琴来。'总要我一个人和他对酌，念到第三句便躺下，念到第四句便去抱一部书当琴弹。诸如此类，每天趣话多着哩。"（《际遇—梁启超家书》，126页）这里既有梁启超享受天伦之乐的美好，又能看到他教育子女的良苦用心。

八、造育新民

梁启超作为孩子们的良师益友，不仅关心他们的学业、工作、生活、健康，更对他们的品性、为人、立身、处世给予细致入微的指导。在他看来，教育不是别的什么，教育就是教人学做人，而且是学做一个现代人。他讲到求知识与学做人的关系，老实不客气地告诉年轻人："你如果做成一个人，智识自然是越多越好；你如果做不成一个人，智识却是越多越坏。"（《饮冰室合集·文集》之三十九，109页）有人会不会想起了“知识越多越反动”？二者之间有没有内在的联系呢？这个问题我们放在后面再说。现在我们所要解决的，是怎样才能实现他所说的做成一个人。他说：“人类心理有知、情、意三部分，这三部分圆满发达的状态，我们先哲名之为三达德——智、仁、勇。为什么叫做‘达德’呢？因为这三件事是人类普遍道德的标准，总要三件具备才能成一个人。三件的完成状态怎么样呢？孔子说：‘知者不惑，仁者不忧，勇者不惧。’所以教育应分为知育、情育、意育三方面——现在讲的智育、德育、体育，不对，德育范围太笼统，体育范围太狭隘——知育要教到人不惑，情育要教到人不忧，意育要教到人不惧。教育家教学生，应该以这三件为究竟，我们自动的自己教育自己，也应该以这三件为究竟。”（同上，105页）他在这里所说人类普遍道德的标准，其实就是现在人们常说的普世价值。我们看到，梁启超教育子女，就以这三件为究竟。有人不相信中国文化传统中包含有普世价值，怕是少有梁启超的慧眼和慧心。

不惑

首先，他对子女的学业是十分重视的，认为这是立身的根本。他说：“我们做人，总要各有一件专门职业。”（同上，106页）所以，他对思成、思永、思忠、思庄这几个大孩子，从选择专业到指导学习，再到毕业后的求职，甚至以后的生计问题，从不敢掉以轻心，总要亲力亲为，尽量做出妥善的安排。他们毕业以后，不说成名成家，至少先求得能在社会上自立，有自己的事业。他向孩子们传授治学的方法，强调要细密而踏实，不贪图虚名，也不急于求成。梁启超希望思庄报考生物学，但思庄自己不喜欢，梁启超也不强求，反而说：“凡学问最好是因自己性之所近，往往事半功倍。”（《追忆梁启超》，459页）他一直主张做学问要有“趣味主义”，其中就包括“研究你所嗜好的学问”，在他看来，只有这样，才能始终保持一种探求的精神和勇气。他告诉几个孩子，求学时心里不要总是想着将来如何如何，他说：“我生平最服膺曾文正（曾国藩）两句话：‘莫问收获，但问耕耘。’将来成就如何，现在想他则甚？着急他则甚？一面不可骄盈自慢，一面又不可怯弱自馁，尽自己能力做去，做到哪里是哪里，如此则可以无入而不自得，而于社会亦总有多少贡献。一生学问得力专在此一点，我盼望你们都能应用我这点精神。”（《际遇—梁启超家书》，130页）他把这点精神归纳为“无所为”三个字，认为这是“趣味主义最重要的条件”；如果事事“有所为”，比如读书就为了高考，高考就为了上个好大学，上大学就为了拿文凭，拿文凭就为了找个好工作，好工作就为了挣大钱，有了钱就为买房买车享受生活，一切就变得很无趣了。他不希望孩子把求学当作一块敲门砖，一旦门被敲开了，砖也就成了无用的东西。梁思成曾经问他有用与无用的区别，他用李白、杜甫与姚崇、宋璟的例子来比较，他们对于国家的贡献谁更多一些呢？他说：“为中国文化史及全人类文化史起见，姚、宋之有无，算不得什么事。若没有了李、杜，试问历史减色多少呢？我也并不是要人人都做李、杜，不做姚、宋。要之，要各人自审其性之所近何如，人人发挥其个性之特长，以靖献于社会，人才经济莫过于此。”（同上，129页）看来，梁启超寄希望于儿子的，是要他做现代中国建筑界、美术界的李、杜啊。

梁启超一生都在做“新民”的梦。但是，新一国之民实在太难了，梁启超为之奋斗了一生，谁又能说新了多少？扫天下不成，则不妨退扫一室，梁启超对于把自己的子女造就成为新人，还是蛮有信心的。所以，他一定不会满足于仅仅看到孩子们在学业上的成功，他说道：“诚然，知识在人生地位上，也是非常紧要，我从来并未将他看轻。不过，若是偏重知识，而轻忽其他人生重要之部，也是不行的。”（《饮冰室合集·文集》之四十，9页）他戏称现在的学校都是“贩卖知识的杂货店”（同上），并且认为，无论是中国的学校，还是欧美的学校，都患有同样的毛病，区别只在深浅不同而已。也就是说，“现在的学校大都注重在智识方面，却忽略了智识以外之事，无论大学中学小学，都努力于智识的增加”，反而将更为重要的“修养人格，锻炼身体”忽略了。（《饮冰室合集·文集》之四十三，5页）他提醒大家：“近来国中青年界很习闻的一句话，就是‘智识饥荒’，却不晓得还有一个顶要紧的‘精神饥荒’在那边。”而后者的危害大大地超过了前者，更可怕的是，对于这种危害，人们“多不自知”。人们“不知道精神生活完全，而后多的知识才是有用，苟无精神生活的人，为社会计，为个人计，都是知识少装一点为好”。所以他说：“为学的首要，是救精神饥荒。”然而，疗救精神饥荒的方法在哪里呢？梁启超挥手一指，在东方——中国与印度，他说：“东方的学问，以精神为出发点，西方的学问，以物质为出发点。救知识饥荒，在西方找材料，救精神饥荒，在东方找材料。”（《饮冰室合集·文集》之四十，9～12页）有人或许会觉得，梁启超这里所说，还是“中学为体，西学为用”那一套。其实不然，就他当时所看到的中国教育状况而言，“原有的精神固已荡然，西洋的精神也未取得”（《饮冰室合集·文集》之四十三，6页），精神世界一片荒芜。在这种传统崩溃、新学未立的精神文化危机中，梁启超寄希望于东方的学问道德，或能转变世风，建设新的文化。梁启超的回答是：“吾所谓新民者，必非如心醉西风者流，蔑弃吾数千年之道德学术风俗，以求伍于他人；亦非如墨守故纸者流，谓仅抱此数千年之道德学术风俗，遂足以立于大地也。”（《饮冰室合集·专集》之四，7页）这正是梁启超超过同时代许多人的地方，他不是一个顽固守旧的人，在很多时候，他甚至是领风气之先的。但他并不排斥中国文化传统，而且相信，即使在今天，传统的克己求仁也是我们安身立命的根本。梁启超对于子女的教育，完全立足于这一点。他要求孩子从小就要读《论语》《孟子》之类的书，梁思成被车撞伤，住院治疗，梁启超还安慰他“利用这时候多读点中国书也很好”（《际遇—梁启超家书》，142页），这都是希望传统的道德伦理能给他们潜移默化的影响。

不忧

他从自己的人生经验中总结出一点，就是要在生活中保持积极进取的态度，确立美满的人生观。他最怕自己的孩子消极、气馁、悲观、忧郁，告诫孩子们：“总要常常保持着元气淋漓的气象，才有前途事业之可言。”（同上，72页）他在给思顺的信中说：“你和希哲都是寒士家风出身，总不要坏自己家门本色，才能给孩子们以磨练人格的机会。生当乱世，要吃得苦，才能站得住（其实何止乱世为然）。一个人在物质上的享受，只要能维持着生命便够了。至于快乐与否，全不是物质上可以支配。能在困苦中求出快乐，才真是会打算盘哩。”（同上，71页）他有时也现身说法：“你们几时看见过爹爹有一天以上的发愁，或一天以上的生气？我关于德性涵养的工夫，自中年来很经些锻炼，现在越发成熟，近于纯任自然了，我有极通达、极强健、极伟大的人生观，无论何种境遇，常常是快乐的。”（同上，59页）他认为，这就是孔子所说的“仁者不忧”，也就是“三达德”中的第二德。至今还有许多人很看不起这一条，以为中国落后就是因为信了孔孟之道，所谓仁义道德，都是虚伪的，是统治阶级维护其统治，欺骗老百姓的精神鸦片。这么说并没有错，但是，道理只讲了一半，另外一半却是梁启超所讲的人格磨炼。他说，什么叫做“仁”呢？孔子有个解释，“仁者人也”，仁就是人。梁启超更进了一步，他把“仁”解释为“普遍人格之实现”。他还说：“人格完成就叫做‘仁’。”由此可见，“仁”还有人格磨炼的意思在里面。过去的士大夫喜欢讲“内圣外王”，听起来很玄，其实，“外王”讲的是建功立业，且不管它；“内圣”讲的却是自我修养，人格实现，它的最高境界，就是“仁者不忧”。然而，仁者为什么会不忧呢？梁启超认为：“大凡忧之所从来，不外两端，一曰忧成败，二曰忧得失。我们得着‘仁’的人生观，就不会忧成败，为什么呢？因为我们知道宇宙和人生是永远不会圆满的，所以，《易经》六十四卦，始‘乾’而终‘未济’，正为在这永远不圆满的宇宙中，才永远容得我们创造进化。我们所做的事，不过在宇宙进化几万万里的长途中，往前挪一寸两寸，哪里配说成功呢？然则不做怎么样呢？不做便连这一寸两寸都不往前挪，那可真真失败了。‘仁者’看透这种道理，信得过只有不做事才算失败，肯做事便不会失败，所以《易经》说‘君子以自强不息’。换一方面来看，他们又信得过凡事不会成功的，几万万里路挪了一两寸，算成功吗？所以《论语》说，‘知其不可而为之’。你想，有这种人生观的人，还有什么成败可忧呢？再者，我们得着‘仁’的人生观，便不会忧得失。为什么呢？因为认定这件东西是我的，才有得失之可言，连人格都不是单独存在，不能明确地画出这一部分是我的，那一部分是人家的，然则哪里有东西可以为我所得？既已没有东西为我所得，当然也没有东西为我所失。我只是为学问而学问，为劳动而劳动，并不是拿学问、劳动等等做手段来达某种目的——可以为我们‘所得’的。所以老子说，‘生而不有，为而不恃’‘既以为人己愈有，既以与人己愈多’。你想，有这种人生观的人，还有什么得失可忧呢？总而言之，有了这种人生观，自然会觉得‘天地与我并生，而万物与我为一’，自然会‘无入而不自得’。他的生活，纯然是趣味化艺术化，这是最高的情感教育。”（《饮冰室合集·文集》之三十九，106～108页）梁启超的这种教育成果如何呢？思永有一次对梁启超说："爹爹尽可放心，我们弟兄姊妹都受了爹爹的遗传和教训，不会走到悲观沉郁一路去。"（《际遇—梁启超家书》，257页）

由此可以看出，梁启超的家教不仅有儒家的克己求仁，还有墨家的勤俭寡欲、吃苦耐劳，兼有老庄的虚无静观，总之是要磨炼自己的人格，成为一个真正的人，健全的人。他在写给孩子们的信中反复提到："处忧患最是人生幸事，能使人精神振奋，志气强立。"（同上，46页）他对孩子们说："孟子言：'生于忧患，死于安乐。'汝辈小小年纪，恰值此数年来无端度虚荣之岁月，真是此生一险运。吾今舍安乐而就忧患，非徒对于国家自践责任，抑亦导汝曹脱险也。吾家十数代清白寒素，此乃最足以自豪者，安而逐腥膻而丧吾所守耶？"（同上，47页）这些都是他对孩子们的殷切期望和要求，因此，只有"知者不惑""仁者不忧"是不够的，还要"勇者不惧"。

不惧

然而，怎样才能做到"勇者不惧"呢？他认为需要做的事有两件，第一件叫做心地光明，恰如俗语所说：生平不做亏心事，夜半敲门也不惊。他说："一个人要保持勇气，须要从一切行为可以公开做起。"（《饮冰室合集·文集》之三十九，108页）只要襟怀坦荡，就没有什么可怕的。他曾经两次公开表示与老师康有为的分歧。第一次是在流亡日本期间，光绪二十八年（1902年），他写了《保教非所以尊孔论》，公开反对康有为在海外掀起的"尊孔保教"运动；第二次是在民国时期，1917年张勋复辟期间，梁启超助段祺瑞起兵讨伐张勋，他先为段祺瑞起草了《讨张勋复辟通电》，意犹未尽，又于次日公开发表《反对复辟电》，痛斥张勋、康有为"公然叛国叛道"，指出"此次首造逆谋之人，非贪黩无颜之武夫，即大言不惭之书生"，矛头直指他的老师康有为。他和袁世凯的关系也是这样。袁氏在戊戌政变中有告密之嫌，六君子因此被杀，康、梁也因此流亡海外十几年，可谓势不两立的仇人。但辛亥革命以后，从国家命运的大局出发，梁启超最终还是选择了与袁世凯合作。然而，1915年，袁世凯恢复帝制，梁启超则抱病写了《异哉所谓国体问题者》一文，痛斥袁世凯的称帝野心，并发起"讨袁护国"运动。

诸如此类，给外人一种“善变”“屡变”的印象。同盟会干才、辛亥革命元勋，自号石叟的谭人凤就说他“卖朋友，事仇雠，叛师长，种种营私罔利行为，人格天良两均丧尽”（《石叟牌词》，2页）。对此，梁启超从不辩驳，他的学生有个说法：“盖梁本坦率天真，纯粹一学者，交际非其所长，尤不知人，为生平最短；但大事不糊涂，置恩怨于度外，则鲜有人及之者。”（《追忆梁启超》，54页）

在这件事上，郑振铎说得最为透彻，他自问：“世人对于梁任公先生毁誉不一；然有谁人曾将梁任公骂得比他自己所骂的更透彻，更中的的么？有谁人曾将梁任公恭维得比他自己所恭维的更得体，更恰当的么？”恐怕没有，于是他说：“梁任公先生便是一位真能深知灼见他自己的病根与缺点与好处的，便是一位真能将他自己的病根与缺点与好处分析得很正确，很明白，而昭示大众，一无隐讳的。”（同上，87页）在他看来，梁启超“所以‘屡变’者，无不有他的最强固的理由，最透彻的见解，最不得已的苦衷。他如顽执不变，便早已落伍了，退化了，与一切的遗老遗少同科了；他如不变，则他对于中国的贡献与劳绩也许要等于零了。他的最伟大处，最足以表示他的光明磊落的人格处便是他的‘善变’，他的‘屡变’。他的‘变’，并不是变他的宗旨，变他的目的；他的宗旨他的目的是并未变动的，他所变者不过方法而已，不过‘随时与境而变’，又随他‘脑识之发达而变’其方法而已。他的宗旨，他的目的，便是爱国。”（同上，88～89页）这是梁启超始终不变的，也是他一直教育儿女这样做的，他以自己的人生经历告诉孩子们，要树立“极通达、极健强、极伟大的人生观”，随便别人怎样看你，随便遭遇怎样的环境，“都有我的事情做，都可以助长我的兴会和努力的”。（《际遇—梁启超家书》，50页）

第二件，要练就抵御各种诱惑的本事。他看到了社会上有很多的诱惑，而人又极易为各种欲望所左右，如果真的让“自己的意志做了自己情欲的奴隶，那么，真是万劫沉沦，永无恢复自由的余地”了。他这里不是危言耸听，故意在吓唬谁，而是真的相信，“一个人的意志，由刚强变为薄弱极易，由薄弱返到刚强极难”。所以，他时时提醒自己，一定要在磨炼意志上下工夫，不要“被物质上无聊的嗜欲东拉西扯”。（《饮冰室合集·文集》之三十九，108页）他也以此教育孩子，他曾多次与思顺谈到：“切勿见猎心

喜，吾家殆终不能享无汗之金钱也。”（《际遇—梁启超家书》，217页）

民国之后，有几年梁启超是在政府做过官的，也曾有过薪俸，但观其一生，主要还是靠稿费维持一家人的生活。他对思顺说，“凭吾之力，必可令家中无忧饥寒”，但也不会发大财。他当然有发财的机会，“吾若稍自贬损，月入万金不难，然吾不欲尔”。（同上，215～216页）为什么不欲呢？自然是不肯贬损自己，使自己没了尊严。他老实不客气地告诉诸君：“做人不做到如此，决不会成为一个人。”（《饮冰室合集·文集》之三十九，108页）他也常常以此教育孩子。很显然，他在性情、品格以及眼界、胸怀等诸多方面都高人一筹；他的家教，也往往是从大处着眼，小处着手。他像一个辛勤的园丁，多年的浇灌，终于结出了硕果，九个子女人人成才，本身就是对国家、社会所作的巨大贡献。而他的为父之道和家教家风也给后人留下了一笔宝贵财富。

【作者：解玺璋，著名评论家、学者、近代史研究者，著有《梁启超传》《一个人的阅读史》《喧嚣与寂寞》《雅俗》等。本文出自《梁启超传》】

相敬相知：梁启超的婚姻与爱情

文/ 解玺璋

一、精明强干李夫人

梁启超生命中有三个重要的女人：两位夫人和一个红颜知己。第一位自然是他的夫人李蕙仙。这位李夫人可是大有来头。据夏晓虹教授考证，她的本名应该是“端蕙”，“蕙仙”只是她的表字。梁启超曾作《上海遇雪寄蕙仙》一诗，题下有注：“蕙仙，李夫人字。”（《饮冰室合集·文集》之四十五〔下〕，1页）但是，生活中大家叫惯了“蕙仙”，“端蕙”这个本名反倒湮没在历史深处，很少有人知道了。

李端蕙的父亲李朝仪，字藻舟，道光二十五年（1845年）进士，为官经历贯于道光、咸丰、同治、光绪四朝，从直隶（河北）平谷知县，一步步做到顺天府尹，相当于今天的北京市长。李端蕙就出生在他治理永定河的任上。她有个叔伯哥哥叫李端棻，幼年丧父，叔父李朝仪很赏识他，待他就像自己的儿子一样。李端棻也处处学李朝仪的样子，立身行事都很正直，后来官做到礼部尚书，成为著名的维新派大臣。李朝仪的"北京市长"只做了两年，光绪七年（1881年），他不幸去世，全家便回到贵州。光绪十五年（1889年），广东乡试，李端棻担任主考官。梁启超是众多参加考试的举子之一，那年他只有十七岁，考试结果一公布，他名列第八，成为当时十分耀眼的一颗新星。面对这样一位前途不可限量的少年才俊，李端棻马上想到了他的堂妹李端蕙。此时的李端蕙已经二十一岁，尚待字闺中。发榜后，按照规矩，中举的士子都要拜见座师，李端棻事先就请了副主考王仁堪（可庄）做大媒，要把妹子许配给梁启超。据说，这里面还有一个小插曲，王副主考有个女儿，也不曾婚配，他对梁启超也非常赏识，一心想把女儿嫁给梁启超，没想到却被主考大人抢了先，无奈之中，也只能做这个月老儿了。

梁启超出身寒素之家，本为一介寒士，由于才华出众，受到主考官的嘉赏，后者还主动提出结亲，不只是官场中的一段佳话，对梁启超来说，也是十分荣耀的一件事。两年后，大约在光绪十七年（1891年）入冬的时候，梁启超千里迢迢赶到北京，与李端蕙完婚。婚后的梁启超与李端蕙暂住在宣武区永光寺西街旧门牌 1号的新会新馆。这一年梁启超虚岁十九岁，新夫人大他四岁，应该不会小于二十三岁。第二年的夏天，他便和夫人李端蕙一起回到了故乡——广东新会县茶坑村。梁家世代务农，仅靠几亩薄田度日，家境并不宽裕，新婚夫妇刚到老家时，连一间像样的新房都没有，只能借用梁姓公族书室的一个小房间权作新房。广东的气候炎热潮湿，初来乍到的李端蕙很不适应。但是，这位生长于官宦之家、从天子脚下嫁到中国极南一个乡村的大小姐并没抱怨，也不嫌弃，很快便适应了梁家贫寒俭朴的生活，操持起家里的日常杂务，梁家上下都对这个新媳妇交口称赞。梁启超的生母赵太夫人五年前就已仙逝，继母只比李端蕙大两岁，李端蕙仍极尽孝道，日夜操劳，精心侍奉，在乡里也博得了贤妻良母的美名。

婚后的梁启超并没在家里久住，他当时正求学于康有为，为了完成学业，婚后不久，便到万木草堂读书去了。万木草堂在广州的长兴里，离新会的茶坑村有百里之遥，交通又不很便利，所以，这对新人总是相聚的时候少，分离的时候多。随后的几年里，梁启超曾两度进京参加会试，夫妻在一起的机会就更少了。这时的北京已然是风雨欲来，整个国家都处在危难之中。甲午一战，老大中国败于蕞尔小国日本，北洋水师全军覆没，清政府被迫求和，准备割让台湾、澎湖及辽东半岛，并赔偿白银两万万两。消息传来，群情激奋，康有为首倡公车上书，请朝廷拒绝和议；梁启超则日夜奔走，联络各省举子，聚议于北京城南的松筠庵，并连夜撰写万言书，提出拒和、迁都、变法三项要求，造成了前所未有之大事件。此后的梁启超，其人生道路发生了根本性的改变，他不再把考取功名作为自己的人生目标，而是以一个改革者、启蒙者的形象出现在世人面前，全身心地投入维新变法、救亡图存的时代浪潮。他奔走于北京、上海及湖南、广东各地，开学会，办报纸，写文章，登讲坛，为中国的富强和进步大声地鼓与呼。

二、情诗里的浪漫与风雅

这个时期他很少回家与家人团聚，关于他们夫妻情感、生活方面的情况，在可以看到的史料中也少有记载，至今我们已经很难猜想二人感情生活的具体细节。但李端蕙毕竟出身于官宦之家，明清之际，官宦人家的女子大多受过一些教育，都有诗歌唱和的雅兴，有人说，李夫人从小便熟读古诗，有吟诗作文的才能，而且琴棋书画样样都会，被亲友们誉为才女。遗憾的是，我们没有看到她的作品流传下来，也没有看到任何有关其作品的记载。以梁启超的性情，如果有，不会不有所表示，他的《饮冰室诗话》中就记载了其他女性的诗作，何以对夫人的作品不置一词？最有可能的是，她确实没有写过。如今我们也只能从梁启超写给她的诗词作品中，多少感受一点这对年轻夫妻之间的浪漫和风雅。

光绪二十一年（1895年），梁启超有《上海遇雪寄蕙仙》诗一首，其中几句是这样写的：

春寒恻恻逼春衣，二月江南雪尚霏。一事生平忘不得，京华除夜拥炉时。

江南二月，雨雪霏霏，春寒料峭，独居逆旅，梁启超想起昔日在北京与夫人围炉夜话共度除夕的情景，描绘出一幅暖融融的夫妻生活剪影。

还有《寄内四首》：

一缕柔情不自支，西风南雁别卿时。年华锦瑟蹉跎甚，又见荼蘼花满枝。

月上帘栊院落虚，香罗帐掩旧流苏。东风昨夜无聊赖，故作轻寒逗玉橱。

三年两度客京华，纤手扶携上月槎。今日关河怨摇落，千城残照动悲笳。

萍絮池塘乳燕飞，蛮笺细展写乌丝。殷勤寄与临安去，陌上花开莫缓归。

诗中写到的离愁别绪，是中国古典诗词中常有的意境，但梁启超写来，却也表达了他在光绪二十一年至二十三年（1895—1897）这段时间里的生命状态和心情，即在慷慨激昂之外，还有低回哀婉的一面。虽然国家的危机、现实的忧患，时时在他心中激荡着不息的波澜，但这个风华年少的青年才俊，又怎能放得下家中的娇妻爱女？夜深人静之时，他也要放纵一下自己的柔情与恋情。这种哀艳如箫声的审美意韵，也表现在他写给夫人的几首词中。有一首《兰陵王·至日寄蕙仙计时当在道中》，写的是李端蕙归宁途中，梁启超因夫人不在身边，难以入睡，眺望窗外的苍茫暮色，梦去愁来，担心她一路上风餐露宿，舟车冷暖：

暝烟直，织就一天愁色。栏杆外无限庭芜，付与斜阳尽狼藉，良期渺难得。遮莫年华虚掷，迢迢夜，梦去愁来，还似年时倦游客。

天涯数行迹。念衾冷舟蓬，灯暗亭壁，篮舆扶下正无力。又月店鸡声，霜桥马影，催人晨起趁晚驿。夜凉怎将息。

凄寂，共今夕，共目断行云，江树南北，芳痕触处情无极。有织锦留墨，唾绒凝碧，思量无寐。又淡月，照帘隙。

另有一首《台城路·黄浦江送蕙仙归宁之黔余亦南还矣》，也写到李端蕙归宁，夫妻离别的心情：

平生未信离愁，放他片帆西去，三叠阳关，一杯浊酒，做就此番情绪。劝君莫醉，怕今夜醒来，我侬行矣。风晓月残，江浔负手向何处。

天涯知是归路，奈东劳西燕，辽绝如许，满地干戈，满天风雪，耐否客途滋味。几多心事，算只有凄凉，背人无语。待取见时，一声声诉汝。

另有一首《洞仙歌·中秋寄内》，写他在中秋夜晚，对月思人，想起去年中秋，与夫人月下畅饮，悄悄窥视夫人的醉态：

薄醒残睡，又四更天气，明月新来太无赖。记去年，今夕双影晶帘，曾见汝一点窥人微醉。

瑶台天外路，依约年华，甚到圆时越憔悴。料脂香啼曙，镜粉敲寒，算未减花底天涯滋味，待互倩素娥愬殷勤，万一梦魂儿断鸿能寄。（《饮冰室合集·文集》之四十五〔下〕，以上诗词分别见1页和89页）

三、夫妇相敬如宾

光绪二十四年（1898年）八月，戊戌变法失败，梁启超仓皇出逃，东渡日本。危难之中，他一直惦念家眷的安全，频频写信给夫人李端蕙。在九月十五日的信中梁启超说道，老师康有为已到日本，他从康有为那里得知，家人都已避难澳门，生活尚能维持，心稍安定。听说夫人临危不惧，“慷慨从容，词色不变，绝无怨言，且有壮语，闻之喜慰敬服，斯真不愧为任公闺中良友矣”（《梁启超年谱长编》，166页）。一番赞扬之后，他还有重要的事情托付给夫人。他担心，遭此剧变，父母的心里一定很焦灼，很忧虑，他又不在身边，只能靠夫人代他尽儿子的职责，尽可能地给父母一些安慰和解脱。他说：“卿此时且不必归宁，因吾远在外国，大人遭此患难，决不可少承欢之人，吾全以此事奉托矣。卿之与我，非徒如寻常人之匹偶，实算道义肝胆之交，必能不负所托也。”（同上，167页）在这封信中，他还为妻兄李端棻因受其牵连而远配新疆表示不安和愧疚，担心此行他的生命是不是有危险。

在十月六日给李端蕙的信中，他再次把父母托付给爱妻："吾今远在国外，侍奉之事，全托之于卿矣。卿明大义，必能设法慰解，以赎吾不孝之罪，吾惟有拜谢而已。"（同上，167页）一周之后，梁启超再次致信李端蕙，向她解释不能马上接家眷来日本的原因，讲了三个理由："一、今在患难之中，断无接妻子来同住，而置父母兄弟于不问之理，若全家接来，则真太费矣，且搬动甚不易也。二、我辈出而为国效力，以大义论之，所谓匈奴未灭，何以家为。若以眷属自随，殊为不便。且吾数年来行踪之无定，卿已知之矣。在中国时犹如此，况在异域？当无事时犹如此，况在患难？地球五大洲，随处浪游，或为游学，或为办事，必不能常留一处，则家眷居于远地，不如居于近乡矣。三、此土异服异言，多少不便，卿来亦必不能安居，不如仍在澳也，此吾所以决意不接来也。"（同上，168页）直到来年的春季，这件事仍不能最终确定下来。三月二十四日，梁启超又一次致信李端蕙，讲到曾经准备接她到日本来，"因横滨开女学校，欲请薇君（康有为长女康同薇）为教习，故吾之意欲令卿与同来也"。但忽然接到康老师的书信，要他赶赴美洲动员华侨加入保皇会，所以，只好将接家眷之事再一次暂缓推迟。不过，这一次梁启超似乎并未成行。结果，到了秋天，梁启超突然接到妻子来信，说她们已在父亲梁宝瑛的护送下启程前往东京，来与他团聚了。十月的一天，梁宝瑛等人乘坐的客轮停靠在长崎港，在此等候多时的梁启超，终于看到李端蕙抱着女儿思顺，和父亲一起走上码头，全家人久别重逢，拥抱在一起，喜极而泣。

在日本十四年，梁启超的生活是比较稳定的。虽然有过几次迁徙，但最终还是因华侨朋友的慷慨资助，住进了神户郊外的一幢别墅，全家因此有了安居之所。此地面对大海，背靠山林，海涛与松涛齐鸣，犹如奏响了一曲雄浑的交响，梁启超爱其环境的优雅别致，称它为"双涛园"。这时，梁家的生活虽不富裕，甚至有些捉襟见肘，但却是幸福和睦的，孩子们的欢声笑语，也使他在颠沛流离中感受到天伦之乐的来之不易。据说，李端蕙是个比较严肃的人，甚至性情有点乖戾。她主持家政，"家里的人，都有点怕她"（《梁启超和他的儿女们》，19页）。梁思成在多年之后还说到母亲的严厉："我小时候很淘气，有一次考试成绩落在弟弟思永后面，我妈气极了，用鸡毛掸捆上铁丝抽我。"（《新会梁氏：梁启超家族的文化史》，265页）他还说到李夫人对佣人也很苛刻，"动不动就打骂罚跪"。这样看来，这位李夫人的确很严厉。

在梁家，梁启超是一位慈父，李夫人就是一位严母，不仅佣人和孩子都很怕她，就是梁启超，似乎也要让她几分。当时外间便有"梁启超怕太太"的传言，他的学生杨鸿烈为老师开脱，找了如下一些理由："梁夫人既是出自当时显贵家庭的小姐，下嫁穷书生，且长梁好几岁；在梁氏遭逢戊戌政变，亡命日本时，又蒙李端棻馈赠赤金二百两，得以这项资本，在横滨创办《清议报》；梁氏在北京会试时，即已寓住李尚书公馆，累得这位号称学问渊雅，性情笃厚的妻兄，也因变法失败，而丢掉纱帽，发往新疆效力赎罪。梁氏对这位显贵的知己恩人，既因李'屡上封事，请开学堂，定律例，开懋勤殿，大誓群臣诸大事'而对李表示十二万分的感激，因此，对李的堂妹，不能不'相敬如宾'。"（《追忆梁启超》，287～288页）

这里所说应该都是实情。梁、李的婚姻固然很令人羡慕，但毕竟掺杂了许多感情之外的东西，这些都有可能影响到两人关系。不过，也要看到两人在性情上互补的特点。梁启超属于双鱼座，据说，这个星座的男人总能保持一种天真、忠厚的气质，性格也比较温和，很容易相处，但却需要一个能指导其言行的精明强干的生活伴侣。看上去，这很像是一种巧合，我们则不妨姑妄听之。而实际上，梁启超也确实离不开这位严谨而能干的主妇。他在夫人去世之后所作《悼启》一文中写道：

> 戊戌之难，启超亡命海外，夫人奉翁姑，携幼女，避难澳门。既而，随先君省我于日本，因留寓焉。启超素不解治家人生产作业，又奔走转徙，不恒厥居，惟以著述所入给朝夕。夫人含辛茹苦，操家政，使仰事俯畜无饥寒。自奉极刻苦，而常撙节所余，以待宾客及资助学子之困乏者。十余年间，心力盖瘁焉。夫人厚于同情心而意志坚强，富于常识而遇事果断。训儿女以义方，不为姑息。儿曹七八人，幼而躬自授读，稍长，选择学校，稽督课业，皆夫人任之，启超未尝过问也。幼弟妹三人，各以十龄内外依夫人就学，夫人所以调护教督之者无不至。先

姊早世，遗孤甥赵瑞莲、瑞时、瑞敔三人，外家诸侄李桂姝、续忠、福鬘，皆早丧母，夫人并饮食教诲之如己子，诸甥侄亦忘其无母也。启超自结婚以来，常受夫人之策历襄助，以粗自树立。早岁贫，无所得书，夫人辄思所以益之。记二十一岁时所蓄竹简斋石印二十四史，实夫人嫁时簪珥所易也。中岁奔走国事，屡犯险艰，夫人恒引大义鼓其勇。洪宪之难，启超赴护国军，深夜与夫人诀，夫人曰："上自高堂，下逮儿女，我一身任之，君但为国死，毋反顾也。"辞色慷慨，超启神志为壮焉。至其平日操持内政，条理整肃，使启超不以家事婴心，得专其力于所当务，又不俟言也。（《饮冰室合集·文集》之四十四〔上〕，24～25页）

梁启超的这番话基本上概括了夫人的为人和性情，以及她为这个家所做的一切。她在这个家里就是主心骨，大事小情都要她拿主意。她比梁启超大四岁，这种姐弟式的婚姻总是弟弟依赖于姐姐，她也真像姐姐一样呵护这个小弟弟。所以，她的去世真叫梁启超悲痛万分，他在给北京《晨报》所写《痛苦中的小玩意儿》一文里，对于这种痛苦的情形有很形象的表达，他说："我的夫人从灯节起卧病半年，到中秋日奄然化去，他的病极人间未有之痛苦，自初发时医生便已宣告不治，半年以来，耳所触的，只有病人的呻吟，目所接的，只有儿女的涕泪。丧事初了，爱子远行，中间还夹着群盗相噬，变乱如麻，风雪蔽天，生人道尽，块然独坐，几不知人间何世……平日意态活泼兴会淋漓的我，这回也嗒然气尽了。"（《梁启超年谱长编》，1023页）百无聊赖中，他只能靠读宋词来排遣悲伤的情绪。第二年，夫人安葬以后，他又写了《亡妻李夫人葬毕告墓文》，也称作《祭梁夫人文》。梁启超很看重这篇文章，他在葬礼结束后写给思顺、思成、思永、思庄的信中说："我的祭文也算我一生好文章之一了。情感之文极难工，非到情感剧烈到沸点时，不能表现他（文章）的生命，但到沸点时又往往不能作文。即如去年初遭丧时，我便一个字也写不出来。这篇祭文，我做了一天，慢慢吟哦改削，又经两天才完成。虽然还有改削的余地，但大体已很好了。其中有几段，音节也极美，你们姊弟和徽音都不妨熟诵，可以增长性情。"（《梁启超全集》第十册，6223页）他的这篇祭文再次回顾了两人结婚以来三十三年的生命历程，最后表达了感情永远不变的愿望：“郁郁兮佳城，融融兮隧道，我虚兮其左，君宅兮其右。海枯兮石烂，天荒兮地老，君须我兮山之阿！行将与君兮于此长相守。”（《梁启超年谱长编》，1023页）

梁启超的这种痛苦，一方面源于他对夫人的依恋，一旦失去，便感到心无所依；另一方面，或许也和他一直放不下的深深内疚有关。李夫人自1915年冬患乳腺癌，几年来，多方求治，做过两次手术，都没有根除，1924年春天再次复发，并于当年9月 13日去世。一年之后，在给思顺等人的信中，他还在自责：“顺儿啊，我总觉得你妈妈这个怪病，是我们打那一回架打出来的。我实在哀痛之极，悔恨之极，我怕伤你们的心，始终不忍说，现在忍不住了，说出来也像把自己罪过减轻一点。”（《际遇—梁启超家书》，145页）类似的话，也见于他的《告墓文》：“君我相敬爱，自结发来，未始有忤；七年以前，不知何神魅所弄，而勃豀一度。”（同上，1022页）这里所说的七年前，应该是 1917年，在这一年里，这对相亲相爱的夫妻究竟发生了什么不愉快的事，现在已很难猜测了，倒是从这里我们再一次感受到了梁启超对其爱妻的拳拳深情。

四、任劳任怨王夫人

梁启超的第二位夫人姓王，她没有大名，就叫来喜，王桂荃这个名字是梁启超给她取的。王夫人在梁家有不可替代的作用，其重要性在某些方面甚至超过李夫人，但在很长一段时间里，她一直隐藏在幕后，在各种有关梁启超的历史文献、年谱传略、日记书信中，她的名字从不被提及，只有在《梁启超年谱长编》和他写给孩子们的书信中，我们才能发现一些蛛丝马迹，在这里，她常以“王姑娘”或“王姨”的身份出现。如果细读《梁启超年谱长编》，我们还是能够发现梁启超的“非正常”状况，据《梁启超年谱长编》记载：“是年（1904年），十月七日三子思永生，同年四妹生。”这里面透露出来的信息，就很耐人寻味。

最早向社会公开王夫人真实面貌的应该是梁思成，其后，梁启超的外孙女、梁思庄之女吴荔明在撰写《梁启超和他的儿女们》一书时，专为王桂荃安排了一个章节。据梁思成介绍，王桂荃的家乡在四川广元，童年生活十分悲惨。家中只有几亩薄田，全靠父亲的辛勤耕作，一家人才能勉强度日。母亲在她很小的时候就去世了，继母相信算命先生的胡言，说她命硬，克父母，经常虐待她。四岁那年，父亲又不幸暴病而亡，无依无靠的她，被人贩子买去，几年间就被转卖了四次，最后来到李端蕙的娘家。光绪二十年（1894年），李夫人回家探亲，见她聪明伶俐又很勤快，就把她带到梁家做丫环。（《新会梁氏：梁启超家族的文化史》，263页）

王桂荃大约生于光绪十一年（1885年），依据是吴荔明曾经写道："1903年，她18岁时在李蕙仙的主张下和梁启超结了婚。"（《梁启超和他的儿女们》，21页）这样看来，她应该比梁启超小十二岁，比李夫人小十六岁。她到梁家以后，和一家人相处得都很不错，很有人缘。冯自由曾有《梁任公之情史》一文，其中讲道："来喜深得女主宠用，在《新民丛报》时代，举家度支及锁钥概付其掌管。"（《追忆梁启超》，206页）一个丫环，掌管着全家的日常开支和钥匙，可见李夫人是非常信任她的，她在梁家的地位也是很不一般的。冯自由的父亲是日本横滨的华侨商人，与孙中山多有来往，是兴中会的早期成员，他也很小就加入了兴中会，是年纪最小的革命党。他早年曾在梁启超担任校长的高等大同学校读书，对梁启超应该比较熟悉，但因政见不同后来竟反目成仇。他这篇文章发表于1936年6月《逸经》第8期，其中对梁启超不乏揶揄、丑化和攻击，党派私见十分明显。后来他编写《革命逸史》，并未将此文收录，似乎也很能说明问题。他在文章中透露："甲辰（1904年）某月启超忽托其友大同学校教员冯挺之携来喜至上海。友人咸为诧异，后乃知为因易地生产之故，盖来喜得孕，极为女主所不喜，故不得不遣至别处分娩。久之，梁妇怒解，始许来喜母子归横滨同居。"（同上，206页）看来，这个说法后来还是被梁家的人所接受，只是在当年的文献中，我们找不到任何有关王桂荃身份和地位的明确而可靠的记载。

王桂荃成为梁启超的第二位夫人，她为梁家所生的孩子中，有六个长大成人。孩子们称李夫人为"妈"，称王夫人为"娘"。但在李夫人生前，梁启超似乎很少在公开场合提到王夫人，他在写给梁思顺等人的家信中，常常称"王姑娘"或"王姨"。然而他又说，王夫人"是我们家极重要的人物"。其重要性或在于她所具有的多重身份，她既是孩子们的"娘"，又是梁氏夫妇的佣人，按照传统的伦理规范，她不过是丫环收房做了“妾”。但梁家是个具有现代思想的家庭，梁启超也不是封建大家庭的老太爷，这使得王桂荃有可能成为其丈夫不可缺少的助手和伴侣。平时，她帮助李夫人料理家务；梁启超出门在外，则往往由她随行帮助料理生活。1915年12月16日，梁启超由天津乘船潜至上海，秘密筹划和推动反袁护国战争。住下以后，他马上给思顺写信，要求王夫人来沪：“吾身边事无人料理，深觉不便，可即命来喜前来。”他还特别强调：“吾今处此艰危且不便之境，家人固不容以跋涉为惮也。”过了几天，他再次写信催促，要“王姨非来不可”。（《梁启超年谱长编》，726页）到了第二年的三四月间，他悄悄潜入香港，准备从越南的海防潜入广西，此时王夫人已回天津，他再给思顺写信，要求“当即遣王姨来港”，并且说，“非王姨司我饮食不可”（同上，766页）。这些都表明梁启超对王夫人是非常依赖的，李夫人去世后，梁启超也身患重病，他更离不开王夫人的照顾，那些年他写给几个孩子的家书，几乎总是提到“王姨要来干涉了”，只好停笔休息。

王桂荃这个人虽然出身低微，但品性非常高尚，梁思成称她为“很不寻常的女人”。她的不寻常首先表现为坚韧、耐劳、上进，又具有包容性和同情心。通过吴荔明的描述我们了解到：“她既是李蕙仙的得力助手，又是她各项意图的忠实执行者，也是家庭的主要劳动力，并负责家务方面对外联系。她负担着一大家人的饮食起居，用慈母的心照顾着孩子们，她每天督促孩子们做作业时，坐在一旁听孩子们读书、写字，她也跟着读，就这样她学会读书看报，还会记账，写简单的信。她同样也很理解公公的事业，为了使公公专心工作，她忍辱负重，委曲求全，使得家庭和睦安定。”（《梁启超和他的儿女们》，23页）

梁家的每个孩子都很喜欢这个“娘”，他们对“娘”的回忆，总是充满了温馨的感情。有一次，思成因为考试成绩不如弟弟思永挨了李夫人一顿暴打，他说：“事后娘搂着我温和地说：‘成龙上天，成蛇钻草，你看哪样好？不怕笨，就怕懒。人家学一遍，我学十遍。马马虎虎不刻苦读书，将来一事无成。看你爹很有学问，还不停地读书。’她这些朴素的语言我记了一辈子。从那以后我再也不敢马马虎虎了。”（《新会梁氏：梁启超家族的文化史》，265页）他还讲到“娘”在这个家里的不容易：“我妈对佣人很苛刻，动不动就打骂罚跪，娘总是小心翼翼地周旋其间，实在不行了，就偷偷告诉我爹，让他出来说情。而她自己对我妈和我爹的照顾也是无微不至，对我妈更是处处委曲求全。她是一个头脑清醒、有见地、有才能，既富有感情又十分理智的善良的人。”（同上）

遗憾的是，梁启超过世太早了，我们无缘看到他再为王夫人作一篇《悼启》或《告墓文》，以此来表达他对这个女人的感激之情。这么多年，他都找不到机会把自己深藏在心底的这种情感表达出来。他一生写了那么多的文字，总有上千万了，却没有一个字是写给他生命中最重要的这个女人的。这对王桂荃颇有些不公。梁启超不幸去世，生活的重担全部压在王夫人的肩上。当时，除了思顺、思成之外，其他几个孩子都在上学，学业尚未完成，而主要收入来源却没有了，家庭经济状况迅速恶化，在这种情况下，她竟然能够艰难地支撑起这个家，把每个孩子都培养成人，真是人世间的一大奇迹。几十年后，梁家的子孙在梁启超夫妇墓（位于北京植物园东环路东北的银杏松柏区内，墓园为梁思成亲自设计）东侧稍后的位置新立了一块卧碑，并在墓碑之后栽种了一棵小松树，此碑题名即为“母亲树”，也算给了王桂荃一个应有的位置。

五、红颜知己何小姐

何蕙珍犹如一颗耀眼而璀璨的流星，在梁启超的生命中轻轻划过，几乎没有留下任何痕迹。作为梁启超的红颜知己，今天我们要了解她，以及她与梁启超的感情，似乎也只有梁启超写给妻子李端蕙的两封书信以及他的二十四首诗作可以参考。事实上，根据这些有限的文字，我们已经很难恢复历史的现场，而只能借此揣摩梁氏的此番出位，在他与妻子以及红颜知己之间，激起了怎样的感情波澜。

梁启超此次美洲之行，发生在光绪二十五年（1899年）岁末。在此之前，康有为创立保皇会于加拿大，他担心在日本的梁启超“渐入中山圈套”而要设法解救他，于是，“勒令梁即赴檀岛办理保皇会事务”（《梁启超年谱长编》，181页）。这时，美洲华侨向梁启超发出邀请，希望他能赴美一游。当年的 12月 19日，他从日本横滨动身，12月 31日抵达檀香山。此时的檀香山因时疫流行，华埠封闭，各港口禁止船只航行，他只能先在此地住了下来，发展保皇会组织，创办保皇会报纸，为庚子勤王之役筹款。总之，滞留该岛期间，他为保皇会做了不少工作。直到第二年八月，他原本要去美国的，但由于自立军起义迫在眉睫，同志们催他尽快回国，他才决定搭乘日本轮船东返。他与何蕙珍的短暂恋情就发生在滞留檀香山的这段时间里。

光绪二十六年（1900年）五月二十四日，梁启超给妻子李端蕙写了一封家信，详细汇报了他与何蕙珍从相识、交往，直至分手的过程。他告诉妻子，何蕙珍是当地一个华侨商人的女儿，她的父亲是保皇会的会员。这个只有二十岁的女孩儿，英文水平很高，整个檀香山的男子，没有能赶上她的，而且她有很好的学问和见识，喜欢谈论国家大事，很有大丈夫的气概。她十六岁就被当地学校聘为教师，至今已经四年了，可见是个才女，而且不是旧时才子佳人式的才女，而是有新思想新精神的才女。梁启超继续讲他和这个才女的故事。那天，何才女的父亲在家中摆下宴席，请梁启超赴宴，座中还有当地的名人士绅，男男女女十几个人，席间，大家邀请梁启超演讲，并请何蕙珍做翻译。第二天早上，当地报纸都刊登了他的演说辞，称赞他讲得好，也称赞何蕙珍的才华。说到这里他有点洋洋自得，并说最初见到何蕙珍的时候，见她“粗头乱服如村姑”，就没往心里去，等到她入座翻译时，才大吃一惊，看她目光炯炯，真是一个很优秀的女子。告别时，她和梁启超握了手，梁启超在这里特别解释说，当地的华人习惯西方的礼节，见面和分手时都以握手为礼，男女都是这样。何蕙珍握着梁启超的手说：“我万分敬爱梁先生，虽然，可惜仅爱而已，今生或不能相遇，愿期诸来生，但得先生赐以小像，即遂心愿。”面对姑娘大胆的爱情表白，梁启超只有“唯唯而已，不知所对”。（同上，249～250页）

他说，刚到檀香山的时候，当地有一家西文报纸，受清政府驻檀香山领事的指使，时常刊登诋毁、诽谤他的文章，他不通英文，对此也无可奈何。后来发现，有人写了文章发表在西文报纸上，为他辩驳声张，却又不留姓名。他问过许多同志，都不知道作者是谁。那天晚上到何家赴宴，席间，何小姐把原稿拿出来给他看，他才知道那些文章都是何小姐所作。他因此更加感动，也更加钦佩这个女孩儿。他说，虽然这些年风云际会，心里装的都是国家命运、民族前途、世界局势这样的大事，很少有儿女情长的时候，但见到何小姐以后，听她说话，看她做事，心里竟觉得时时刻刻都有这个人存在，放不下了，不知是什么道理。过了几天，梁启超送给何蕙珍一张自己的照片，何蕙珍则回报他两把折扇。

过了不久，又有朋友来试探他：“听说你要到美国去，可你不能说英语，很不方便，想没想过带个翻译同去？”梁启超说：“想是想过，只是找不到合适的人。”朋友笑着说：“先生如果有志于学习英语，为什么不娶一个通晓华语、会说英语的女人呢？一面学英文，一面当翻译，岂不两全其美？”梁启超说：“你是在取笑我吧，哪个不相识的大家闺秀肯和我结婚呢？而且，我是有妇之人，你难道不知道吗？”朋友不慌不忙：“我怎么敢和先生开玩笑呢？先生所言，我都清楚，我今天只想问先生一句，如果有这样一位女性，先生准备怎么办呢？”梁启超想了一想，恍然大悟，于是对这位朋友说：“你说的这个人，我已经知道是谁了，我非常敬重她，喜欢她，也非常思念她。尽管如此，我却不能背弃曾与同志们一起创立的一夫一妻世界会的原则。况且，我如今还是个亡命之人，有人悬赏十万要我的脑袋，我的生命时常处于危险之中，家中有一个妻子，也是见面的时候少，分别的时候多，不能常常厮守在一起，怎能再拖累别人家的好女子呢？再说，我如今为国事奔走天下，一言一行，天下的人都看在眼里，如果做出这样的事，人们岂能原谅我？请你替我向这位女子表示感谢，我一定以她敬爱我之心敬爱她，时时不忘，只能这样了。”朋友听了梁启超这番陈述，无言以对。这时，梁启超忽然又想起了什么，忙对朋友说：“我想替她做个媒人你看如何？”朋友应声说道：“先生既然了解这个人，我也就不必遮遮掩掩、含糊其辞了，这个人的眼里难道有一个男人是让她钦佩的吗？她在数年前就已经发誓不嫁人了。请先生不必再说了。”

又过了四五天，何蕙珍的老师请梁启超赴宴，仍然请何蕙珍作陪。他们在席间谈了很久，梁启超不敢对她说起朋友提亲一事，她便也不说，而且丝毫没有扭捏做作、郁郁寡欢之态，只是大谈中国女学不发达是中国落后的第一个病根，并且谈到应当如何整顿小学校的办法，以便教育儿童。她还谈到要创造切音新字，自称要以完成这两件大事为己任。她是基督徒，谈话中还劝梁启超加入基督教。她说起来滔滔不绝，长篇大套，几乎使梁启超穷于应付。梁启超观察她的神色，觉得她已经忘记自己是个女子，梁启超说，他也几乎忘记她是个女子了。梁启超告诉她，自己有个女儿，如果他日有机缘，一定让她做何的妹妹和学生。何蕙珍也不推辞。她对梁启超说，听说他的夫人曾经担任上海女子学校的校长，才学一定和他一样，不知今生有没有缘分和夫人见上一面。先生如果给家里写信，一定代她向夫人问好。此时的梁启超“但称惭愧而已”（同上，251页）。临别，何蕙珍又对梁启超说，多少年来，她都以不懂华文为遗憾，时常想找一个有学问的人做老师，今天看来已经没有希望了。她现在虽然做个小学校的老师，但并非她的志向。她准备前往美国的大学去求学，学成之后回国效力。先生他日维新成功，不要忘记她，如果要创办女子学堂，给她发一电报，她一定前来。她的心里只有先生。说罢这番话，他们互道珍重，握手告别。

梁启超继续写道，回到寓所之后，他“愈益思念蕙珍，由敬重之心，生出爱恋之念来，几于不能自持。明知待人家闺秀，不应起如是念头，然不能制也。酒阑人散，终夕不能成寐，心头小鹿，忽上忽落，自顾平生二十八年，未有如此可笑之事者”（同上）。既然睡不着，他索性起身，提笔给妻子写信，诉说自己的心事与烦恼。这封信写得很长，也写得十分坦白。读过这封信，我们相信，他对何蕙珍是有想法的，虽然他对朋友说了一大篇理由，但也确实动过娶妾的念头。他甚至有把握地说，如果他提出结婚的话，何小姐是不会在乎名分的。他在信中还以蕙仙比蕙珍，委婉地流露出这种意愿，他说：“吾因蕙仙得谙习官话，遂以驰骋于全国；若更因蕙珍得谙习英语，将来驰骋于地球，岂非绝好之事？”（同上，252页）但他又有种种顾虑，经过反复考虑、权衡，理智终于战胜了情感。这里所谓理智包括以下几个方面：一是自己所提倡的一夫一妻的社会理念；二是自己的特殊身份可能带来的负面影响；三是目前国内所面临的形势非常严峻；更重要的一点是担心妻子不能同意。所以才有“蕙珍磊磊落落，无一点私情，我知彼之心地，必甚洁净安泰，必不如吾之可笑可恼”的欲擒故纵。这其实只是借口，是说给妻子李端蕙听的。他的真实想法其实是，既担心妻子不能接受何蕙珍，又怕她因此而产生误会，影响夫妻感情。在作了种种解释之后，他还是将“蕙珍赠我两扇”如数上缴，请夫人代为珍藏，并恳求她：“卿亦视为新得一妹子之纪念物，何如？”（同上）

我们很难了解李端蕙读罢此信之后的内心活动，但梁启超在收到妻子六月十二日复信之后，于六月三十日又给妻子写了一封信。在这封信里他透露，李端蕙告诉他，在接到他的前一封信后，曾准备将此事通报给他的父亲。所以，梁启超上来就说："得六月十二日复书，为之大惊。"（同上）为什么大惊呢？因为梁的行为很可能破坏他们夫妻的关系，这是梁启超最为担心的。因此，他把曾经应付朋友的话，又拿来对妻子说了一遍。他要妻子相信，他有很多事情要做，不仅没有时间再想何蕙珍，对她，也是"非不欲相思，但可惜无此暇日耳"。他说这些，无非是让李端蕙放心，他绝没有要娶何蕙珍的意思。他的这段经历，"亦发乎情，止乎礼而已"。（同上，253～254页）对于这段情案，后人有从婚姻自由、个性解放的角度来论述的，认为梁启超在行动上还不能突破封建婚姻的藩篱，还受到传统文化和旧道德的约束。这种看法不能说没有道理，但说了等于没说。因为，我们不能忽略梁启超与李端蕙这对夫妻的具体情况。李端蕙不愿意梁启超纳妾，是很有可能的。三年之后，王桂荃怀了梁启超的孩子，也要躲到上海去生产，目的就是让李端蕙平息一下怒气。李端蕙后来可以接受王桂荃，很重要的还是王桂荃在梁家的特殊身份。

【作者：解玺璋，著名评论家、学者、近代史研究者，著有《梁启超传》《一个人的阅读史》《喧嚣与寂寞》《雅俗》等。本文出自《梁启超传》】

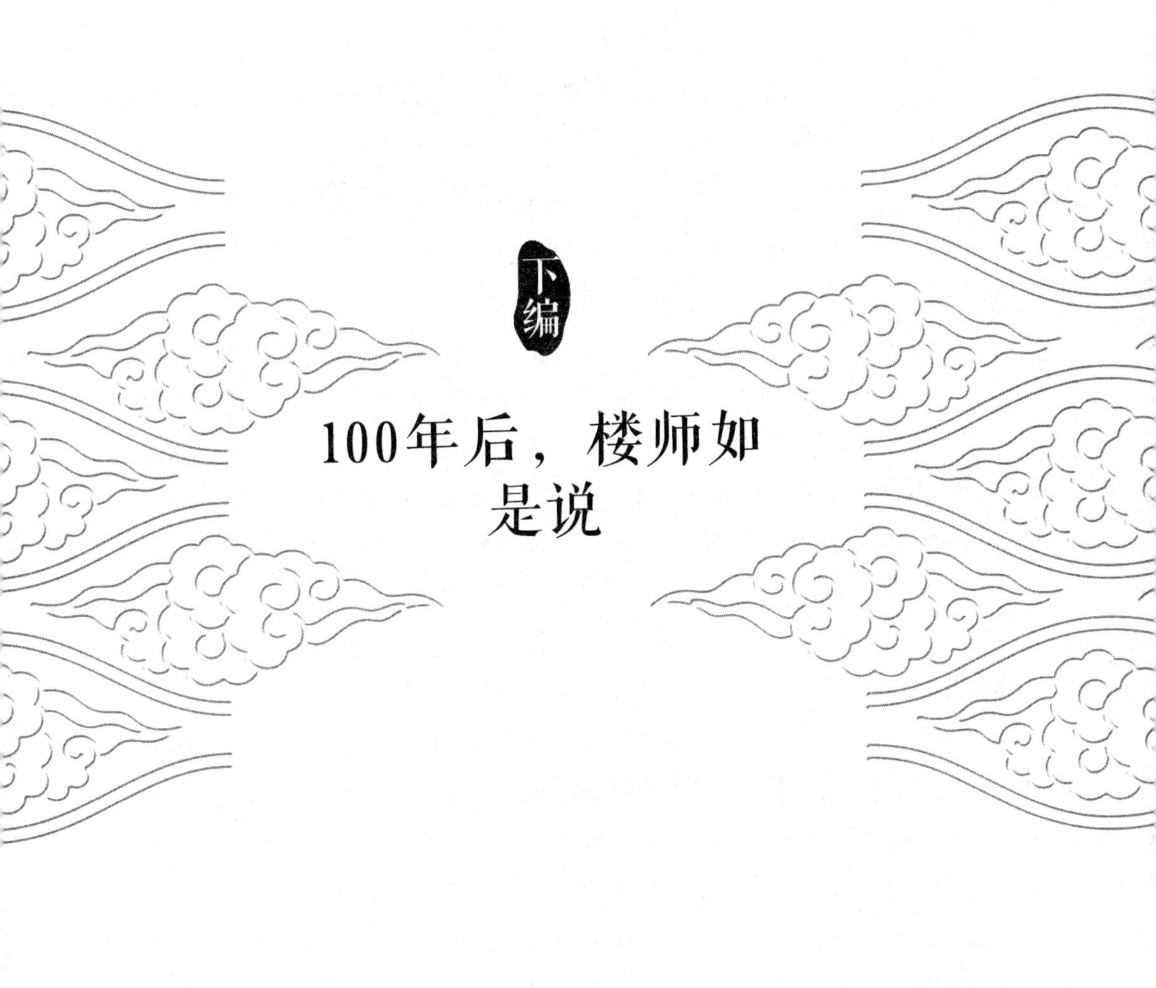

下编

100年后，楼师如是说

君子之风

今天我非常荣幸来这里，进教室一看，说实在的，给我增添了很多负担，那么多的同学。徐林旗老师推荐我来做这个讲座，说是为纪念一百年前梁启超先生在清华的《君子》演讲，梁启超先生当年是哪一天讲的？我现在也不知道，但《清华周刊》上发表他的《君子》文章，那是一百年前的十一月十号（1914年的11月10号），那今天过了九天（今天是11月19号了），在这样的日子里，来清华讲这个题目，也感觉到很荣幸。

那次徐老师他们到我家里，让我讲梁启超《君子》演讲一百周年的纪念讲座，讲什么题目呢，我当时随口就说了，就讲《君子之风》吧。说完了以后，当我为这个讲座做准备的时候，我发现这个题目不是那么容易做的，涉及到方方面面，太多太大了，于是，我先做了一个准备工作：统计“君子”这个词在先秦典籍里出现过多少次。这样一统计，把我吓一跳——四书五经再加上《老子》《庄子》《墨子》《韩非子》等著作里面，“君子”这个词就出现两千多次。当年梁启超先生讲《君子》，引用了“天行健，君子以自强不息；地势坤，君子以厚德载物”，后来这两句“自强不息，厚德载物”就成为了清华的校训。我想当时梁启超先生是希望清华学子都能成为国家的栋梁，能够为社会振兴、国家发展起到一个带头的作用，他的希望很大，他说啊，“今日之清华学子，将来即为社会之表率，语默作止，皆为国民所仿效。设或不慎，坏习惯之传行疾如暴雨，则大事偾矣。”他就是希望我们的清华学子，能够“崇德修学，勉为真君子，异日出膺大任，足以挽既倒之狂澜，做中流之砥柱，则民国幸甚。”他当年对清华寄予了很大的厚望，那么我想今天我们清华果然没有辜负梁先生的期望。

一、君子的含义

“君子”是我们中国文化的一个重要内容，是塑造一个人的品格的。一个国家的兴盛、发达、强大、进步，靠什么来体现呢？在三百多年前，西方宗教改革，有一个宗教改革家，叫斯迈尔斯，他在《品格的力量》中就曾经讲过：一个国家的繁荣和幸福，不在于它的国库的殷实，也不体现在它的城池有多么的坚固，也不在于它的公共设施如何的华丽，他就讲了，一个国家的强大不在于这些，那么在什么地方呢？他说啊，一个国家的繁荣就在于全体国民所受的教育，在于他们的理想、人格，总的来讲是一个公益的、文化的、综合的素质形成的一种做人的品格。那么我想中国文化的精神就是人格、品格的问题，而君子这个词，其意甚广，很难界定，用西方的文化来做一个比较的话，梁启超说勉强的可以和西方的“绅士”这个词相对应。

我们来了解一下传统中的君子概念。根据很多学者的研究，“君子”这个词，在春秋之前，也就是儒家、孔子之前，主要从政治角度立论的，君子主要是指社会的掌权者、当权者等发号施令的国家治理者，其身份是官员，或者长辈。当然这里面也带有一定的文化素养或者道德的含义，因为中国历代文化都强调统治者作为一个民族的表率，他在引导社会、引导民众，是化民的，他是通过教育来化导民众，因为他既是一个统治者，也是一个教育者。《礼记》的《学记》一开始就讲：建国君民，教学为先。建立一个国家，君子来管理，来统治老百姓，首先要通过教育来教化民性，改变社会的风俗，通过教育达到最后的一个目标就是化民成俗，改变人们的心性，然后形成一个良好的社会氛围。虽然他是一个在上位的社会统治者，或者说管理者，他同时具有这样一个责任。在孔子之前，君子概念主要着眼于社会的身份和地位，往往相对于小人、野人来讲。

孔子以后，君子的概念发生了比较大的变化——从一个社会地位的差别、社会地位的标志转变为人格品格的标志，变成主要从道德的理念来讲。君子做一个这样的规定，这个大概形成以后整个中国文化传承的主流，君子跟小人的差别主要是在道德上、品格上，所以说是有一个很大的变化。当然中国文化也不是光君子这一个词，跟君子相通的，还有两个词，一个就是士，再一个叫圣人，所以我们有时候说士君子，儒家最高明的是圣人。后来荀子给这三个概念做了相当明晰的解释，他曾经讲过“好法而行，士也”（《荀子·修身》），执著这个法，这个法既包括礼也包括法，遵循一定的规律办事，侧重于现实的做人做事来实现这个法。接着荀子讲，“笃志而体，君子也”，实实在在去做，志向非常的坚定，所以后来我们讲的君子，特别强调君子的志向，志向是非常坚定的，所以这个君子有远大的坚定的志向，又能够很实在地实践他，也就相当于《中庸》里面提到的“博学之，审问之，慎思之，明辨之，笃行之”，要实实在在地去做，这是君子。荀子又讲，“齐明而不竭，圣人也”，这意思是，圣人的境界更广大了，“齐明”就是对各种各样的道理都非常清楚，天地人之理都看得很清楚，而且没有停止的，不断向上，不断探索，去认识世界认识人生，这就是圣人。荀子曾经给君子、士、圣人做了相当清楚的定义，他有三个层次，到了圣人是最高的。这里面实际上也贯穿了一个统一的道理，不管是士也好，圣人也好，君子也好，都是遵循一个做人的根本道理去做，遵循一个社会应该遵守的一个礼法去做的，而且要坚持不懈地提升，这个是一致的。我们再切实一些讲，君子和圣人的差别，圣人更理想化一些，所以孔子也都讲了，自己算不上圣人的。圣人只可能是少数，不可能人人都是圣人。当然了，从道理来讲人人都可以成为圣人，可是真正能够成为圣人，真正能够流传千古的圣人，那绝对是少数。我们中国五千年的文明，有文字记载的历史也有三千多年，真正流传到今天，被我们认同的圣人有几个？所以圣人是更理想更完美的。君子是我们在现实生活中可以达到的楷模，他更现实更实际。我们达不到做圣人，但是可以做一个君子，这两者也是有一些区别的。总的来讲，君子也好，圣人也好，他们都是德行上的一个楷模。我们用博雅来形容君子最恰当，博和雅，所谓博就是学识丰富，雅就是品行端正，所以要做个君子就要学识丰富，品行端正。北大有个博雅塔，博雅塔开始时取这个名字并不是这个意思，这两个字是音读，但这两个字选得很好，博雅，这就是北大要求人们所达到的，要学识丰富，行为端正。儒雅君子，这个雅最早就是正，端正，品行端正，雅声就是正声，博雅两个字是君子所要具备的一个基本素养，君子也称作博雅君子。

总的而言，我们定义君子是很明确的，他一方面指社会身份的差异，更重要是德行上面的。

二、君子的社会责任

那么君子的社会作用，我想非常重要的，首先是引领社会风气。“君子之德风，小人之德草，草上之风，必偃。”（《论语·颜渊》）这意思就是说：君子的德行像一阵风一样，小人的品德就像草一样，风在草上一吹，风往哪吹，草就往哪倒，君子起引领作用，是一个社会正能量的体现，一个社会是需要有引领的。如果我们在座有研究心理学的，就会知道社会心理的力量是不可小视的，大家都有同样的心理就形成了一股风，这个风一刮不得了，大家都往这方面去了。中国有很多优秀的文化，但是并不是说中国的文化没有缺陷，中国文化也是有很多缺陷的，从很多角度都可以看到。那么我们对中国文化的理解要看到他最根本的优点方面，也不能忽视他存在的各种毛病、问题。中国文化中，我讲一个缺点，就是跟风，从心理学角度讲，就是常常会被一种社会的心理所带动。我不知道我上次在这讲有没有提到一个故事，就是二十个世纪三十年代，有一天北大哲学系几个教授在一起喝茶聊天，聊到气节的问题，做人气节的问题，也是君子非常重要的一个品德，君子就要有一种气节。聊到这个大家都说了，这个孟子讲得最出色了，孟子讲要做一个大丈夫，大丈夫也就是一个君子了，要做大丈夫就要具备这样三种德行气节：“富贵不能淫，贫贱不能移，威武不能屈”。如果为富贵贫贱变节了，为权势压力所屈服了，那就是丧失气节。讲到这的时候，胡适先生坐在一旁，就笑了笑说：“这照我看，这三个还不够，还得再加一条。”大家说：“你说加什么？这三条讲得很全面了，再加什么呢？”他说，“照我看要加一条：时髦不能赶。”这虽然是一个传闻的故事，我也没去考证过，但是确实是这样，胡适先生的这句话非常切中中国人的一个弱点——爱赶时髦、爱跟风。这种缺点我们现在还可以看到，所以要摒弃，要做个君子就不能赶时髦，赶时髦是会丧失某些气节的。

讲到君子，都提到了君子要成为一个社会的引领者，要以身作则，身教重于言教。宋代的张载在《正蒙》里面也讲到这句话，“君子于民，导使为德而禁其为非，不大望于愚者之道兴”，就是引导他按照社会的德行前进，禁止他为非作歹。君子对社会有非常重要的引领作用，引领就必须要以身作则，要身教，自己先做到，所以在讲到君子的时候，都讲到只有你自己做到了，你才能要求别人做到，身教胜于言教，你光讲大道理，自己不根据这样去做，那称不上是一个君子，君子一定能够以身作则，所以《大学》里面才有这样的说法："君子不出家而成教于国"，他不用出门就可以使国家的百姓受到教育，为什么？就因为他身体力行，他是去实践的，他是作出榜样来的，是以自己的行为来教育大家的，所以他不一定在那开讲堂讲课，他以自己的行为去教育大家，做事就应该这样做，所以很多的君子"不赏而民劝，不罚而邪止"（《吕氏春秋》）。他以自己的行为告诉大家什么该做什么不该做，以自己的身教来教育大家。

还有，君子在社会的作用，就是文化的传承，文化的传承就是靠君子来延续，社会上如果没有文化传承的人，那这个文化就会中断。文化是在不断前进、不断发展、不断变化的，随着时代的变化，文化从内涵、形式都会发生各种各样的变化，但是我们很多的文化精神不能放弃，文化精神就要靠君子来传承，因为很多的思想，它的内涵会随着形式变化而丢失的。曾经有一次，我在讲座中，有一位先生问我，他说："楼老师，你对现在中国文化传统的现状是怎么看的？或者说有一个什么样的评价？"我说，你要我说真话，我就说真话，什么真话呢？我说我们现在传统文化或者国学是魂飞魄散，或者说失魂落魄。因为根本精神丢失了，以前一直体现在我们的礼仪规范上，现在都没有了。体现在我们外在的、行为的、仪表的东西，都因为我们丢失了灵魂，所以现在也没有了。可是我们不要忘掉，很多形式上的丢失，也会让我们的灵魂散落的，形式与灵魂是密切相关的，我们作为一个要传承传统文化的，并不是要大家拘泥于外在的各种各样的形式的，而是要把灵魂、精神传承下来，这是最重要的。就比如说我们很多礼貌、礼节、仪式的东西，它随着时代的变化不知道变化了多少，我们去看唐代的许多学者，他们也搞不清楚礼仪里面很多事情究竟是怎样做的，《仪礼》是先进的作品，是讲夏商周三代各种各样的礼仪仪轨，那么到了唐代，一千年过去了，人们也搞不清楚了，这是很正常的，所以仪式可以变化，但是精神是不能变化的，精神要传承。那么礼仪的根本精神在什么地方呢？集中起来讲主要在两个方面，一个是大报本也，一个是敬。大报本就是让我们不要忘掉我们从哪来的，我们的生命从哪来的，记着我们的本，要去定位这个本、尊重这个本、感恩这个本，本不能忘。我们常常讲，为什么西方人那么敬畏上帝？因为他们认为我们这个世界就是上帝创造的，人的生命也是上帝给的，他不去敬畏上帝，去敬畏什么？这就是西方人不忘本。那我们中国人有没有本啊？礼里面有没有本？当然有本啦，中国礼教有三本——“天地者，生之本也；先祖者，类之本也；君师者，治之本也”（《荀子》）。君和师，君就是国家象征，师，是老师，治，是治理的治，治什么？治我自己，也就是让我懂得怎么样做个人，没有国家和师长的教育，我就不会懂得怎么做人。人要懂得做人的道理，一定要懂得父母师长国家的教育。一个刚生下来的孩子，把他扔到狼群里，他将来就是一个狼孩，他不会懂得做人的道理，所以教育是非常重要的，能够让人成为一个真正的人。中国人就认为这是三个本，我们要报本，报本报什么？天地君亲师。如果我们到一些老宅子去看看，上面会写着天地君亲师，这是我们生命的本源，万物都是天地之气和合而生的，是父母之气和合而有我们的。东汉一个哲学家王聪就讲“天地合气，万物自生；犹夫妇合气，子自生矣”。人不是造物主造出来的，所以我们不能忘掉天地、忘掉父母，要做一个真正的人更不能忘记师长的教导，不管孟子讲性善也好，荀子讲性恶也好，归根结底是让他通过教育恢复人性，改变兽性。一个是复性，性善；一个是化性，性恶，要改变。总的来讲，通过教育我们才能懂得人是什么样的，所以礼的核心的东西不能忘掉。你个人行事可以，但是都要去孝顺你的父母，祭祀你的祖先，每一家每一户都会祭祀自己的祖先，做人绝对不能忘掉这个根本。祭祀天地，祭天地是最大的一个本了，统治者都会去祭祀。礼是大报本，追踪溯源，要追到最后的根源上去，这是礼的一个核心，所以我们要知恩报恩。

礼里面第二个重要的内容是敬，这体现在人与人之间的相互尊敬，不仅要相互尊敬，自己也要尊敬自己，去掉敬，礼仪都是虚设的，所以各种各样的礼，不管是跪拜礼、鞠躬礼、拱手礼，所有的礼仪都体现了相互尊敬。仪式可以变化很多，但这个内涵不能丢掉，丢掉了就会手足无措。《孟子》里有个例子：弟子问孟子，我见了人都很恭敬，给他们鞠躬，但总觉得别人对我的鞠躬行礼没什么特别的反应，这是怎么回事？孟子说你不用问别人，问你自己，你是出于内心对别人尊敬，还是出于一种形式，给他敬个礼？这就是很大的差别，所以礼里面的敬是出于内心的，不是一种形式上的。当然，我们首先要从形式上开始，最根本的是不能丢掉礼，君子的责任就是传承文化精神，把魂保护好，不要让他丢失，如果已经失掉，做君子的一定要把他的魂找回来，不要停在形式上，让人真正感受到礼的意义。作为一个君子，就要看到他的社会作用，一种传承的作用、身教的作用、引领的作用。引领在某种意义上就是营造一种氛围。一个习俗，一个社会的良好习俗非常重要，比什么都重要，如果现在社会有一个很好的习俗，大家相互间都是非常尊重的，对老人非常尊重，对幼儿非常爱护，整个社会都是尊老爱幼的，整个社会之间都是讲诚信的，那么我们活在这样的氛围中间一定是毫无忧虑的，不会像我们今天这样还考虑买的是真货还是假货，是真的绿色食品还是假的。不要小看这个习俗，这个比法律的功能要强大得多，法律办不到的事情，这个能办到，大家都遵守这样一个风俗、习俗。三百多年前，欧洲的启蒙思想家孟德斯鸠在他的《论法的精神》里面就讲：一个有良好习俗的社会，他的法律是很简单的。我们之所以法律那么繁琐，是因为缺乏了良好的社会习俗，什么都要用法律来管理，那这个社会是管不过来的，只有靠大家一个道德的自觉，形成一个良好的社会习俗、风俗。那么这种风俗靠谁去营造啊？君子！君子去营造这样氛围，大家都是坦荡荡的君子，都是谦谦君子，那这个社会就是互相谦让、互相尊敬、互相讲诚信的。社会不可能没有不正之风，也不可能没有负能量，整个社会永远是处在一个正负之间的平衡。那么我们受到了教育，尤其是我们大学的学生都受到了高等教育，社会就会对我们有所期望，期望我们都能够成为社会的栋梁，成为社会风气的引领者。看到我们清华的陈吉宁校长在开学典礼上，也提到了梁启超先生的君子，他其中也引了爱因斯坦的话："使学生成为人格健全、个性和谐的人，而不是'专家'，应始终成为学校的目标""教育就是忘记了在学校中所学的一切之后剩下的东西"。意思是学生到学校里面来不是来学点知识的，而是要成为能改变风气的一个人，他的结果是他把学校学过的东西都忘掉以后的东西，我们现在就是过分的偏重知识的教育，而缺失人文的、德行的教育。

三、君子的品德

那么作为一个君子要具备什么样的品德？太多了，从方方面面，有几百条，君子有三畏，有九思，各种各样。对君子的品德要求也很多，有一个字的、两个字的品德要求，有三个字、四个字、五个字、八个字的品德要求等等。

一个字的品德要求就是“孝”。百善孝为先。这跟中国文化是有关系的，西方文化孝归到了对上帝的敬，因为所有的人都是上帝的子孙，都是上帝生的。中国文化讲天地生万物，人类有人类的祖先，所以我们要孝我们的祖先，最直接的就是我们的父母，孝是中国文化的核心，和生命观是有密切关系的，生命是父母所生，所以要报答父母，父母要养育、教育子女，子女就要孝顺、敬重父母，这是相互的关系，是一种自然的关系，孝不是强制的、强迫的。魏晋时期，王弼对孝做了非常好的诠释，他说“自然亲爱为孝”，父母子女之间就是自然亲爱的关系。过去我们都讲，要孝，首先要光宗耀祖，这是孝的最充分的体现，让你的父母能够在大众面前露脸，教育这么好的子女，对社会做了这么大的贡献，难道不应该这样吗？大孝尊亲，让你的父母得到社会的尊重，得到大家的认同。其次不辱，你不能给你的祖先争光争彩，至少不能让你的父母受到社会的羞辱。其下能养，能养父母是孝里面最低的了，最低的要求。所以孝有三，大孝尊亲，其次不辱，其下能养。一个社会有孝这样一个风气，孝体现在方方面面，尤其通过丧礼来体现，中国很重视丧礼，守丧三年，为什么？就为了报答，报本，报答父母养育之恩。一个孩子，能够脱离父母的襁褓而相对独立活动，至少三年，现在我们讲三年是虚的，实实在在讲就是二十四个月，两年，一个孩子两年才能有相对的独立性。守孝三年的风俗现在好多大城市已经没有了，但韩国一直保留到现在，特别是长子，父母去世，三年内家里要设灵堂，每天早晚都要行礼。这样一个礼，我们现在看太没有意义了，其实意义很深。还有祭礼，祭礼是追溯远去的祖先，过去我们除夕晚上都要祭祖先，这是比较远的，再近一点就比如上坟等活动，如果前面的丧礼是我们的慎重，非常慎重地对待死去的，那么祭礼就是追逐我们远去的祖先。《论语》里有一句话，“慎终追远，民德归厚矣”，社会有这样的风气，我们的民风才能淳朴，大家都不忘本，都记着我们的祖先对我们的养育之恩、教育之恩，所以说祭礼直接跟民风关联在一起了，这不是一个简单的事情。礼仪是可以千变万化的，过去守孝三年，要到路边盖一个草房子，但现在不需要，改为在家里设一个牌位，也不一定天天去，初一十五去祭祀一下，这也是可以的。社会的这种氛围也越来越淡薄了，没有了，所以我们要重新来认识孝的社会意义。孝不是简单的。

两个字的品德是“诚敬”。南宋的朱熹曾经讲过，为人行事，重在“诚敬”二字，做人做事把握这两个字就可以了。什么是诚？诚者毋自欺，毋妄为。不要自己去欺骗自己，不要妄为、想怎么做就怎么做，这是诚。什么是敬呢？不怠慢，不放荡叫敬。我们要敬畏别人，也要敬畏自己所从事的各种各样的事业，事业也需要我们敬畏，不能怠慢，更不能放荡。一个人如果能够根据这两个字去做，就是“君子人矣，君子人也。”《论语》讲到，有人问孔子，人做到这样，是君子吗？孔子答曰，当然是君子！在梁启超的文章中也引用了。做到诚、敬就是君子了，不自欺、不妄为、不怠慢、不放荡，这个人就具有了君子的品德了。

三个字的品德，“智仁勇”。智仁勇三个字的含义我们理解的也是比较肤浅，智，有智慧；仁，爱人；勇，勇敢，勇气。只是这样吗？其实不是，《中庸》里面对这三个字做了非常深刻的诠释，好学近乎知，作为一个君子就要好学，不断地学，学无止境，不断上进，只有学习才能不断上进；仁，也不是我们一般理解的“爱人”，力行近乎仁，要去做，踏踏实实地去做才是仁；至于勇，知耻而后勇，懂得羞耻的人才能勇，真正有勇气的人是能够发现自己的错误就改正错误的，这才是真正有勇气的人，这才是一个强大的人。具备智仁勇三达德的人才能称为君子。

四个字的品德，“礼义廉耻”。一个君子最基本的品德应该是守礼、敬人。守礼就是做自己该做的事，每个人在社会都有一个身份，这个身份不是指地位，更重要的是你在社会家庭中的身份，儒家讲的五伦，五伦是礼的一个非常重要的内容，五伦是指君臣、父子、夫妇、长幼、朋友。五伦里面君臣先不说，先说父子、夫妇、长幼、朋友，这都是自然的关系，父子的关系能颠倒吗？夫妇的关系能颠倒吗？不能，长幼的关系当然也不能颠倒了，他就是比我先来到这个世界，他当然就是长了；他是男的，她是女的，夫妇关系也不能颠倒；朋友，除非你一个人孤立地待在那儿，社会不可能是孤立的，永远是一个群体，群体就有相互之间的关系，自然的关系，这就是朋友。人都处于这种关系中间，在这种关系中间你一定有一个身份，你是父母还是子女，是长者还是幼者，是男的还是女的，这是一个自然关系，无法逃避。你有这种自然关系里的身份，就要做这个身份该做的事情，守礼就是按照你这个身份做该做的事情，拿学术的语言来讲，就是尽职尽责，尽你的责任义务，作为一个君子一定要守住本分，这就是守礼。君臣，不仅仅是自然关系，更是从社会关系来讲，一个需要正常运作的社会，人与人之间是要有分工的，需要有不同的地位角色，否则就成为无政府主义状态，谁说话都算，谁说话都同样的份量，那是不行的，所以这个社会总要有人说话算，有人说话不算，说话算的、拍板的就是在上位的。在中国文化中，君臣之间的关系不是像父子、夫妇、长幼这样一种自然关系，但是也尽量想办法把他变成这种自然关系，所以君臣关系常常转化为君父、臣子，官员也让他化解为父母官，要按父母子女关系处理这种关系。刚才讲了，父母要教育子女，子女要孝敬父母。

义，就是该怎么做，不该怎么做，是人特有的，人要明白什么能做，什么不能做，一念之差就会变为禽兽，甚至禽兽都不如，所以孟子老讲，人与禽兽的差别几稀也，一点点，有时候就是在一念之间，所以人要懂得什么该做什么不该做，要掌握这样一个方向。所以义是什么？“义者，宜也”“义者，人路也”，人走的路，人应该走人的路，不要去走禽兽的路。

廉，正直，清廉，做人正直才能起表率作用，一个正直的人才能够诚信，做什么事情都能让人家看得到，“君子坦荡荡，小人常戚戚”，所以君子是什么事情都可以让大家知道的，可以让大家都看到的，正因为他有一个这样正直的心，所以他才能做到这一点。

第四个是耻，要懂得羞耻，不懂得羞耻的人什么事情都敢做，什么事情都不怕，错了也不会去改正，我们礼的教育、道德的教育的目的就是要让人们有一种羞耻心，使他们的行为能够非常方正。《论语》里面有一句话，“道之以政，齐之以刑，民免而无耻；道之以德，齐之以礼，有耻且格”，也就是用政教的方法告诉大家，一定要守住一个底线，要走正路。但是用什么标准来判断呢？刑。刑就是我们的法了，带有某种强制性，用法律去规范大家走正路，它所达到的结果是民免而无耻，它可以不去做，但有空子就钻，没有羞耻心。如果有羞耻心，他不会去钻这空子，所以我们常常讲很多法律不是对小人的，是防君子的，我们一把锁锁住了，是防君子，不是防小人的，民免而无耻。有一些人就不会去做了，会感觉这样做是不对的，我们通过道德教育的办法，告诉他做人应该这样应该那样，启发他那个道德的自觉性，然后用礼规范他。礼不是强制性的，比如说礼里面，父母要关心子女，子女要常回家看看，这是礼里面的要求，他不是法的要求，如果这个孩子从来不去看他的父母，邻居街坊就会说，孩子会受到舆论的指责，这不是用一个法律来强制的。如果他做得太不好了，就会成为千夫所指，这样舆论的监督远比法律的强制力量大得多，他抬不起头来。所以他是有羞耻心的，他是不会走歪道的。羞耻心是做人的一个非常基本的品德，人要有羞耻心，这样他才不会做他不该做的事情，即使做了不该做的事情也会立刻反省立刻改过，人非圣贤，孰能无过？重要的是有了过以后不怕改正，自我反省，自我检讨，来改正他，以后再不犯了，能够做到这一点就是一个君子了。君子就是有过就改，不怕有过，就怕没有羞耻心，没有羞耻心，你就不去改过。

五个字的品德，“仁义礼智信”，追下去追到八个字的品德，最近我们看到王岐山的讲话，《北京晚报》同样标题的这八个字：“孝悌忠信，礼义廉耻。”这是中国人的DNA，中国文化的DNA，中国文化的基因。一个君子他的品行是多方面的，一言一行、一举一动，都要成为常人的表率。那么，人们就会说做君子太痛苦了，但是你可以自己搞得轻松一些，有君子风度，谦谦君子，成为习惯就不会成为一个负担。为什么我们从小教育就要从言行举止入手？让他养成这样一些习惯，从小养成的习惯，长大就变成自然的行为了，所以不会觉得这些东西是一个负担，是压力。如果你认识到自己的责任，你处处按照这个责任去做，你也不会感到是个负担。一旦把被动变为自觉，那就不会成为一个负担了。

四、君子品德的养成

君子品德怎么养成？当然了，一个社会的氛围也是很重要的，家庭、学校、社会，我们讲的教育不能脱离这三个方面，环境是非常重要的，但这个环境的影响也不是绝对的，不是决定因素，因为决定因素还在你自己身上。中国文化始终是反求诸己的，中国历来是“为己之学”“古之学者为己，今之学者为人”（《论语》）。所谓“为己之学”，也可以说是君子之学，荀子又明确讲过，“君子之学，美其身也”，君子学习是使自己成为更加完美的人，君子的学问是“入乎耳、著乎心、布乎四体”的，从耳朵听进去，留在心里，落实到行动中去，使得自己变得更加完美。小人之学或者今日之学者，他是为人的，“为人之学”就是禽犊也，把学到的东西看作猪啊、牛啊、鸟啊等飞禽走兽嘛，禽犊就是你拥有的财富，我有那么多的财富，这些东西也可以说是做表面文章的，显示给别人看的，炫耀自己的，所以为人之学，就是“入乎耳，出乎口，口耳之间则四寸耳”，根本不经过大脑，不落到心里面去，更不落到行动上去，所以中国文化始终强调为己之学。我多次讲过，我们对一句话的理解是完全错误的，这一句话就是“人不为己，天诛地灭”。大家听这一句话好像人人都要为自己的利益去奋斗，可以不择手段地达到自己的目的，达不到自己的目的，天地都要诛灭你。是这样吗？我们非常敬畏老天爷，可是天地鼓励人们为了自己的私利去努力，没有这样做还要诛灭你，可能吗？其实人不为己，是说人不提高自己的德行，老天爷都不容，他不是为了自私自利，为了个人的利益，而是说，你做人，不懂得完善自己、提升自己，老天爷都不容你，老天爷给你这个人身，是难得的，你今天得到这个人身，你应该不断完善自己、提升自己，如果你做人不懂得完善自己、提升自己，那老天爷是不能容忍的，所以“人不为己，天诛地灭”。我们要记住，老天爷要我们每个人为了完善自己、提升自己而努力学习、工作。所以要成为一个君子，主要要靠自己，君子要求不断提升自我，而不要埋怨环境，不要随波逐流，能够“笃志而体”，有坚定的志向，而又去身体力行，这才是君子，不要赶时髦。

另外我们要求名师良友，荀子也曾经讲过，你一天去看书，看各种书，当然对你有帮助了，但是最直接的就是向你身边的君子学习，他是榜样，活生生的榜样。所以良师益友，或者明师良友，是非常重要的。为什么古代人那么注重择邻、择友？要有好的环境、好的朋友，不要一天到晚跟捧着你的人交朋友，最好多找一些整天批评你的人，他才是真正的良友，是爱护你的人。一天到晚捧着你的人是害你的，不仅如此，我们还可以放开眼界，向天地万物学习，天地万物很多品德都是我们学习的榜样，中国文化用很多东西来比喻君子，反过来讲君子要向这些物去学习，比如水，比如玉，用玉来比喻君子，这是很多的，还有莲花，著名的哲学家周敦颐写了一篇《爱莲说》，讲莲花是花中之君子也，为什么说莲花是花中君子？是因为她具有的品格，出淤泥而不染，濯清涟而不妖，这样一种品格，远远地去欣赏她，不能近处欺负她，亭亭玉立、中通外直，从一个荷花中间就学到了这些品德。孔子从水里看到许许多多的品德，水总是往下流，抚育万物不求回报，谦下、奉献，从来不用一个形状去排斥他人，随器而赋形，流到圆的器里就变成圆的了，流到方的就变成方的了，所以君子就要学这个。《论语》里有“君子不器”“君子不党”“君子和而不同”，这跟向万物学习是有直接关系的。我们还有岁寒三友“松竹梅”四君子“梅兰竹菊”，因为他们都有很多品德，所以用来描述赞颂梅花的、菊花的、竹子的、松树的诗歌文章多得不得了，都值得我们来欣赏来学习，通过这些学习，可以让我们认识到：人还不如植物吗？植物都有这样的品格，我们难道还不应该向他们学习吗？我常举竹子的例子，竹子有这样的特点：“未出土时便有节，及凌云处尚虚心”。我们拿节来比喻一个人的气节，在他还没有出土的时候，还埋在地下的时候，他就有这么个气节；可当他凌云直上，跟云彩都够得上了，中间还是空的，所以地位再高也是谦虚的，也要谦下，这就是竹子的品德。梅花更是那样，多少人写梅花的诗，“不经一番寒彻骨，怎得梅花扑鼻香？”梅花的扑鼻香是寒冷中度过来的，梅花香自苦寒来，所以我们只要做有心人，君子品德可以从方方面面中学习，从我们周边的朋友身上，从历史上伟人的身上，从我们生活中的万物中间，哪怕一棵小草上学习。白居易的那首“离离原上草，一岁一枯荣，野火烧不尽，春风吹又生”，我们不能经不住一点点挫折，遇到一点点挫折就抑郁，抑郁不能突破，那就跳楼自杀了。一点点挫折算什么呢？要学习小草这种坚强的生命力。君子不是高不可攀，只要我们能够谦虚谨慎，向天地万物学习，向良师益友学习，我们每个人都可以成为君子。

前两天我说要到清华做个报告《君子》，我的学生就问我，有没有女君子啊？我说当然有了，但我想不出来。今天我一想很简单，现在男女平等了，既然有女汉子，女强人，为什么不能有女君子呢？当然可以有女君子了！前两天我在上海，刚好看到有一个文化聚会，刚好是他们的女子书法班学习的时候，我去看了看，好几张上面写的“女汉子”，真厉害，真是男女平等的时代了。既然有女汉子、女强人，为什么不能有女君子？！当然需要有女君子了！在古代确实是没有慧眼，把君子主要落在男性的身上，但是随着时代的变化，我们也要养成很多的女君子，不要光记住女强人，做女汉子。我们也都做一个女君子。

五、结语：回归经典，从我做起

我今天很少讲到君子这样那样的品德，因为讲起来实在太多了，我粗粗地查了一下，在先秦的经典里面提到君子的不下于两千个，哪怕把重复的、意义不是很大的去掉，至少也是有一千五百个词可以用的，介绍这方面、那方面。其实我也找了好多，今天本想给大家读，但是太多了，所以这里我要留给大家一个作业：大家去找找，简单地给大家报一个数字，《诗经》里面有二百多处讲到君子，一开始就讲："窈窕淑女，君子好逑"，《易传》里面有一百多处，《礼记》里面很多有三百多处，《左传》里面也有三百多处，这些我们都可以看看，重要的是《论语》跟《荀子》，《论语》里有一百多，《荀子》里有二百多，我们讲不到的《墨子》里面都有一百多处，所以我们这个国学经典文化传播协会，能不能做一个事情，把有关君子的条目都集出来，弄个小册子让大家来看看，这很有意思。当然有几种办法，一种按照书来分，按照书的前后顺序来分，如果再做得精细一些，也可以按照类别，这些是讲君子哪方面的，但是这个难度比较大，因为仁者见仁，智者见智，许多解释也不一定是对的，而且有的条目既可以这样来解释也可以那样来解释，既可以用在这个德行的培养方面，也可以用在那个德行的培养方面，这就比较复杂，还不如按照自然的程序来排，书里面篇章的先后来排。能够把它编成那么一本书来看，我想对于我们要学习做君子的人是一个很大的方便，当然我不觉得大家要全看，太多了，就跟刚才讲到的"1234"做就可以了，"孝，诚敬，智仁勇，礼义廉耻"，太多了也不见得就好，我经常讲一个人能取一言而终身奉行之，坚定不移、笃志而体，这就是君子。你做到孝，你就是君子；你做到诚敬，你就是君子；你做到智仁勇，你就是君子；你做到礼义廉耻，你就是君子。真正做到不在于多，而在于实实在在终身奉行它。我今天就讲到这里。

【本文根据楼宇烈先生2014年11月19日在清华大学的演讲整理而成，题目为编者所加。】

大学之道

各位老师、各位同学，今天我非常荣幸，来参加我们清华大学105周年的校庆这样的系列活动，这几年我连续到清华来参加了几次活动，刚才提到的梁启超先生的《君子》演讲那篇文章，去年104周年纪念的时候我记得我也来了，讲过一次《君子之风》，今年徐林旗老师给我一个题目，说讲讲大学之道。

什么是大学之道呢？可以说就是今天我们的大学应该遵行什么样的道德的问题。《大学》是我们传统文化的经典，特别是儒家文化中的一个经典，中国传统文化有一些根源性的典籍，其中最根源的、最主要的就是“四书五经”了，《大学》是“四书”里面的一篇文章。对于这个大学之道，我们来谈谈就知道了，也离不开《大学》那一篇传统的经典。

我们今天在教育中间应该说出现了许多偏差，很多人对我们今天的教育有很多意见，从基础教育一直到高等教育也逐渐地有这样那样的问题，大家都在探讨反思。如何看待今天的问题，其实最好的方法就是拿古代来做一面镜子照一照，看从里面能不能够吸取到对改进我们今天的教育有所启迪的东西。有一句古话叫“观今宜鉴古”，看今天的问题最好的方法就是看看我们的古代有些什么经验、有些什么教训，可以来指导我们当下的。

关于“四书”里面《大学》这篇文章，相传是孔子的弟子曾参所写，这篇文章里面说大学就是大人之学。到了宋代，理学家“二程”和朱子都对这篇文章非常重视，《大学》也是一篇留存至今、阐述为学次第的重要文章，是一篇告诉我们应该怎么样学习、学习什么东西的经典著作，而“四书”的《中庸》里边又告诉了我们应该怎么样学习，我们如果能够把这两者结合起来，那么对我们今天的学习会有很多的启发帮助。

一、“小学”中的大“学”之道

古代学习有个次序，朱熹讲“大学”是大人之学，那么相对来讲就是一个成人的，但这个成人不是一般意义上的成人，而是讲学习中间的成长、成人，朱熹在《大学章句》的序里面又讲到，我们古代的教育大致可以分成两大阶段，第一个阶段，从八岁到十五岁，也称为小学，跟大学相对应称为小学，在这个阶段学习一些什么内容呢？说得很清楚：学“洒扫应对进退之节、礼乐射御书数之文”，这是八岁到十五岁的教学内容。其实这个八岁到十五岁，我算了一下，也差不多相当于我们今天的国民义务教育的九年，八岁到十五岁就是七年，我们现在国民义务教育是九年，因为我们现在的入学年龄比较早，十五岁现在差不多都是初中毕业、升高中，从八岁开始，这个阶段学习的东西其实是非常重要的、打基础的。

洒扫应对进退之节

洒扫应对进退之节，这个节就是关节、节点的意思，就是正好在这个点上。应该这样来说，洒扫是我们日常的生活中应当学的很多规矩。我们如果读过清代《朱子家训》的话，就知道他开头第一句就是说“黎明即起，洒扫庭除”，整理我们的身、我们的内务、庭院环境，从小要养成这个习惯。这个习惯养成了孩子们也就具备了基本的独立生活的能力。现在有时候看到一些现象也很伤感，我们很多大学生，上了大学还要母亲陪着来给他叠被子，有没有这种情况？就是说我们没有从小培养他一种独立生活的能力。

应对，怎样跟人交往接触？见了父母应该怎样说话和做事，见了长辈应该怎样说话和做事？见了比自己年龄小的应该怎么说怎么做？见了比自己年龄大的应该怎么说怎么做？这样一些最基本的礼仪、与人应对的能力，需要从小培养。

进退这个方面，从最简单来讲，就是我们走路是走在前面还是走在后面的问题。《孟子》里面曾经有一句话，叫做“徐行后长”，告诉我们：我们做孩子的，应该慢慢地走，走在长辈的后面，不能够抢在前面走。当然了，如果要进一个门了，那你可能要紧走两步去帮长辈开门，或者长辈要跨门槛，你去扶一下，这些是最基本的礼貌。

应对、进退，如果扩大一步来讲，也就是说什么事情该做、什么事情不该做，什么事情应该做在前面、什么事情不能够抢在前面，这是基本的礼仪，所以“洒扫应对进退之节”是让人们从小就要养成一些最基本的生活能力和应对事情的规矩。习惯成自然，我们如果从小就养成这样一些习惯的话，那我们长大后做起事来一点不会感觉到别扭、做作，而是发自内心的，觉得就应该这样做，成了一个自然法，也就是我们做人最基本的应当遵守的一些言行举止规范。

这些东西养成了，就给我们打好了一个礼仪德行的基础。最近我常跟我的学生们讲：我们总自称我们中华文明是华夏文明，我说华夏文明是什么含义呢？什么是华？什么是夏？当然了从源头上来讲现在有很多很多的解释，我说我讲华夏文明，不是去追寻这两个字的源头从哪来的、历史怎么演变的，我是讲这两个字的文化内涵。那我请各位可以去查一下，我们最早的一部辞书——《说文解字》，可以去看一看：华者，美也；夏者，大也。大在何处？礼仪之大；美在何处？服章之美。

华夏文明，它就体现了我们礼仪之大、服章之美。用这样的意义来认识我们的华夏文明。那么看看我们今天，我们的礼仪之大还有吗？我们的服章之美还剩多少？今天这样的现状，还自称我们是华夏文明，我就觉得应该惭愧。而这个文明习惯就需要从小养成。所以朱熹在讲，八岁到十五岁算是小学教育，是基础教育，是自王公大臣的子弟一直到庶民子弟都要接受的教育，这跟他后来讲“大学”的对象就不完全一样了，“大学”教育的对象，是由王公大臣的子弟和平民百姓这一层、也就是庶中的“俊杰”部分组成。大学已经不是一个普及的教育，因为我们华夏文明礼仪之大，是靠从小就培养起来的习惯，我们一投手一举足就在礼仪规范里面的，所以我们才能称得起是华夏文明子孙。现在常常听到人们对我们中国人的那些冷嘲热讽，我们是礼仪之邦，可现在很多情况下我们是礼仪尽失了。我想，这是应该要从小学的教育入手的。

礼乐射御书数之文

后面的是礼、乐、射、御、书、数，这是我们经常讲的儒家提倡的“六艺”。这个“六艺”里边，礼、乐是各种各样的仪式中、各种各样的场合下的仪式规范活动，它包含的内容很丰富，有诗歌、音乐、舞蹈，等等，而且贯穿于我们各种各样的日常活动中间，是一种文饰的表现，这才叫做礼乐文化，这个我们要学。如果拿现在的概念来讲，礼乐就相当于我们的文艺，文学艺术。

射、御，射箭、驾御。御可以说是骑马也可以说是驾车，一般我们说驾车。射、御在古代来讲是什么呢？可以看作是一种体育活动，我们可以称之为“武艺”。但也不仅仅是一个肢体的活动，这个肢体活动里还包含了相当丰厚的文化内涵，特别是“射”，它是来培养我们心性的。射箭，你要射中目标一定要身正，身体得站正了；要身正呢，必然要心正，如果胡思乱想、心不在焉的话，身能正吗？心不正身就不正，要射中“的”也不可能，所以通过射可以培养我们这样一种心性。特别是当你没有射中“的”的时候，该怎么样来看待这件事情？去埋怨这个靶子放得不对，说如果它往上放、或往下放、或往左边放、或往右边放你就射中了，如果这样想的话，你的心就不正了。这个时候应该反躬自问、反求诸己：我当时是不是没有集中精力？我的身体没有站住、站稳？这也是中国文化非常重要的特色——遇到事情不要去怨这个怨那个，要反省自我。所以相对前面的礼仪“文艺”来讲，这个射御也可以称“武艺”。

最后两个，书、数，也可以称为“技艺”。“书”是“六书”，是讲我们的汉字的形成以及发展的各个不同的方法，这个“书”就是要让我们来认认真真地认识汉字的特点、功能，以及如何书写。书写非常重要，我一直跟我们的学生讲，汉字是伟大的文字，在全世界是独一无二的。我们常常讲，中华文明源远流长，不仅仅源远流长，而且是延绵不绝，世界上的几大古文明都出现了中断，就是我们中华文明没有出现中断，为什么？我想其中最根源的就是我们的文化载体——汉字，它没有中断，汉字一直保持形、音、意三层。我们看许多文字后来走了拼音的道路，也就是表音，通过表音来表意，而没有这种象形，于是不同的语音、语言之间很难交流，你听不懂我说的话，我也听不懂你说的话，我们怎么交流？但是我们反过来想想，中国汉字尽管有成千上百的方言，可不妨碍相互之间的思想文化交流，可以通过汉字写出来——尽管也是我们听不懂你们、你们也听不懂我们的，历史虽然在变迁，但我们的汉字没有断根，它的象、它的形没有被抛弃，自古至今的文献文字没变，所以我们今天的人能博古，而在西方我们看到很多古文字今天人读不了，这是汉字的伟大！从“六书”中可以追溯汉字从象形、到指事、到形声、到会意等汉字构成方式，以及它的结构、书写。现在很多人误以为，我们汉字的文化传承、交流的功能已经可以用计算机打字来代替了，不用书写了，汉字书写就是一个艺术欣赏了，错啦！我们每个人还是要学写汉字，不要像现在很多人，提笔就忘字，为什么呢？只会用拼音了。我曾经讲过：拼音它只是用一个标准的发音来表述我们的普通话，我们现在设计的拼音文字，是无法来表述我们方言的，很多方言是无法用拼音拼出来的，而我们的汉字可以把你所要表达的意思书写出来。这个“书”，为什么在“六艺”里面有那样的地位？书法书法，就是指我们书写的法度，书写要按照一定的法度，上下结构，左右结构，从哪儿起笔，到哪儿落笔，都是有笔顺、笔序的，我说有法自有美，无法就没有美了，我胡乱画一串就有美了吗？所以“六艺”要求我们，从小就要学好汉字、写好汉字。

“数”是数学的数，也是术数的数，上知天文、下知地理，我们的时令节气，也可以说包括了风水、驾数等等。这个星期一的课呢（注：每周一下午，楼先生在北大为学生们解惑答疑），有一位同学问了我一个问题，他说：中国古代很重视月令，月令就是指季节、气候的变化，是农业时代的、农业文明时代的产物，今天我们是工业文明、信息时代了，月令还有什么用？我觉得现在的人把我们月令的历史意义看得太浅薄了，以为就是为了农业生产，我说别忘了，我们人也生活在大自然中间、天地宇宙之间，我们人能够回避月令吗？能够回避一年四季吗？能够回避四季的变化吗？我们的二十四个节气、月圆月亏的变化，还有我们看得很清楚的潮涨潮落等等，二十四个节气让我们感受到春夏秋冬四季，今天是星期四，前天刚过了谷雨，“春雨惊春清谷天”，春季快要过去了，马上就立夏了，夏天就要来了，节气的变化跟我们生活有没有关系？它不光是种田的问题，也不光是种菜的问题，它跟我们的生活是有直接关系的，并不因为现在是工业社会，月令就没有意义了。中国人构建了阴阳合历，简单地称我们古代的历是阴历，是不准确的，中国的历法是阴阳合历。我刚才讲的月圆月亏，这是阴历，按照月亮的变化来讲的；我讲的二十四个节气是按照太阳的变化来讲的，于中国历法来讲，我们一年有四季、四季有十二个月，十二个月里面有二十四个节气，二十四个节气下面我们还有七十二个候，五天一候。学理工的同学应该比我清楚，如果仔细去观察一下我们周围的生物，五天一小变化，有的是很微小的变化，有的是很明显的变化。在这个过程中间，也许在这个季节里，我们看不出天有多大的变化，而在那个季节，天一下子就完全变了，你只要看看我们周围的植物的变化就可以了。所以中国的月令是通过一年四季或者四时，然后十二个月、二十四个节气、七十二个候，来细致地分析我们生存的环境，让我们了解和理解，一切都在那个“数”里边。中国的医学也讲不能离开我们生存的环境，刚才我讲的这一大套，我们的生活也离不开。

二、经典里的“三纲八目”

所以你看，说小学从八岁到十五岁就要学这些东西，“洒扫应对进退之节，礼乐射御书数之文”，也并不是单一的、单调的，而是丰富得很。那么到了大学——十五岁以后上了大学了，上了大学我们学什么？朱熹的《四书集注》里讲，到了大学要学“穷理正心、修己治人”之道，要我们学道理。小学基本上是一个言行举止规范的养成，是打基础，是为为人处事做知识储备，大学则是让我们更加自觉地来认识做人做事的道理——“穷理正心、修己治人”之道。

那为什么说《大学》这篇四书中的经典是告诉我们为学次第的呢？刚才讲到朱熹用“穷理、正心、修己、治人”四个词来概括做人做事的大学道理，这个概括就是从《大学》里面来的。《大学》这篇文章一共才有1500字，条理非常清楚。我们经常讲，《大学》这篇文章首先提出了三纲领，然后为了具体说明怎么来达到这三个纲领，又提出了八个条目，朱熹的这四个词就是从这八个条目里边概括出来的。八个条目，两个条目合成一个概念，他把“格物、致知”概括成“穷理”，把“诚意、正心”概括为“正心”，把“修身、齐家”概括成了“修己”，他把“治国、平天下”概括成了“治人”。

三纲领

《大学》的目的其实很清楚，就是告诉我们怎样做人，所以我说中国的教育目的可以说是围绕着怎么样做人来展开的。《大学》一开始就提出了：“大学之道，在明明德，在亲民，在止于至善”。这是我们讲的《大学》的三个纲。“明明德”，意思就是说我们每个人生来就具有一种光明的品德，我们应该把这样一种光明的品德发扬光大，这就叫做“明明德”，所以第一个“明”是发扬光大的明、发明的明，第二个“明”是形容德行的，就是说人生来都具有这种美好的德行，就是孟子讲的：人人皆有恻隐之心、羞恶之心、辞让之心、是非之心，人皆有这四端嘛，这四端使人具备仁、义、礼、智这样一种做人的最基本的德行，“恻隐之心，仁之端也；羞恶之心，义之端也；辞让之心，礼之端也；是非之心，智之端也。”人生来就有这样四种心，如果把这四心发扬起来，人就具有了仁、义、礼、智四德。

第二个“亲民”，当然关于“亲民”的说法人们有不同的理解。最初人们更多的理解，就是我们刚才讲的“亲民”这个概念，亲近百姓、关心百姓。后来程朱理学家根据《大学》里面讲到的“苟日新，日日新，又日新”这样一个“新”的概念，就认为这个“亲”当作“新”来解释，就是不断提升自己的德行。所以第一个从修己的角度来理解，第二个从治人的角度来理解，治人就要“亲民”，修己也叫“亲民”，不断地自我提升。那么我们要提升到一个什么样的高度呢？至善，“止于至善”，达到最好的一种德行，所以整个过程就是来不断地培养、提升、超越自我。这个里面就涉及到了对人的本性的认识，在中国历史上，对人的本性历来是有不同的认识的，我们都知道历史上有性善论、性恶论，也有性善恶混合，或者无善无恶各种，其实这些不同的说法，应该说并不是对立、冲突的，它们从不同的角度来提醒我们人性中有这样一个东西、也有那样一个东西。其中我们看到的最突出的是孟子的“性善论”跟荀子的“性恶论”，我们也常常把它们对比起来，其实这个不是对立关系，而是人本身就具有的，从不同的角度来看，就具有不同的特性。作为人来讲，跟动物有区别，我们就应该看到他跟动物的区别在什么地方。荀子曾经对这个世界上的万物做过一个简单的分类，他说其实天地之间的万物可以分成四大类：第一类是水火，水火这一类物，它有气而无生，它只有气，没有生命，谈不上生命，这是一类；第二类是草木，草木是有气有生但它无知，没有知觉，有生命现象而没有知觉；第三类是禽兽，禽兽有气有生又有知，而它没有义，仁义的义，什么叫义呢？义就是懂得什么该做、什么不该做，义者，宜也，礼仪，这个是合宜的、那个是不合宜的，所以这个该做、那个不该做，禽兽是没有义的。只有人，人是有气有生有知又有义，人与其他生命的区别，特别是与禽兽的区别，因为所有的禽兽都是被它们生存的环境所规定好的，它们没有自己选择的主动权，更没有改变这个环境的能动性，人是具有的，因为天地赋予了人最大的资源，人有很多选择，也有很多的能动性可以发挥。也正因为如此，人必须要懂得什么该做什么不该做，否则的话那就跟禽兽没有区别了，做出事情来连禽兽都不如。所以荀子讲性恶，但是他又讲到了人懂得什么该做什么不该做。

孟子说“仁者，人心也”，仁义的仁是人心；“义者，人路也”，仁义的义是人走的路。什么路？孟子主张人皆有四个心，不是说人生下来这四个心就完备的，不是的，人生下来这四个心受到了环境的污染，它会消失，并不是说每个人生来就是善良，而是说每个人生来是可以为善的，因为他具有这四个心。所以他说“为学之道无他，求其放心而已”，我们读书学习没有别的目的，就是求放下了的这四个心，这样才会成为真正的人，所以古人叫做“为己之学”，“为己之学”也就是“君子之学”，“君子之学，美其身也”，要不断地完美，光找回来不够，还要扩而充之，要不断地提升。

儒家的做人的道理，首先你要跟动物区别开来，认识到你是个人，做一个能够自觉来自律自己一切言行举止的人；再进一步，你是读书人嘛，你应该跟一般的人有所不同，因为你是社会的领路人，是一般人学习的榜样，你应当更加自觉地来提升自己，做一个君子，不要做一个小人，要做一个坦荡荡的人，不要做长戚戚的人；再进一步要求，那就是成圣成贤，成为人们学习的榜样、楷模、圣贤，这是孟子的理论。

荀子的理论呢？讲人性，也有恶的方面，他说人生下来也是有很多问题的，什么问题？比如说“饥而欲食”，饿了要吃；“寒而欲衣”，冷了就想穿衣服；“劳而欲息”，累了想休息；趋利而避害，哪儿好我往哪儿走，哪儿有危险我就不来哪儿，比如：有些人前行，山坡在往下滑，你往那山坡上去凑，那砸到你了，你一定会躲开它。这是人的天性所具备的，饥而欲食、寒而欲衣、劳而欲息、趋利而避害。人生而有欲、欲而不得就求、求得不到就争、一争就乱了，所以如果不能自我节制、自我管理的话，那么这个社会就陷入混乱。从这个意义上来讲，人性是“恶”的。因为孟子和荀子这两个出发点不同，孟子的理论就是怎么样恢复本性，人皆有四端嘛；荀子则是讲怎么样来变化这个德行，所以荀子提出一个概念：“化性起伪”，人为的注重，当然还有遵从。所以礼制的制定，就是按照这个来的，因为人心生而有欲、欲而不得则求、求而不得则争，这样的情况下需要用“礼”来规范。

八条目

荀子对礼的起源做了很深刻的规章，规章明确地说，礼的起源是在于“养人之欲，给人之求”。养，养人的欲望；给，就是给人的追求。礼的制定是为了满足人们的欲求，并不是我们后来理解的。那这样说，礼是用来敬重人的欲望、欲求吗？不是，而是通过礼满足人们合理的恰当的欲求。怎样来做到这个呢？《大学》里面就提出了“八条目”。

格物致知。格物致知就是让我们来了解天地万物的一些根本道理。这些根本的道理在人们的认识中也是有不同的，比如说程朱理学比较偏重于通过对外物的考察、研究、思考来掌握天地万物的道理。所谓穷理、极物穷理，“极”就是通过跟外物接触，不离开万物去了解万物生存变换，让人们明白社会、人生的道理，通过穷理、格物来致知。程朱所理解的这种通过格外物即去观察研究外物得到天地万物之理，有点像我们近代西方自然科学那样一种理念和方法。最初，也就是民国初年、上个世纪初的时候，我们把科学称作什么？把科学称作格致学。格物致知嘛，研究客观物质世界的学问，自然科学，称为格致学，所以程朱的穷理相当于研究天地万物道理的学问。后来陆（陆九渊）、王（王守仁）对于这个格物致知的认识又有所不同，他们认为我们对外物的认识只能是局部的、暂时的，我们更重要的要去把握整体的、恒常的状态。这个其实是由内向外看。他们从不同的角度来认识这个问题，当然也有很多的争论，但总的来讲，我们要认识天地万物的规则规律。

道家在追求什么？也在追求天地之道、万物之道，只有通过追求，我们才能够诚意正心，通过诚意正心才能达到正身的目的。《大学》里面讲：诚意者不自欺。诚意就不要自己欺骗自己，要慎独，要不欺暗室，诚，就是我们天地万物运行的根本的德行。这个“诚”，我们也可以说诚信，是天道定性的根本规律，所以强调做人，首先要自信、要自律，《中庸》更明确地讲到：“诚者，天之道也；诚之者，人之道也”，人是按照诚去做的。我们常常讲中国文化“天人合一”，其实从“一”的角度来讲，中国的文化就强调天地合德，人所有的德行都是从天地万物里学来的，天地万物的德行也就是人的德行，天地是最讲诚信的。这里面涉及什么概念呢？我们可能也听说过“神道说教”。什么叫神道？我们首先要搞清楚这个“神道说教”是什么。“神道说教”这个概念是从《周易》的《观卦・彖辞》而来，观卦的彖辞里面有那么一句话：“观天之神道，而四时不忒”。我们来观察天的变化之道，这里面神道就是指天是变化的，这是《周易》里所说的变化莫测。在中国的文化里面，“神”这个概念最基本的含义就是变化莫测。天道是什么呢？就是天地万物变化之道。我们观察天有什么特征呢？四时不忒。忒就是差错，不忒就是没有差错，四时不忒，去年春夏秋冬，今年也是春夏秋冬，明年我们还可以预计是春夏秋冬。春生夏长秋收冬藏，正因为这样的四时不忒，所以万物得以生长。《论语》里面孔子感叹，“天何言哉，四时行焉，百物生焉”，万物生长，这就是天的变化之道，不按天之神道则事事不顺。后面紧接着就讲“圣人以神道设教，而天下服矣”，圣人按照天的这种神道来设教，来教化，天下太平了、和谐了。不要去违背春夏秋冬这样的规律，你做一个圣人的话，怎么来教化？以神道来设教，不是用造物主来吓唬人使人害怕，而是要人遵循天地万物的运行规则，要人也讲诚信。诚可以说是做人做事的根本，只有意诚才能心正。所谓心正，这个“正”也就是很公平、没有偏的意思，《大学》里面讲心正的时候也讲到，人如果有这样的偏、有那样的偏，心就正不了。心一定要放正。这是为人之道的根本落脚点，落到诚意正心。

《大学》里又告诉我们，这些都归到什么上呢？归到修上，修身。《大学》把修身看得非常重要：“自天子以至于庶人，一是皆以修身为本”，从天子一直到最普通的人，都应当把修身当作是最根本的事。大学里面经常强调本末，“物有本末、事有终始”，要清楚什么是本、什么是末，中国文化里面非常强调知本和治本，我们要看到什么是根本，要从治理这个根本来入手，知本才能统末。本是根本，不从根本上去治理，不管是个人还是一个单位、一个国家，都要抓住根本。知本、治本，也可以说是《大学》里面重要的传统。首先修身是根本，不抓住修身这样的根本，那根本就不可能养成和提升德行，也不可能做出知本。然后《大学》又讲到，比如人和财哪是本？里面明确地讲：“有德此有民，有民此有土，有土此有财，有财此有用”。有了德行民众才会向你靠拢，民众来了你才可以有土地，有了土地你才有可能变成财物，有了财物你才可以使用。所以《大学》最后一个结论：德为本，财为末。一个国家也是这样，你有德才能有国，你没有德要失国，天命无常，天命是无常的，有德才有，没有德是不行的。所以《大学》告诉我们，八个条目里面，在国家层面来讲德是什么。那么怎么来培养德？用教育。教育是立国之本，《礼记》里面反复地强调，“建国君民，教学为先”，教育是国之根本，抓好了教育，我们才能够防止恶劣的事情发生，教育的根本目的就是来正人心，如此也回到了修身，从内心不断地提升自己的德行。

提升了自己德行就要去运用，运用到哪里去？运用到齐家治国平天下，这就是所谓的“外王”。修身不能光在口头上讲，我们要去落实，落实到哪儿？到齐家。《大学》又讲，你如果连一个家都齐不好，怎么治国呢？治国不好怎么能平天下？它是一步一步来讲的。家和万事兴，并不是说只要你一个小家兴旺，家和，那么整个国家也会兴旺。内圣外王，我们修内身，是为了给更好地外王创造条件，要把这两者结合起来。

三、大学之道，止于至善

《大学》的三纲里最后还有一条止于至善，要达到一种最高的善，这个最高的善也并不是空洞的、虚无缥渺的。所谓至善，“止”才能达到至善，如果过了，好像做得很好，其实不是至善，所以得知止。“知止而后有定。”“知止”这个概念是非常重要的，这是一个什么概念呢？就是让我们每个人都能够认识到自己的一个身份，认识到自己的身份下该做的事情，尽了你这个身份该尽的责任和义务才叫知止。其实儒家整个礼教的构建，其核心的内容，就是要我们每个人都能知止，每个人都能够明白自己的身份、认同自己的身份，按照自己的身份去做自己该做的事情，也就是我们讲的尽伦尽职。人跟动物的最大的区别在哪里？在于人是一个有组织的群体。动物虽然一群一群，一群牛一群马，可是它们没有组织。荀子对这些问题做了很深刻的分析，他说人“力不如牛，走不如马，而牛马为用”，为什么？因为“人能群，牛马不能群”。一个有组织的群体要发挥作用，就一定要有所分别，里边的每个成员都要有一个身份。我们现在都觉得这种身份似乎是外加的，其实不然。在中国的文化里面，首先是从人与人之间的自然关系中去确定他的身份。所谓的身份就是类别了，所以中国人一讲到人，首先讲到天伦。天伦就是自然之理，人与人之间自然的关系。儒家讲伦，君臣、父子、夫妇、长幼、朋友。我们仔细看看这个伦理，父子夫妇长幼应该说是天生的、天然的关系。父子我们不能颠倒，夫妇我们现在一般来讲是男女，也是天然的，现在很多人在为同性恋、同性结婚斗争呢，那是意外。天然的是一男一女，也是一个自然的关系，长幼也是一个自然的关系，他比你先来的，你就比他晚来嘛。这三个都是自然关系；朋友作为一个社会来讲，人与人之间都是朋友嘛。甚至包括前面三个里面也可以以朋友的关系来相处，当然因为那个里面带有很多亲情的关系，比朋友更深入一步了。那么这个里面似乎只有君臣是社会关系，不是自然关系里面的，是在社会的结构上面构建出来的。我们想想，一个正常文明的社会，如果没有上下级的关系，没有领导被领导的关系，它是很难有序运转的，大家都说了算，就等于大家说了都不算，除非有人来拍板。从社会的自然关系里面来看，恐怕没有这个关系是不可能的。理想可以，但是现实必须要有这样一种责任关系。我们可以看看我们的历史文化，君臣的关系总是希望被诠释成一种父子关系，变成一种自然关系——君父臣子；渐渐把官民的关系也诠释成这种关系——父母官子民。这里面也寄托着我们的一种愿望，就是希望把这样一种外在的关系内在化，只有这种内在的自然关系中才可以体现出一种无私的精神，因为父母对子女，我们可以说，它是一个无偿的无私的付出，它不是功利的，是不追求回报的。当我们把基层关系、官民关系也做出这样的解释，其实就寄托了一种希望——我们的为官者要像父母一样无私地、无偿地付出，所以我们中国的文化历来就构建了这样一个以民为本的理念，民为子。这样的自然关系是我们的“礼”所建构的基础，是通过人与人之间的自然关系，让我们每个人都能够来认识自己的身份，不光认识，还要能认同它；不光认同它，也要去履行它，根据你这样的身份应该怎样做。所以“礼”的构建强调我们身份的认同，强调人的责任和义务。所以知止，这个问题就是让我们认识自己的身份，自己这样的身份应该怎么做。比如说父要慈，子要孝，君要仁，臣要忠，所以这个“礼”，就是身份认同。那么我想我们每个人在这个社会上，不管你承认不承认，你都是有身份的，而且最初就是一个身份，比如说子女吧，你有父母，中国人生命观，是一代代延续的生命，不是说一个人独立地生存，有上一代才有我这一代，有我这一代才有下一代，一代一代传下去的。

同时，每个人在这个社会上都有个名分，我们为什么把“礼”叫做礼教？就是让你认识到你的名分，你是一个什么样的人。我们对这个误解最多的地方是认为这个名分是不能动的，其实不是，每个人的身份都是多元的。你上有老下有小，你在你父母面前就是子女的身份，在你子女面前就是父母的身份，一个身份告诉我们在这样的场合下自己是一个什么身份，并应该按照这样的身份去规范你自己的言行举止，规定你的责任义务。我想这个是需要学的，如果每个人都不这样来认识自己的身份，都不按照自己的身份去做自己的事、履行自己的责任，那这个社会还能够和谐吗？还能够有序吗？无法安宁。一个社会的治理，最重要的是要把这个伦序，伦常的次序给它辨别开，让每个人都能够做到尽伦尽职。所谓的知止，就是让我们作为父的就只为父，作为子的就只为子，然后我们每个人都明确自己的身份所应当担当的责任和义务。

我们现在常常觉得应该进入到一个现代化的社会，什么东西、各个方面都社会化比较好。因为我们文化中家的概念越来越淡了，我们觉得什么事情都由社会担当，才是社会。我们现在也不知道自己应该走哪，这是我们今天社会的很多乱象的原因。我曾经在一个场合跟一个媒体讲过：“我们有父母的子女就不应该让他们成为留守儿童，有子女的父母就不应该让他们成为空巢老人，解决空巢老人和留守儿童的问题要从父母子女的身份认同上面去解决，让他明白做父母的生就要养，养就要教；让他明白，做子女的就应该养你的父母，这是最基本的，乌鸦都知道反哺，你作为一个人，不知道这个道理吗？”当然，鳏寡孤独的人，社会应该担当起来，但有子女的父母就不应该成为空巢老人，有父母的子女不应该成为留守儿童，这就是我们应该做的，不要以为把留守儿童、空巢老人，都让我们社会管起来就行了，这实际上是在消解我们的家，在消解我们对自我的身份认同这样一种传统。

四、结语暨问答：大学之道、百年树人

《大学》告诉我们许许多多做人的道理，其中具体的关于做人的内容是三纲和其中的六个条目：明明德、亲民、至善，格物、致知、诚意、正心、

修身、齐家。它所体现出来的精神重要在哪？第一，就是治本，要抓根本；修身，立德行。第二，知止，懂得我们自己的身份是什么，要做什么样的人，所谓什么样的人就是你是一个什么样的身份你就做一个什么样的人，要尽做人的职责，知止，知本，这是《大学》里面告诉我们的根本理念。

今天来讲，我们在大学里面念书，也应该继承我们传统大学的教育理念，我们的大学不能够沦为单纯的知识教育、单纯的技能教育，变成了一个职业培训机构，那么这样的大学，我想意义不是那么大。办个培训班，职业培训、技能培训是可以的，但是大学之道首先要明明德，它能够把我们内心的这种德行，这种美好的德行充分地发掘出来，我想我们今天的大学可以也应当来继承我们传统大学的育人之道，让我们每个人成为一个真正的人，一个有高尚德行的人，一个能够引领社会前进方向的人。这样的一个大学，教的内容才具有深远的影响。十年树木，百年树人，我们今天大学培养出来的人，决定我们未来百年的社会国家的大的环境，所以我们应当把提升我们每个人的自身的修行、品格放在第一位，然后再来学好我们的知识技能，把这样一个次序构建出来。青年是我们国家的未来，是我们的明天，我们清华大学已有105年的历史，培养了无数个为国家做出了重大贡献的人才，希望我们今后为国家提供更多的人才。谢谢大家！

问答一：我们年轻人如何把握情和理之间的度？

学生：非常感谢楼先生给我们做的讲座，作为新一代的大学生，大家现在做的更多的是格物致知的事情，但我们确实需要从正心诚意开始，正心诚意认识到自我，包括重建这个社会公德以不失良俗。那在这个里面我有一个比较小的困惑：我们看到传统文化中自古忠孝难两全，现代的这个社会里面思想也更开放，对于我们来说情和理之间如何把握这个分寸？

虽然说同样孔老夫子很早就说，“发乎情止乎礼”，但是我觉得就是放到我们这样一个未必成熟的一个个体身上，这个思考会很困难，那就是我们这个年纪的人应该怎么样把握这个情和理之间的度？应该怎么样既能表达自我，认识了自我，又能很好地适应这个社会，这是我想问的问题，再次谢谢您。

楼先生：这个问题恐怕很多人困惑，你讲的理是道理的理吧，不是礼貌的礼。情和理，我们很多人听著名理学家讲到“存天理灭人欲”，便把人欲（情欲）、天理对立起来，其实这里面有很多的误解。关于“存天理灭人欲”这个话，也不是宋代理学家最先提出来的，在《礼记》里面，《礼记》的《乐记》里就提出了“存天理灭人欲”，它就讲“乐”对人的这种潜移默化的作用，音乐要把人们的心引导到一个正确的和平的状态，不要让人听了音乐发狂了，那就不行了，所以他就说不能够随人欲去，要按照天理的。

那么其实最后的“情”呢，“情”这个概念它也是有多层次的，其实情最根本的内涵，是实、事实，我们常常讲的一句话：合情合理合法，这个情就是事实、情实。《孟子》里面有一句话“物之不齐，物之情也”，大家关注的话应该说前年吧，前年在纪念孔子2565周年的纪念会上，习近平有个讲话，其中讲到文化的多元性、文化的多样性时候就引用了这句话，那么这句话意思就很清楚了，“物之不齐，物之情也”，万物不止其一，不是整齐划一的，这是万物的实情。这是情的最根本含义，所谓情者实情。

人有情有欲这也是正常的，人生而有欲有情，这是荀子讲的，他认为动物也有情、也有天然欲求，但是它不知道怎么样去分辨这个情，其实它也不需要去分辨，它想乱来不可能，它完全被规定好了，但是人就不一样了。所以我曾经也讲，荀子讲到，禽兽有知而无义，而人呢，有知也有义。禽兽是有气有生有知而无义，那么人呢，是有气有生有知又有义，如果我们把这个知、知觉（也就是一种情，知觉也是一种情），运用到这句话里面去的话，禽兽是有情而无义、人是有情又有义，因为人是可以规范自己的情义，什么该做什么不该做，所以这个本来是不矛盾的。所谓天理者，自然之理也，所以它并不是说让你要做一个虚伪的人，那样的话就是伪道学、伪君子。人的天性中的有些东西是可以允许的，只要在合理的情况下是可以的，所以这两者不应该对立。

而你现在讲到这个问题的时候，是把人欲看作了私欲，把天理看作了公理，人欲和天理的对立，说是对立，实际上是公私不明。如果你是为了大家的欲望，满足大家的欲望，这就不是欲，这是仁义，人生而有欲、有要求，大家要吃好穿好，你现在给大家都吃好穿好了，这是合乎天理的、也是仁义的；如果你只是为了自己吃好穿好，不管别人，那就是私欲。所以在理学家的“灭人欲存天理”这个概念里面有个公私之理，天理是合乎公，人欲只是定义为私，如果你是合乎公的，那不叫人欲。你是为了私的才叫人欲，我们也把它分析一下，那么在历史上有没有那种所谓的禁欲主义呢？我们也不能说没有，不能说得太绝对化了。极端的，就像我们常常讲的“三纲”：“君为臣纲，父为子纲，夫为妻纲”，有人把它变成了什么呢？变成了：君要臣死，臣不得不死；父要子亡，子不得不亡。这种情况有没有？有。这种愚忠、愚孝不是没有。那从根本上来讲，“三纲”是要让我们做君的、做父的、做夫的要起一个纲的作用、带头作用、模范作用，要你带头，那么你的臣、子、妻才能跟着你去做，所以纲的本身含义是一个带头的作用。

其实，凡是符合天理的欲望都不是“人欲”，不符合天理的才是“人欲”，情和理应该是统一的，不是对立的。当然由于观念的不同，它也会掺杂某种对立起来的东西，这也就是我们现在说的，比如说我们要自由，自由无所谓对不对，自由一定以不妨碍他人自由为前提的，你妨碍了别人的自由你就没有自由。我们可不可以随心所欲？可以的。孔子到70岁不就随心所欲了嘛，但那随心所欲的后面还有一句话追着：不逾矩，也就是在这个规律里面你可以随心所欲，离开了这个规律、这个范围你就不能随心所欲。我们常常讲最简单的例子，就是我们的交通，如果你遵守交通规则的话，你怎么走都没有问题，如果你违背这个交通规则，那你就没有随便走的自由，你处处要违章、碰钉子，甚至要处罚你。所以没有一个绝对，人欲也是这样，如果你这个人欲超越了这种规矩了那你就要受到惩罚。这是我们对这部分的理解，还是在于我们人，作为人，他是有理性的，他是能够分辨的，他是能够自己来管束自己的，有主动性，有能动性的，你不要让自己做出违背天理的事情。

所以，在合乎天理的这样的次序中间，你怎么做才不会出现冲突和矛盾呢？实际上如果拿一个哲学的例子来讲，就是必然与自由的关系。我们哲学里面常常讲，只有认识了必然才有自由，你认识不到必然的话，你就得不到自由，一样的道理。所以我们不能够抽象地去讲，这个情是不是超出了范围，如果超出了可允许的范围，那就是不合理的，就会发生冲突，如果是在理允许的范围之内的情，那我想不矛盾。

问答二：现实生活中如何修身？到底是得什么？

学生：你好楼老师，我第一个问题就是想问，修身在现实生活中以何种方式来落实？就是以一个什么样的规矩才能做到《大学》上所说的这个修身？第二个问题也是知止，因为知止而后能定，然后后面是有七步的，所以说这几步之后，我们才虑而后得，因为知止之后，知止已经是各安其位，然后我就不太明白，经过这几步的修行之后，虑而后能得，它到底是得什么？就是这些问题，谢谢老师。

楼先生：我想这个“得”就是得到大学之道，得到他应该怎么样做人做事的道理，得到怎样的道理，明白怎样的道理，最终能够明白自己这样的身份，自己这个身份应该尽的职责，应该遵守的言行举止。如果我们不经过，不懂得“止”，不去思虑，不清醒的话，不安宁不清醒、不去思考的话，那就不会知道做人的道理。所以这个“得”实际上就回归了他对自我的认识。我觉得每个人要充分地来认识自己在这个社会上面、在单位里面、在家庭里面的身份。

学生：老师那这个就是明白和做到了之间的关系是吗？

楼先生：对，你获得了、知道了这个应该怎么样做人了，所谓的做一个人就是指自己的身份，自己这样的身份就应该这样做人，自己那样的身份就应该那样做人，就只在自己的身份上认同，或者说我们自己得明白：我是老师我应该尽什么责任？我是学生我应该尽什么责任？我是父亲应该尽什么样的责任？我作为一个子女应该尽一个什么样的责任？其实一个人最大的问题就是不能够认清自己的身份，不能够认同自己的身份，现在有很多人是知道自己的身份，但是不能认同自己的身份，更不愿意按照这个身份去做自己该做的事情。

用过去的话来讲，不安本分，总是有非分之想。其实真正的要认识自己的身份，按照自己的身份去做自己该做的事情，尽自己该尽的责任，应该说是一个最愉快、最幸福的人生，否则的话，你永远会纠结，你明明是这样的身份，可你非不按自己这样的身份去做人做事，不是纠结么？不是郁闷么？你想不这样做，事实上你只有这样做才行，你不愿意去做，你说你多纠结啊。所以做人只有真正认清了自己的身份，认同了自己的身份，而且安于这样的身份去做，其实因为身份在不断地变，你今天这个身份，你明天不是那个身份了，对你言行举止的规范变了，你的责任义务也变了，一个人一生是不断在变化的。

我原来是个孙子，后来变成了儿子，后来变成了父亲，现在变成了爷爷，他们的职责都不一样，完全不一样，所以说这个人要时时刻刻地看清楚自己的身份，场合变化了，时间变化了，你的身份也跟着变化了，这个"知止"，就是认清楚你的身份。名教名教，你不按照你的名分去做事，就成为什么？名教罪人。你没有按照自己的名分去做事情，那我们现在因为这种似是而非的"自由平等"的思想，平等的思想对我们的影响，我们常常不愿意认同自己的身份，按照自己的身份去做事，我们觉得是对自己的失误。

可是如果当我们想清楚，没有一个人是没有失误的，人人都有失误，人人都有可做不可做的事，你要去做了不可做的，你就要遭罪，所以我不去做我不该做的事，要去做我该做的事情。到了自己该做的事情，你主动地去做、高兴地去做，就愉悦了；如果你被动的、不愿意去做，事情也做不了，心里还不高兴。这个道理我觉得是很简单的，我们也不需要做很多深的理论的东西。我们每个人在这个社会上，用另外一个话来讲，都有一个角色，这个角色在不断地变化，我们也不断地在给自己的角色来定位，那么按照这个位，定位去做自己的事情，这样一定是一个愉快的、幸福的人，好吧。

【本文根据楼宇烈先生2016年4月21日在清华大学音乐厅讲座整理而成，题目为编者所加】

读书与做人

时间过得很快，去年这个时候，我来这儿做演讲。转眼一年过去了，我们清华大学又有了新的进展和活动。刚才我看到金老师（金德年）写的那幅字，很有感触，“清华园里读经典”，清华园，本来就是一个读经典的地方。

在上个世纪二三十年代的时候，我们清华有国学院，有闻名全国的四大导师，我们清华的图书馆藏有丰富的传统文化文献。1952年院系调整的时候，清华变成了工科大学。我非常庆幸，保留了图书馆，我们清华的学子，可以去图书馆读许许多多的传统文化典籍，很多的重要典籍。我们清华园的图书馆在高校里也是数一数二的，和北大的平起平坐。

一、读书 = 做人

今天邀我来讲的题目叫“读书与做人”。这个题目有两个词，一个“读书”，一个“做人”，中间加了“与”字，我想这个“与”字可以改成等号，读书等于做人，做人等于读书。为什么这样讲？我想先读一段话。

清初的一位著名学者，叫陆陇其，他在给他的儿子的信中这样讲：

“读书做人，不是两件事。将所读之书，句句体帖到自己身上来，便是做人之法，如此方叫得‘读书人’；若不将在身上理会，则读书自读书，做人自做人，只算做‘不读书的人’。”所以读书与做人是一回事，不要把它看作是两件事。

清代还有位著名的学者，我们现在常常在读一个家训，第一句话叫做“黎明即起，洒扫庭除。”大家想想是什么家训？（会场有人说是曾国藩家训）错了，怎么是《曾国藩家训》呢？是《朱子家训》。这个朱子，不是指的朱熹，是清代的一名学者，叫朱用纯，他也写过一番话：

“读书须先论其人，次论其法。所谓法者，不但记其章句，而当求其义理；所谓人者，不但中举人、进士要读书，做好人尤要读书。中举人、进士之读书，未尝不求义理，而其重究竟只在章句。”就像我们现在从小学开始，就去背标准答案，为了应付上初中上高中上大学，就是过去的“中举人”“中进士”，也就是在章句上。“做好人之读书，未尝不解章句，而其重究竟只在义理。……故曰：读书先论其人，次论其法。先儒谓今人不会读书，如读《论语》，未读时是此等人，读了后只是此等人，便是不曾读。此教人读书识义理之道也。要知圣贤之书，不是为后世中举人、进士而设，是教千万世做好人，直至于大圣大贤。所以读一句书，便要反之于身：我能如是否？做一件事，便要合之于书，古人是如何，此才是读书。若只浮浮泛泛，胸中记得几句古书，出口说得几句雅语，未足为佳也。”（《训俗遗规·劝言》）

所以古人已经告诉我们，读书与做人，它是一个道理。怎样的读法呢？读书不是我们之前的“为谋稻粮”，读书是为了做人。

二、读书的目的

不管怎么说，首先要讲一讲，读书的目的是为了做人，我简单地归纳了一下读书的目的。

读书的第一个目的，通晓人道，明白事理。汉代《淮南子》里有一句话，我常念给同学们听，大家一听都说太符合我们现状了。它讲两个字，一个仁，一个知。在传统文化中一个人具备了知、仁的品格，就可以说是一个圣人。既仁且智，就是圣人。怎么才叫知、仁呢？《淮南子》里说，“遍知万物而不知人道，不可谓智；遍爱群生而不爱人类，不可谓仁。”这是两千年前的著作《淮南子》说的，是不是和现在很相似？我们什么都知道，就是不知道人事；我们爱群生，什么动物都爱，就是人类可以互相杀戮。所以读书是为了通晓人道，明白事理，明白事理都是为了做一个真正的人，不要连禽兽都不如。中国的文化，我们读书、学习，最根本就要落实到做人，要“通晓人道”。最终思考问题、观察问题都是从人入手的，从人的角度来观察的，是把道理与人联系在一起来进行思考的。我们常讲中国以人为本的人本主义，以及以人为本的人文精神，其根本特点就是看一切问题都是和人联系在一起。我们看动物间的许多行为，可以体会到人是不是应该比它做得更好，至少要跟它做得一样，还应更好。不是常常讲一句话么，“乌鸦反哺，羔羊跪乳”，连动物都知道怎么报恩，怎么讲礼，老乌鸦年纪大了，飞不动了，找不到吃的，小乌鸦就会去找东西喂老乌鸦。我们看到连禽兽都有这样一种回报的精神，我们做人难道连禽兽都不如么？

我一讲这个，科学家们马上反驳：这有什么人文的含义，这完全是自然现象，条件反射，毫无人文精神，上升到那样的高度去看干什么？这是根本不懂人文，人文的思考就是要在这最平常最自然方面去体会做人的道理。

我们清华的校训，“自强不息，厚德载物”。自强不息，从哪里学得？——“天行健，君子以自强不息”；厚德载物，从哪里学得？——“地势坤，君子以厚德载物”，从天学的，从地学的。天地是那么广大，那么包容、宽容，天在上，地在下，万物在中间郁郁生长。天地非常包容，天地从不会嫌弃“这个物，我不喜欢，我不载着它了，我不覆盖着它了”。所以说“天无私覆，地无私载”。天地之心是最广大的，我们人也应该学习。

我们的文化是通过对自然现象的观察，来发掘、学习它对人生的意义，而不是光简单的观察。我们过去把我们的科学，用我们传统的话来讲，称为“格致学”，格物致知。按照程朱理学的说法，格物就是格万物，去考察认识万物的道理，这是我们向外的考察。那我们考察了以后，要能得到些什么？不是说这些东西和我们没有直接关系，都是自我的存在。我们考察了之后，要看到这些关系变化对于我们做人的道理启示。它们都是关联起来的。

所以我们学任何学问，都不应该把它们看作纯粹对象化的东西，而要把它们和人生联系在一起。所以我们读书首先要“通晓人道，明白事理”。

读书的第二个目的，就是要变化气质，完善人格。不是光懂得道理就可以。学一句，就要对照一下自己，督促自己按照这样做，通过读书学习不断地使自己有所变化。原来读书之前，不明白事理，不通晓人道，这没有关系，但学了之后，就应该根据我们所学的事理、通晓的人道，去改变自己。所以知和行一定要结合，光知了，不去行，可以说毫无意义。一直讲，让孩子们读《弟子规》，很好啊，因为里面讲的都是我们日常生活应该遵循的言行举止规范。其实弟子规不光是对弟子讲的，与弟子相对的老师，成人也要这么去做啊。我们从儿童、少年、学生时期就要养成这些规范，并不只是弟子要这样做，大人也要这样做。我们学习《弟子规》，光倒背如流就行么？

不行。学一句做到一句，学两句做到两句，学了十句，能达到十个要求，我想这个人就不错了，比他人的倒背如流要强得多，他的气质会发生变化，人格会不断提升、完善。

中国传统文化，讲的是“为己之学”。《论语》中讲“古之学者为己，今之学者为人”，按今天说法，字面上，今之学者比古之学者要好，古之学者为自己，不好，但它不是这个意思，“为己之学”，是不断地完善自己提升自己，不是为了炫耀给别人看。是问问自己究竟学了这些东西，我们有没有提升，人格有没有完善，气质有没有变化。荀子讲，“君子之学也，以美其身；小人之学也，以为禽犊。”（《荀子·劝学》）美是完美的意思，不断变化自己的气质，不断完善自己的人格，这是学习的根本目的。不是学了之后掌握了知识，有了资本，就可以和别人交易了，不是这个，那个叫做“为人之学”。所以“小人之学，以为禽犊”，禽犊，以喻干禄进身之物，就是财富，是为了财，可以去和人进行交易了。所以荀子曾说，人生来其实没有多少差别，尧舜也好，桀纣也好，我们历史上典型的圣人和恶人，其实本来没有什么差别。那怎么有人就变成圣人有人就变成恶人？主要是后天的习染、教育。所以根本上来讲，后天的教育和自我的学习，才造成了人与人之间巨大的差距。

所以我们后天不管说性善或性恶，他们都承认人是可以变好，是可以成为圣贤的，也可以变坏、成为恶人。《论语》里说，“性相近，习相远”。所以读书重要，读书对于我们人格的完善、德行的提升起着很大的作用，所以读书和做人不能看作两件事。当然这是相对而讲的，不是说不读书的人就不是好人，读了书的人也可能是坏人。

读书还有第三个目的，是拓展知识，学习技能。不是说了前面两点，就把这点丢了，但这三个目的是有次第的，不是并列的。先通晓人道，然后实践，然后拓展，就像孔子讲的，“行有余力，则以学文”，首先要志于道，人都做不好，事情也做不好。其实一个人不管做什么事情，要看他有没有这个志向，有没有这个胸怀，只是为个人做这件事，还是为了国家呢？所以我们立志要高，要志存高远，决不能只为了个人，不能只为了个人的谋稻粱，过上奢靡的生活，不是，我们要胸怀大志，为国为民，有了这样的大志，才能做大事。我们看到解放前期，很多科学家在国外，他们为什么想尽办法要回来呢？就是有一种要让我们的祖国更加强大的心愿，有这样的胸怀，再艰苦、再难以攻克的堡垒，也能够攻克，也能承受。没有胸怀，一碰到困难就退缩，一碰到艰难就受不了了。所以要志存高远。但我们必须还要回到脚下，志存高远，行在脚下。不能光有光明的理想，夸夸其谈，而不去做，一定要把这两者结合好。

有了这个志向，什么困难都不怕，就可以不断地创造。人的可塑性很强，并不是学了什么就一定要干什么。只要这个社会需要，我们去干这个也可以，干那个也可以，但我们要有这种精神，没有这种精神是不会去担当的。所以读书就是要让我们立下志向，要有一个远大的志向、宏伟的志向，这样才能让我们的人格更加圆满。

三、读什么书

有句老话叫"开卷有益"，话是这么说，但在还没有鉴别能力的时候，不能拿了什么书就读，因为可能被误导。当我们有了鉴别能力了，就什么书都可以读。能够分清是非、好坏，正面的可以增加知识，反面的给我们教训，但是我们也要选择，不能什么书都去看，那可能就被误导了。而且可读的书也是多得不得了，现在的图书分类法里，把所有书都分为几百类。那么我们从哪里入手？我倒觉得我们古代的分类简明扼要——经史子集。它对每一个所要传达的信息，做了一个很好的归纳。

1. 经书

经书，经典，就是恒久的、经常要阅读的典籍。

它有一个长久的生命力，经就是常。经部就是指那些常用的、具有生命力的经典，这是在一个漫长的过程中形成的。人们慢慢发现有一些典籍，它说的道理有恒常性，有超越时代性，特别是关于一些做人的道理的论述，只要是人，它就有启发，就有意义。所以中国文化在发展过程中，逐渐形成了一些根源性的典籍。经过了很长时间发展，我们在先秦时期便提出六经的概念：《诗》（诗经）、《书》（书经）、《礼》（礼经）、《乐》（乐经）、《易》（易经）、《春秋》（春秋经），六个方面的经典。这是最初的概念，但还未完全形成。到了汉代，才基本上奠定了六经的地位。这也是有一个过程，在这个过程中，把《乐经》就纳入到了其他经中，所以到了两汉时就叫五经，就没有《乐》了。就是《诗》《书》《礼》《易》《春秋》。因为当时还是主要以儒家文化为主体进行归纳，所以提出五经概念。五经里面告诉我们最基本的人道、天道、地道的问题，天地人三道，所以我们读经书，就是我们刚才所说的第一个目的：明白天理，通晓人道。做人应该怎样做？做事应该怎样做？言行举止应该遵守哪些规矩？现在人不太愿意听“规矩”这个词，一听“规矩”就觉得把自己收起来了，但，没有规矩不成方圆，人的行为也是如此。人们羡慕孔子，“七十从心所欲”，但是不要忘了“不逾矩”啊。西方也说，我的自由不能妨碍别人的自由，这是最简单的道理。

那么礼教呢？礼教的根本目的就是让我们认识到自己是一个什么样的人，这样的一个人应该遵守什么规矩。其实是告诉我们，你要活得自由必须遵守这些规矩，这样就有天大的自由，否则你就没有自由。

你有了父母的身份，就要生而养，养而教；子女，就要去孝敬。我们常想子女孝顺自己，自己不去孝顺父母，行吗？不行。上有老下有小，我们怎么对父母，子女就会怎么对我们。这个规矩，是一个社会运行的秩序所需要的。每个人能够认同自己在社会上的身份，按照这些身份做事，去尽自己的职责，那是最愉快、最自由的。所以通过经的阅读，我们可以了解到我们当下是一个什么样的身份，当下应该怎样去做。否则就是不符合身份，那就要到处碰壁。所以经告诉我们日常生活的行为规范，它的核心就是要强调礼。

所以《易经》里就说天地变化，那么我们人也要遵守这样的天地变化。夏天我穿着棉袄，冬天光着膀子，行吗？那怎样保持我们的健康呢？读经，让我们懂得做人的道理、做事的道理，不能去违背天理，不能制造人之间的冲突、隔阂。如果社会上人人都能够尽伦尽职的话，那么一定是一个很和谐的社会。其实我们现在很多人都希望这个社会稳定，那就要求你是在什么位置的人，就尽这个位置的责任，而如果认为这是一种束缚，不安本分，那社会就乱了。

所以很多问题只要我们去深入思考的话，就会发现我们对很多问题的偏见，只是看到了一面，把它夸大了。就像礼教，是自然法、习惯法，是我们生活中养成的习惯，不需要人去强制的，是自觉自然地去做，是自律，是社会的基础。我们常常说一个问题，子女要多去看一看自己的父母。这个提倡好啊，可是后来有人说，真是没办法，是不是要把这些定到法律条文里？我说，太丢古人的脸了，中国人的孝是最自然的，不是人去强制的，如果我们连最基础的人与人之间的秩序都不去遵守了，那还叫中国人么？

“礼”其实就体现了司马迁所说的“究天人之际，通古今之变”。天就是自然，万物和人有什么关系，跟人没有关系，研究它干什么啊？我就奇怪我们现在听说发现天文上什么星，不知道几万年我们也居住不了，我想这个可以暂时放下，不研究暂时也死不了人吧（笑）。我们更多去研究跟我们生存有关的，我们的生存环境、我们的地球发生了什么变化，等等，多关心关心人，好好研究这个，从人的长远生存去思考问题，把人放在整个生存环境里。所以经里告诉我们天人之际，古今之间有什么变化。后来经书扩展了，从儒家经典来说，加进去《论语》《孟子》《孝经》《尔雅》，后来《礼经》加了《礼记》《周礼》，十一部了，《春秋》呢？也加了《左氏传》《谷梁传》《公羊传》，这就是十三经了。这是儒家体系里的。

道家呢？《道德经》啊，《庄子》也是一部经。大家不要小看庄子，庄子对我们影响很大，大家生活中的成语，很大一部分是来自庄子，庄子寓言里有相当深刻的思想，对我们做人做事很有启发，对中国文化的特点的形成也有重大作用。比如我们说读书不是为了辞句，而要抓住根本精神，把握根本思想，“文以载道”。文字是用来传达道的，把握了道之后，管它文呢。当然这个我说得绝对化了，文字不优美谁去读，文字是重要的载体。所以我们一直讲中国人是写意的，但西方觉得中国写意就行了，像西方的抽象画派，其实很大程度上是受了中国写意的影响，可是他领会错了，他以为形不重要，随便画上几笔，你去猜吧。而中国的写意不是不要形，而是不要停留在形上，是要通过形去体会这个人物的精神面貌，这棵树的气势、这朵花的美丽，是相比较而讲，我们要“得意忘言”，最初是庄子里讲的，“得鱼忘筌”“得兔忘蹄”“得意忘言”，筌是捕鱼的工具，去捕鱼，得到了鱼，就别太在意那个筌怎么样了；蹄是抓兔子的夹子，抓到了兔子，也就别太在意那个兔子的夹子如何了。语言是传达一种思想、一种精神，得到思想，它语言怎么讲的，就不要斤斤计较了。所以《庄子》后来道教里称为《南华真经》。

汉代还有一部经书《黄帝内经》，我们千万不要把它单纯地看作医学的经典，中国的医学与中国的文化都是联系一体的。《黄帝内经》里天道、人道的思想都有，只是比较偏重人的方面，人体的反应。比如里面讲："圣人不治已病治未病，不治已乱治未乱"，这个话不仅是治病，同样适用于治理国家。这是从荀子来的。荀子讲君子、圣人怎么治理国家，"君子治治不治乱"，所以中国的经典不仅仅有恒常性，还有很强的贯穿性，可以适用于各个方面。

现在很多人讲中国人没有科学思想，不是的。是因为我们今天用的科学的标准不对，演绎、推理就认为是科学，直观、感觉、体悟得到的结论就认为不科学了。我们知道中国人最科学的核心理念其实很简单，就是"阴阳消长，五行生克"。这就要讲到梁启超了，他对阴阳五行是彻底的批判。他当时也是有点迷信了西方的理性逻辑方式，中国的直观的、直觉的、经验的、体悟的，就不科学了，其实今天我们科学界也发现了，人类本来是理性与感性两个方面的，理性可以去认识世界，感性同样可以去认识世界，而且应该是并行不悖的，同样可以得到正确的结论。而且有时非理性的直观直觉，可能更接近事物的全貌与终貌，而理性可能只是局限在问题的某一个方面。所以不要再停留在这样一个科学的观念上——好像只有逻辑理性的归纳，推理演绎才是科学的，感性直观的就是不科学。

其实阴阳消长、五行生克，揭示了社会、自然、人身最根本的道理。汉代思想家董仲舒讲到："凡物必有合。"有上就有下，有左就有右，有里就有外，你们看到我只有前面没有后面（笑），可怕了。有阴必有阳。所以任何一个事物，都是相反相成的。对立统一啊，中国的哲学早就提出了这个道理了。老子早就说了，"反者道之动"。我们把自然的现象、社会的现象，身体的现象，以五个方面加以归纳，金木水火土。然后看有相似的一面，也有相对的一面，然后看他们有什么样的关系，怎么达到一个整体的平衡，就是科学，我们一个社会有各个部门，相互之间也有不同的关系，如果搞错了，那就不行了。所以我们用这样的道理管理社会、认识世界和自然，有什么不可以啊？去管理我们的身体更可以了，中医就是建立在这样的理论上的，所以说它不科学，我实在是想不明白。它用最简单的语言、最简单的物与物之间的关系，说明了事物的全貌和真相。怪不得西方一些物理学家，比如卡普拉，写《物理学之道》的人，他说中国文化用最简单的语言说清楚了最复杂的自然现象。所以我们要有自信啊，中国不是没有科学理论的，所以李约瑟那个命题是个伪命题，为什么说它伪？因为他只是从西方的理性科学角度来看科学，他根本没有认识到这种直觉直观体悟的认识世界的科学性。他没理解，也没法理解，所以我们读经书，可以认识到方方面面的道理。

2. 史书

读史书，是要“通古今，知兴替”。

借用了唐太宗的话，“以史为鉴，可以知兴替”。中国的史书是最最完备的，全世界没有像中国这样完备的，就因为中国人认为我们要搞清我们当下的情况，一定要以历史的镜子来照一照。我们很多文化精神，也是通过总结历史的经验教训提炼出来的。比如说，我们的以人为本，强调我们不依靠神，也不去追逐物，一定要把人的主动性、能动性、独立性放在第一位，这样一种以人为本的文化理念，就是通过总结历史经验教训得来的。夏那么强大，夏禹建立了夏朝，而且夏朝维持了几百年，可是到了桀，就完蛋了，为什么呢？就是德行不够。德行靠谁呢？靠自己，所以成汤带着商人去征服了夏，推翻了夏朝，建立了商朝，可以说是开启了有文字记载的中国历史，在中国历史文化中是一个非常重要的时代，有了甲骨文，有了成熟的文字可以记载我们的历史文化，可是到了纣王，又完蛋了。所以周才正式根据夏商两代的两个历史经验教训，告诉我们：我们不能靠外在的天命，要靠自己的德行的完善，才能使国家长治久安。

我们文化的这样一种人文精神就是从历史经验中总结出来的，所以我们以后每一个朝代，当它政权相对稳定之后，都必然要做一件事情：修前朝的历史，总结一下前朝怎么兴起的，又是怎么灭亡的，将总结的经验教训作为我们今天的借鉴。但人们很容易忘记历史，打天下难，坐天下更难。常常有坐天下坐不稳，就忘掉了这样的例子。所以我们的历史都很完整，《史记》《二十四史》……现在要找天文学最早的资料，也要到中国的史书里找，全世界都如此。读了史书就让我们懂得古今是怎么变迁、朝代是怎么更替的，“通古今之变”，我们要懂得历史。我觉得我们今天的人有个大问题：不太尊重我们的祖先，看不起他们，觉得没有祖先现在也可以，觉得我们今天的人比过去的人聪明得多，我们才是最聪明的，而且绝对相信一种理论：进化论！(笑）不断地进化，所以我们一定比我们祖先聪明。这样一种直线的进化论真是害人啊！我们老是觉得事物都是从简单到复杂、从低级到高级、从落后到进步，历史不是那么简单的，有进也有退的。

近代我们有位思想家章太炎就提出了个理论，叫做“俱分进化论”——进化不是单向的，善进化，恶也在进化。我们早就说了，“道高一尺魔高一丈”，比你进化得还快呢，我们不要看不起我们的祖先，我们今人的成就就是在古人的基础上积累起来的，一定要记住“无古不成今”，一定要尊重我们的祖先。我尊敬都来不及，我们的古人创造了那么辉煌的历史，我们还看不起他们，现在还有很多人，说中国文化没有创造性，可是他们能够否认吗？西方许许多多的思想家科学家都不否认，中国至少在16世纪前是世界领先的，我们且不说在17、18世纪还有很多世界第一。所以没有古哪有今，无古不成今。没有你的父母，没有你的祖父母，哪来的你啊。

再有句话，也要记住“观今宜鉴古”，历史经验最值得我们总结。如果我们有这样两个信念——“无古不成今，观今宜鉴古”，我想我们不至于要把传统完全抛掉。我们要时时刻刻去看，找到历史上的不足也好，找到历史上可以给我们启发的，更好。历史是一步一步发展来的，经验教训也是一点一点显露出来的。每个时代都会总结前一个时代的经验教训，所以读史书非常重要。今天很多问题就出在我们把历史给断灭了，今天的人不了解自己国家的历史，不了解我们的历史是怎么走过来的，文化是怎么发展过来的，我们的文化里面又有什么样的特点，哪些是我们的特质，哪些是我们今天需要改造的，哪些是需要我们坚持的，等等。比如说我就认为我们必须要坚持中国文化的人文特质，只有这样才能让我们中国文化成为世界性的文化，如果放弃中国文化的人文特质，跟着人家的科学特质去走，那永远创造不出我们中华文化的优势来。

所谓人文特质，就是考虑任何问题都要以人为本，要坚持人的主体性、独立性，又不把人凌驾于天地万物之上，不去做天地万物的主宰，而是要努力去向天地万物学习。这是中国文化人文精神的根本特质。这种人文主义，不是人类中心主义的人本主义，而是既不做神的奴隶，也不做物的奴隶。西方社会在近代接受了中国传统文化的人本精神，去批判中世纪以来的神文化，获得了成功，人类从神的脚下站起来，人类的理性得到了充分的肯定与发扬，结出了丰富的成果。这就是我们现在所说的现代科学主义。但是西方社会冲昏了头脑，认为人的理性无所不能，原来是上帝主宰一切，现在是人要主宰一切，这就成了西方现在最大的问题，人类中心主义，科技是万能的，所以现在西方在批判反思这个问题。

最初的反思就在上个世纪，两次世界大战以后，大家反思，怎么会发生如此残酷的战争呢？人类相互杀戮，战争最终的目的是什么？战争的目的就是资源和财富的争夺。为了争夺，相互杀戮。人还失去了自我，变成了物的奴隶。所以两次世界大战以后，西方思想家又重新提出，要高举人文主义、人本主义的大旗，开始重新确立人文主义、人本主义精神，而它的资源还是要到东方、到中国传统文化中去寻找，因为中国一直是人文主义，没有走偏啊，没有从拜神教偏到拜物教。中国始终认为人既不能做神的奴隶，也不能做物的奴隶，也不能高高地凌驾于万物之上，做万物的主宰。

我们现在很多年轻人认为人文主义的思想是从西方传过来的，不知道这是中国的“土特产”。而且也不知道这种土特产的特点究竟在什么地方。接受的西方的人本主义里面夹杂了大量的人类中心主义和科学万能思想。所以去年我在北大举办的北京论坛，就专门对这个问题进行讨论，得到了很广泛的反应，现在国外的一些研究机构也在找我，希望我们东方人把中国真正的人文主义精神发扬出来，让大家认识到什么是真正的人文主义精神。所以读史非常关键。

3. 子书

子就是诸子百家，游百家，增智慧。

子书里主要是那些带有思想性的、哲理性的、科学理论性的书，这些都收在诸子里。这里要说，中国的文化、读中国的书不是为了增长知识，而是要增长智慧，知识与智慧是两回事，知识是死的、静态的；智慧是活的、动态的，是运用知识的能力，是发现知识、掌握知识的能力。我们过去常说一句话，知识就是力量。我年轻的时候也很相信这句话，有本杂志就叫做“知识就是力量”，后来毕业工作后，经过多年工作的经历，坎坎坷坷的人生，才体会到，智慧才是力量！（掌声）。你不知道怎么去发现知识，怎么去掌握知识，更不知道怎么去运用知识，这个知识对你有什么用？甚至会成为你的累赘，越学越糊涂，越学越不明白，钻进去了钻不出来，苦恼、郁闷都来了。事实上也是这样，我们学得越多，越会发现我们不知道的太多了，越学越发现自己的浅薄。无知者无畏啊，什么都敢说，一有“知”了，已掌握了很多知识后，知道怎么运用了，却不敢说话了。这就要你要有智慧去分辨了。所以要多读诸子百家去增长我们的智慧。

过去来讲，把老子啊庄子啊管子啊荀子啊……都归于诸子百家，而没有列到经典里面去，但是诸子跟经也有很密切的关系。有很多的诸子，比如我提到的荀子，他的思想不亚于《论语》《孟子》，甚至在某些地方还超过《论语》《孟子》，在近代人重新认识荀子以后，像章太炎，都讲荀子思想，比《论语》《孟子》更加深刻。我们去看《荀子》这本书的最后一段，就是在评论荀子的思想。当时人就认为，荀子思想的深度、广度远远超过了《论语》《孟子》。诸子不一定要把它纳入经里面，但是现在我们也想做这种工作，北大在编《新编新注十三经》，就把《荀子》编进去了。

像董仲舒的《春秋繁露》，也可以当作一部经，它把先秦各家的思想综合汇通，重新建构，刚才提到的阴阳五行的基本构架，就是由董仲舒来奠定的。他用最直观、最形象的方法来说明一年四季的变化，我们从理论来讲，冬至那天，阴长到最高点，阳消到了最低点，白天最短了，黑夜最长了。冬至一过，物极必反了，一阳复始，阳一点点往上升，阴一点点往下降，到了阴阳平衡了，就是春分了，白天黑夜一样长了。之后阳继续往上长，阴继续往下降，一消一长，阳到了极点，阴到了最低点，夏至到了，白天最长，黑夜最短。夏至以后，一阴复始，阴一点一点往上长，阳一点点往下降，就到了秋分，之后继续冬至……多生动多形象，很明白的道理。

你不能说这个不对，这是描述的事实啊，怎么不对？我们看到的、体会到的，就是智慧。所以我们学是学智慧，不是学死的学问。所以读书啊，要“活读书，读活书，才能读书活”；否则的话，“死读书，读死书，可能要读书死”的！（笑）

4. 集部

集部就很庞杂了，文学、艺术等都包括在这里面，所以也不可以小看它。读集部我说是长见识、养情性，在长见识的过程中不断陶冶我们的情性，那些文学家、艺术家，从自己的生活中工作中总结出来的为人处世的道理，人生的境界，都让我们增长了很多的见识，也能够来修养我们的性情。中国的各种各样的文学艺术，不管是文字的文学作品，还是歌舞书画，最根本的目的还是告诉我们应该怎样正确地对待自己的人生，正确地处理人与人之间的关系，人与天地万物的关系。所以集部是非常丰富的，是可以让我们从各方面体悟人生的，让我们艺术性地体悟人生。所以我经常建议，希望大家的人生多一点业余爱好，丰富一下自己的生活，把生活变成艺术的人生，在艺术的人生里面去发觉、去学习人生的艺术，只有在丰富、艺术的人生里面才能够发觉到、学习到人生的艺术。特别是我们学工的，容易陷到定势里去，一个框架里去，所以发起读经典也好，各种各样的学生社团，文学、歌舞、书画……多好啊，让我们在丰富的艺术当中学习人生的智慧，增长我们的智慧。

我们传统文化的分类，把我们的典籍分成四大类，还是很简明扼要的。

四、怎么读书

其实我们真正把握了天地人的道理，就可以把它应用到所有方面。苏东坡说："物一理也，通其意，则无适而不可。"这就是中国文化的特点，看起来好像没有变化，古今一也，万物一也。其实这里面充满了智慧，把这样"一也"的道理用到万事万物上去，这才是创造啊！我们讲科学日新月异，为什么日新月异？根本原因就在于它没有通这个"一理"。今天看到这个事实，于是以这个作为假设的前提，作为定理公理，然后构建出一套理论体系。很好啊，但走着走着发现不够用啊，马上我们换一个前提，再重新假设，重新来构造一套体系，创新了（笑）。是不是？科学的体系往往是建立在假设的前提下，而这种假设是不需要证明的，我们首先肯定它是没有问题的，可是走着走着发现不对了，看到了一面还有另一面呢！于是不断地要来更新之前的假设，更新它的体系，我们说这个很创新吧。

其实这是局限的，眼光的局限，我们要注重整体，把握的是整体。你的创造性要在运用中去发挥，运用也可以各出其招。同样一个病症，我用这样的方法可以治好，你用另一个方法也可以治好，中医里面这个太多了。有人说中国文化没有创造性，中国文化就缺乏创造精神，我说不对，正是因为我们认识到一个整体性的道理，所以我们才能不断地去创造，因为它要运用与落实，我们的创造是在运用中去创造。

我们现在很多照搬的，就麻烦了，典型推广是最讨厌的东西，因为典型永远是一个地方的典型，它不一定适合运用到其他地方，所以只能够借鉴，不能够照搬。

标准化，麻烦了，任何个性都没有，让我们的孩子都变成背标准答案的孩子。我们的教育难道只是要背标准答案吗？我们需要培养学生的个性，让他懂得做人做事的道理，懂得天道人道变化的这种根本规律。比如说他就能找一个“反者道之动”，他就会知道任何事物都是相反相成的，对立统一的，任何事物都是物极必反的，任何事物都是你中有我，我中有你的，福里面是包含祸的，祸里面是包含福的，搞得不好，福是可以变成祸的，搞得好，祸也是可以变成福的。遇到不好，就觉得完了，不知道因祸得福的道理。所以要看你怎么看待。科学发展到今天，多少变化啊，从牛顿力学到相对论，到量子力学，日新月异的变化，可它还没有深刻地把握整个宇宙的发展规律。当我们把握了宇宙的整体规律，我们把它运用到各个方面去，这就不断地在创新了。所以读书要读成智慧的，不要读成书呆子，不要读成书的奴隶、知识的奴隶，而要成为书的主人，成为智慧的主人。

怎样读书，其实我之前已经讲了，我们读书最根本是要能得其意，举一反三。清代有一位文人，叫做包世臣，写过一句话：“好书不厌百回读”，说得好。我们读这个好书，得益就不是那么容易了。所以我接了一句：“精义勤求十载功”，我们现在读书，为了做学问，常常是把简单的问题搞复杂了，化简单为复杂，我们现在的“学术功夫”，是有学问的体现。其实啊，大道至简，真理平凡，没有那么复杂。可是我们跟你们说最简单的、最普通的话，人们就觉得没有学问，没有什么意思。比如很多人学佛，老是问怎么学法，总觉得有什么很深奥的东西，修行中有很神秘的东西，老是要问。我说你现在做什么，继续做你的事，你把现在你该做的事情做好，就是修行。他就会觉得，我什么也没说啊（笑）。

其实你好好想想，这跟你学的那些很玄妙的东西不一样，难得多。我常常讲，我们去寺庙里面打禅七，坐七天，七天下来，倒是心里安静了很多；可是一回来，照样烦恼丛生。所以你的本事，应该在天天碰撞的事情中，学着如何平静地对待。所以做好本分事，做好平常事，比做一些玄妙的事情难得多。其实真理是很简单的，就像刚才我讲的万物的关系，用阴阳五行归归类，构建相互的关系，就很清楚了，而且也符合事物的本来面貌。我们看到的事物就是两面，不要太理想主义，把一切不善的东西都去掉，把社会打扫得干干净净，我想这个社会连感觉都说不上了，没有对比了，你跟什么对比我是干净的，他是脏的？所以，一个社会里面永远是有善恶的，永远是有美丑的，永远是有黑白的。我们只是来想怎么样让它达到平衡。

平衡不是50%对50%，绝对不是，社会现象，人的身体都不是那么简单的50%对50%，有的这个70%，那个30%才是平衡的。很多很多不一样的，所以我们讲的和谐也好、平等也好，你迁就我，我迁就你，那不叫和谐；你尊重我，我尊重你，才叫和谐。保持我们各自的差异特点，不需要我改变我的观点来抚慰你，也不需要你改变你的观点来抚慰我，这才是平衡。我们现在很多理解就是以这种简单化的思维方式来理解：平衡就是你50%，我50%；平等就是你这样，我也这样。你穿这样的衣服，吃这样的饭，为什么我就不能？完全否认人与人之间的差异性。可是自然的差异我们是不能否认的，天下没有完全相同的树叶，哪有完全相同的人？人的智能、体能，各个方面都是有差异的。所以怎么能运用同一个标准来要求？自己明明不可能这样，非要说我就要和你一样。

我不是说宣传不平等啊，而是说什么地方平等、怎么样的平等。我提出的每个人的智能与体能都是有差异的，可以智能都很高，那也有可能你偏于这方面的高，他偏于那方面的高，也是不同的。我说我永远比不上霍金，霍金也永远比不上我，我可以很自豪地说，他能够这样讲中国的传统文化吗？我也讲不了他的理论，而且每个人要能够看清自己的能力在什么地方、特长在什么地方，去充分地发挥自己的能力、自己的特长，这才是真正的成功。去向别人学，即使达到了他那个顶点，你内心痛苦得要命，这成功吗？

不成功。所以学啊，究竟怎么样学，是一个很重要的问题，就是一个思维的问题。人和人之间有差异，年龄、性别、智能、体能等各种差异，明摆着的道理，一看就看清楚了，不需要理论推演么。各种各样的学术我们可以去参考，比如说现在我们学习别人，西方现在非常盛行一个研究：人有没有前世。特别是欧洲，他们提出大量的方法，进行大量的实践，统计出来结果：至少有4000人知道他的前世，通过这个证明人是可能有前世的，甚至有人说人就是有前世的，生命就是有轮回的。我们可不可以作为一种学术来看他呢？我看也不用反驳他。可是能提取出一个普遍的东西吗？只有4000人嘛，人有多少？几十亿人呢。所以你要不信就不信吧，要信就信吧，有什么非要去辩论的吗？我们还是把力气花在别的地方去吧。科学的普遍性实际上也是一种相当局部的普遍性，不可能得到所有的数据。通过抽样调查，然后从个体推演到全体，这种思维方式我觉得是相当可怕的。大数据时代，其可怕程度我不敢想象。现在大数据现象出现的机器人，有了机器人还要我们人干什么？人现在还找不到工作呢，需要那么多机器来管我们人吗？当然，有些危险的工作可以用机器人来代替的，但如果把机器人推广到我们生活的所有方面是很可怕的。甚至有人现在预言，大数据将来实现以后，看病网上看就可以了。人家都给统计好了，你这个症状吃什么药就行了，医院里面都不用去了。法院也可以是网上法院了，因为有例证，有案例……可怕不可怕，完全不顾很多细节，很多地方内在的东西。

所以我们不要把本来简单的，我们通过直观、直觉、经验就可以解决的问题去搞得这么复杂，然后还要把它推广，来危害人们。我们不要化简为繁，要多做一些化繁为简的工作。让老百姓一听就明白，而不是让他们感觉摸不着头脑。

五、读书的次第

最后谈谈读书的次第，四书里面的《中庸》告诉我们：博学之，审问之，慎思之，明辨之，笃行之。

博学，就是要广博地学习，多学习，主动地学，好学不厌，学无止境，活到老学到老。审问，审问这个词，我们现在还在用，审问犯人（笑）。

其实我们学习读书也如此，书就像犯人一样，我们得多问它一些为什么，多问它背后还有什么东西，弄清楚，有疑就问，不耻下问，不要觉得丢脸，没有一个人是十全十美的，每个人都有长处、短处，有他清楚的，也有他不清楚的，所以《论语》中有讲："三人行，必有我师焉"。不要以自己的长处去比别人的短处，应该以自己的不足去看别人的长处，这就永远有值得学习的地方。所以当老师不见得要年长，也不见得学问多，其实"人人都是人人的老师"，只要我们用心求。慎思，就是要认真地思考，要想明白，碰到事情就要思考。《论语》中还讲了，"君子有九思"，一言一行都要想一想。读书就要想，然后呢？就要明辨，分辨是非，分辨疑惑，分辨事情该做不该做。这是明辨，不是说就跟着去做而不思考。最后就是笃行，身体力行。中国古人讲："学至于行而止矣"，学到了去做，才达到了最高点。古人已经给我们指出了很明白的做学问的次第了，从博学到审问，到慎思，到明辨，到笃行，我们现在能把这些搞清楚了，按着这些去做，就很不错了。

这个社会上面有三种品德是每个人都应该具备的，所谓"三达德"：知仁勇。《中庸》里面解释："好学近乎知"，一定要好学，活到老学到老，不把自己封闭起来，有多种爱好、多种兴趣，再教育，终究要开启这样的智慧。什么叫仁？"仁者爱人"，《中庸》里面讲："力行近乎仁"。既要学也要行，知行合一。什么叫勇？"知耻近乎勇"。有羞耻心，知错必改，就是敢于面对自己的错误，敢于去修正自己的错误。这要有很大的勇气，这才能够体现一个人的强大。《老子》里说：胜人者有力，自胜者强。我们现在似乎战胜别人就叫强人，其实战胜自己才叫强。人最难的是做到自知和自胜。人贵有自知之明，更贵有自胜自强。

所以"知仁勇"三达德是每个人都应该具备的品质。这个理论实际上把我们读书的次第也包括进去了，"好学近乎知，力行近乎仁，知耻近乎勇，"我希望我们每个人都记住这三句话，这样的话，我们就可以把读书和做人合为一体了。

今天我就讲到这里了。谢谢大家。（掌声）

【本文根据楼宇烈先生2015年11月4日在清华大学一教的演讲整理而成，标题为编者所加】

敬天法祖尊师重道

小学教育中的文化传承与教育之道

各位老师，大家上午好！

我听说今天在座的都是小学校长，你们身上责任重大啊！因为小学的教育，可以说是一个孩子最初的人生道路上的一个重要环节，是他的基本行为准则养成的时期。

一、传统小学教育学什么

我们古代著名的教育家朱熹，他在给《四书》中的《大学》所作的序里面就讲到，我们传统的教育从八岁入小学，比现在似乎要晚点，这个八岁是虚岁。八岁到十五岁，这个阶段叫做小学的教育。小学的教育学什么呢？朱熹就说，小学的教育学的就是“洒扫应对进退之节、礼乐射御书数之文”，这是整个八岁到十五岁期间学习的东西。

洒扫应对进退

现在我们讲洒扫应对进退。洒扫，可以说是整理内外物。我们可能也听说过清代的朱用纯先生，他留下的一篇文章叫《朱子家训》。《朱子家训》开头第一句是什么？就是“黎明即起，洒扫庭除，要内外整洁”。洒扫就是整理内外物，这孩子起来以后，要把自己的床铺整理好，把自己的房间整理好，把自己生活的周边环境整理好。这习惯要从小养成。我们现在的孩子，尤其是城市里的孩子，再加上独生子女，基本上不懂什么是洒扫了。这是第一个问题。

所谓应对，就是跟各个方面打交道。见父母应该怎样应对，见师长应该怎样应对，见亲戚应该怎样应对，见同学应该怎样应对。这里面不管是言语还是举止，都有很多的规矩要养成，要从小养成。从小养成这些习惯非常重要，因为习惯就会成自然，年纪大了以后，不用教他就知道，碰到比自己年纪长的，他就应该怎么样去交流，去打招呼，跟自己年龄相仿的应该怎么样，比自己年轻的应该怎么样，碰到怎么样的事情应该怎么样的说话。

然后是进退。进退也是行为规范。从形式上来讲，什么时候应该往前走，什么时候应该往后退，是不是？比如说，我们跟长辈一块走，《孟子》里面有句话，叫做“徐行后长”。如果跟长辈一起走的话，你应该让长辈走在前面，你在后面慢慢地跟着。看到长辈往哪儿去你就往哪儿跟，如果前面没注意，碰到一个坎儿，你就赶紧上去扶一把；到了门口了，你得紧走两步，去开门去啊，对不对？这个是生活中的进退。

为己之学，洒扫应对进退之“节”

其实从小养成了这样一种习惯，做什么事情都要根据时机来把握什么时候该进，什么时候该退，那就会应用到生活的方方面面去，应用到为人处世和工作的各个方面去。什么时候应该进，什么时候应该退，它不光是一个生活中用到的习惯，生活当中学到的智慧，更要应用到为人处世的方方面面去。所以这些都要从小就养成，就叫做“洒扫应对进退之节”。节，是节点，是恰如其分、恰到好处的意思。做好洒扫应对进退，做到恰到好处，从小就要开始养成这个习惯。我们现在很多地方在读《弟子规》，其实《弟子规》是一部很好的书，里面教的就是这些，洒扫应对进退之节。但是，这个不是让我们来背诵的，不是说我们倒背如流、记住就行了，这是需要我们去做的，否则的话，养不成习惯，养不成习惯；也就形成不了他的人品，也就不是为己之学，而成了为人之学了。

我听大家刚才在读《论语》。《论语》后面讲到一句话，“古之学者为己，今之学者为人。”我们传统文化强调为己之学，不是强调为人之学。所谓为己之学，就是不断地完善自己；为人之学，是显示给别人看的，你看我有那么多的学问。为己之学，学了以后，就要来改变自己。

先秦时候，一位著名的思想家荀子就讲，“君子之学，美其身也”，君子之学是来完美自身的。他的学习是个什么样的情况呢？是“入乎耳，住乎心，发乎四肢”，从耳朵里面听进去了，把它记在心里面，然后要落实到自己的行动上面去。所以叫做“入乎耳，住乎心，发乎四肢”。这个是为己之学。为人之学呢？是“以为禽犊也”。禽和犊，飞禽，走兽。这个表示什么呢？象征一种财富，我有那么多的禽犊，是显示给别人看的；学了那么多以后，摆给别人看的。所以这种为学，是“入乎耳，出乎口”，从耳朵里面听进去，嘴里面就说出来了。口耳之间四寸而已，耳朵和嘴巴多近的距离。那个是耳朵里面进去，要到心里面去，再从心里面出来。这两个完全不同。

如果我们学《弟子规》只是背诵，不就是“入乎耳，出乎口”么？我们要去做，要把它记到心里面去，要落实到行动中去。所以我经常讲，《弟子规》不能滚瓜烂熟倒背如流，你学一句，就能够按照要求去做一句，慢慢养成习惯，这对你将来的成人是有极大帮助的。

“父母呼，应勿缓”，能做到吗？我们现在很多孩子，父母呼了半天，他都不应，答应都不答应一声，是不是？“出必告，反必面”，能不能做到？出去的时候告诉一下上哪儿去了，回来的时候，汇报一下我回到家了，父母放心，能做到吗？“晨则省，昏则定”，早晚问个好，请个安，能做到吗？如果说我们《弟子规》从这三句话入手，孩子们如果去实践，能做到，那没有白学。

沿着这个，学一句做一句，学一句做一句。《弟子规》里面有上百条这种东西，他能做到就不简单了，可以说是养成了很好的人品。那他长大了以后，他这样的习惯，会受到人们的尊重和欢迎，亲和，有亲和力。

所以小学是一个人的言行举止养成的一个时期，其实这个时候不需要讲很多的道理。开发智力不是这么开发的，开发智力不是说让他从小懂得多少道理，懂道理那是十五岁以后上大学的时候，《四书》里面《大学》这一篇文章，讲的就是“大人之学”，就是十五岁以后的人应该学的，做人的道理。穷理，要去探索天地万物之理，探索做人之理，明白为什么人这样做才对，如何去跟人家交往，去研究这些东西。所以小学最主要是学习洒扫应对进退之节，同时还要学习很多的礼乐射御书数之文。

礼乐射御书数之文

礼乐射御书数之文。这个文，文事，就是我们所讲的文饰。所谓文饰，也就是很多的仪式，各种各样的仪式。我们很多的礼仪，都是文饰的东西，也就是我们生活中，通过这些文饰来表达我们内心的许多情感，而这些情感里面最重要的，就是一种敬意，敬畏之心，情感要通过各种仪式来表达。

礼乐告诉我们，人与人之间应该行什么样的礼，什么样的人应该行什么样的礼，什么场合应该行什么样的礼，这都非常重要。礼乐之文是通过诗歌啊、舞蹈啊这种形式表达出来的。

那么射御，就是通过各种各样的，现在叫做体育活动的形式进行的文饰。射是射箭，御是驾车，可以说是体育活动。前面的礼乐如果说是文艺活动的话，那么射御就是一些体育活动，体育活动对于培养人的品格，也是很有意义的，非常重要的。就拿射礼来讲，中国古代就非常重视，有乡射礼，就是社区聚会搞的活动。射礼就是射箭，很简单的一个射箭。

那么射箭，为什么那么重视？这里面我们要学到一个道理。射箭，正中目标；的，众矢之的。要射中这个“的”，就必须把身体站正了，对准这个“的”来射箭；而要保证身体的正，一定要保持心态的正。心正才能身正，身正才能中的。就像我们要专心一致，也是这个道理。我们过去也都读过《孟子》里面的一个故事，弈秋下棋的时候，他要专心一致才下得好，如果老想着什么过来了，大雁过来了，分了心了，就下不好了。射箭也是一样。心要专一、要正，身体才能端正、才能中的，所以这个过程实际上是在锻炼你的心性，锻炼你做什么事都要专心一致。可是，万一要是射不中呢？你不要去怨这怨那，这个靶是不是刚才有点歪呀，往左边一点我不是就射中了么？往上去一点我不就射中了么？不要，要反省自己。不要去怨箭、弓、靶子这些东西，要埋怨自己、反省自己。所以小小的一个射礼里面，包含了人生修养的道理。

最初的射礼延续下来，后来也有发展也有变化。我们都听说过投壶礼。投壶礼也是一样，那个是拿弓来射箭，这个是手拿着箭往壶里面投。我常常讲，这个已经延续到我们民间了，民间不是有套圈么？从某种意义上来讲，套圈也是一种射礼，射礼通俗民间化了，你要套中了。不要以为套圈就是套个东西，我们在这里面可以把做人的精神、品格贯穿进去。

书数。首先前面一个书，是写字，写字要好好地练习，文字是一个思想交流的工具，尤其是中国的汉字。我觉得我们小学一定要把孩子们写字的关把好了，字要写得正。中国人常讲，字如其人，从他的字里面就可以看出，这个人的性格、这个人的品德。我们现在不太讲究，你把这个字画出来就行了，这叫画字，不是写字。写字就有写字的法度，一笔一画，先竖后横，间架结构，都要讲究，从小就要养成。

然后就是数，数学的数。那是叫我们能够关心天文、地理啊，各个方面的都需要，包括各种各样的术数。

所以小学教育应该是很丰富的。礼乐射御书数，被称为六艺，中国传统文化中的六艺教育。六艺教育是跟前面的洒扫应对进退之节相配合的。这个六艺教育里面，其实包含了文艺——礼乐，武艺——射御，技艺——术数。所以六艺教育是非常重要的，也是一个基础教育。当然六艺教育也可以增加很多其他的内容。现在有很多把茶道、花道也加进去，也是可以的。

总的来讲，儿童通过言行举止规范的养成，以及通过文艺、武艺、技艺，拓展他的兴趣，广泛的兴趣是非常重要的。

少年儿童的教育，兴趣的拓展是非常重要的一个环节，不要让他只有一个兴趣。要让他有广泛的兴趣，他的拓展空间就大了，不要求他每个兴趣都达到一个什么样的结果，结果不重要，要让他开始产生兴趣。哪怕只有五分钟的热度也不要紧，说不定将来这五分钟就留下了种子。要有广泛的兴趣，孩子思路才能拓宽，才有探索精神，才有好奇心，都想去看一看、问一问。

二、传统文化中的教育理念和方法

听说七宝阁书院的马院长昨天来讲课了，我曾经给他们书院题了四句话：“教之以爱，育之以礼，启之以智，导之以行。”这是我个人对于少年儿童教育的期望。

“教之以爱”，我认为爱的教育比知识的教育更重要，情商的开发，远比智商的开发来的重要；“育之以礼”，教育，就是要教之以爱、育之以礼，礼就是行为规范，对自己的一种认识，对他人的一种尊重；“启之以智”，就是拓展学生各个方面的爱好兴趣；最后要“导之以行”，要引导落实到他的人生中去，行为中去。

中国是一个以教育立国的国家，教育是一个国家最根本的任务。在《礼记》的《学记》里面，一开始就讲，“建国君民，教育为先。”我们建立一个国家，来管理民众，君民就是管理民众，首要的任务就是教育。教育的目的并不是阐述一点知识，掌握一点技能，不是，而是要通过教育来陶冶性情、改变性情，形成一个良好的社会习俗。

社会教育、家庭教育与学校教育

中国传统文化叫做什么呢？化民成俗，教育教育，就是教化，教化的结果是要成俗，风俗的俗、民俗的俗。一个社会，如果有良好的习俗，其实不需要有多少法律来管理的。如果我们通过教育形成这样一种社会风气，大家都懂得尊老爱幼，都懂得做人要讲诚信，如果有这么一种社会习俗，我们不多讲，就讲这几点，尊老爱幼、讲究诚信，我们还需要多少法律来维护？因为人们都已经自觉地养成了生活中的一种习惯习俗了。所以教育的目的、真正的力量，就在于形成一个良好的社会氛围。这要我们大家去努力。我看现在的问题最大的就是社会的风俗习俗，大家都感觉到比较糟糕。

其实从整个教育来讲，无非是三大块，一个是家庭，一个是学校，一个是社会。从一个人受教育开始，家庭，父母是第一任教师，尤其是母亲；然后是学校。在整个家庭和学校，又脱离不了这个社会。良好的家庭教育非常重要。但是，我们如果没有一个好的社会教育环境配合的话，那这样一个良好的家庭教育也会受到冲击。孩子们出了家庭以后，掉到这个大染缸里去，没几天就淹死了，淹没了。所以家庭教育跟社会教育环境分不开的。

家庭教育跟学校的教育又是紧密相关的。说实在的，一般来讲，孩子上了学以后，他对于老师的话老师的行为会更加看重。我们想，在日常生活中，有这样的情景：孩子们很少到学校里面说，我爸爸怎么讲的，我妈妈怎么讲的，可是孩子经常回家跟他的父母说，老师怎么讲的，是不是？这就说明老师在孩子们心目当中的地位。所以老师的身教言教，在这个意义上，应该说是超过父母。所以身为人师，就要成为孩子们行为的模范。

我们如果去北京师范大学，他们的校训上有两句话“学为人师，行为世范”。学问可以做人们的老师，学为人师，师长的师；行为世范，你的行动应该可以成为社会学习的榜样、模范，世就是社会，世界的世。我就想，我们每一个老师，就应该本着“学为人师，行为世范”这样一个目标来要求自己。中国历代都强调父母老师，那是有一个身教和言教的问题，而且是身教重于言教。

中国文化就把怎么做人作为教育的最根本的目标，教育的目的就是教人怎么样做人，养成一个完善的完美的人格。但是近百年来，我们对自己的教育传统中的许多根本的精神以及优秀的方法，应该说都有点淡忘甚至于丢弃掉了，受到了现代的那种所谓的科学的理念的影响，用一种标准化规范化的理念去指导教育。

由于人的不同，我们恐怕都听过这句话：“世界上没有两片相同的树叶。”确实如此，我们哪儿去找两片完全相同的叶子？连叶子都不能完全相同，人能完全相同吗？套用这个话，就是世界上没有两个完全相同的人。人跟人之间智能的差异、体能的差异、兴趣的差异，都是客观存在的事实，所以是不能标准化规范化的。我们的传统教育历来强调的“有教无类，因材施教”，充分尊重每个孩子、每个人的天性，充分发挥他在天性中所具有的专长，简单地说就是实现他自己最想做、最喜欢做的事情，不能够用一个刻板的教条的方法，去让大家按照一个标准成长，有些时候标准化会扼杀孩子们的创造性。我们很多孩子现在厌学，这个问题很严重。为什么？就是因为他们的很多想法，很多稀奇古怪的想法无法实现，孩子们的天性就喜欢玩，可是我们留给他们玩的时间太少了，我们认为游玩是学不到东西的。

三篇古文带来的教育启示

我曾经推荐中小学的老师们去读三篇古文。我觉得我们教育者，需要读这三篇古文，是不是很有代表性我不敢说，但还是有相当的启发。

第一篇，请大家去读唐代的柳宗元写的一篇文章，叫做《种树郭橐驼传》。这篇文章过去是在中学的语文教材中的。这是唐代的一位很著名的古文学家柳宗元，唐宋八大家之一，他写的。这个《种树郭橐驼传》，讲的什么呢？讲的是一个种树的老人，姓郭，因为他驼背，人们叫他橐驼。他移栽的树，帮人种的树，长得茂盛，结的果实也多，所以大家都称赞他，推崇他，同样的请别人来栽树，就没有他栽的好。于是就问他，你有什么诀窍，你种的树为什么长得那么好啊？他说，我没有什么特别的诀窍，我就是顺着树的本性，树要根深叶茂，根深才能叶茂，叶茂才能长好的果实。我种树的时候，一定要把树坑挖得适合树的生长，挖好了，把树种下去了，把土埋好了，浇上水了，我就让它自由地生长。他说我不像很多种树的人，种下去以后，今天来看看，觉得哪儿又不行了，哪儿要挖挖，哪儿要填填，树皮上面又长了什么东西，拿东西去给它刮刮弄弄，一天到晚关心它，结果就“名曰爱之，实则害之”。果树就受到干扰，就长不好了。我就完全让它自由地生长，把它的基础培养好了，填埋好了，让它自由地去生长。

那些人听了，就说你讲得很有道理，你的道理能不能应用到我们的官吏吏治上面去，官吏治民的经验上去？郭橐驼说我不懂，我没当过官，我不懂这个道理，但是我也有体会，我住在村里面，那些个村长啊什么的，也有这些问题。一会儿打钟了，说大家该起来了，该种地去了；一会儿又打钟了，说大家该吃早饭啦；一会儿又打钟了，说大家该送孩子上学去了；一会儿又打钟了，说该去采桑叶去了；一会儿又打钟了，说该去缫丝了；一会儿又打钟了……他说老百姓受不了。生活习惯中的东西，他自己就会安排得很好，你何必去干扰他。

所以《种树郭橐驼传》告诉我们，什么事情都要尊重事物的自然，得到一个自然发展的环境。我们把这个基础环境构建好，要让他自由地生长，有很多东西不需要我们去反复地叮咛。现在我们很多都是出于好心、爱护，结果弄得孩子反而没有兴趣。这是一篇文章。

第二篇文章我介绍给大家念的是，明代的一位著名的思想家教育家王阳明，他有一篇文章叫做《训蒙大意》。训蒙，蒙童，就是孩子们。怎么样教育孩子们？就是大意。《训蒙大意》，就是怎么样教育孩子们。这里面就讲到，孩子们的天性就是喜欢玩，这是孩子们的天性。因此你就要尊重孩子们的天性，顺着孩子们的天性，不要去强迫他们，这样做那样做。你老是强迫孩子们，时间长了，这些孩子们结果“以学校为囹圄，以教师为仇寇”。你想想，把学校看作监牢，把老师看作仇敌。所以王阳明说，应当寓教于乐，你通过孩子们喜欢玩的喜闻乐见的方式，让他们学到应当学的东西才对，不要去违背他们的天性。

第三篇文章，我推荐给大家看的，是清代的一位著名的思想家龚自珍的《病梅馆记》。他有一首诗大家都很熟悉的。“九州生气恃风雷，万马齐喑究可哀。我劝天公重抖擞，不拘一格降人才。”他写过一篇文章，《病梅馆记》。我记得过去有的教科书里也选过。

《病梅馆记》里他说什么呢？他说，过去的人啊，都把长得曲曲歪歪的梅花当作美，所以把梅花的枝条都用绳子捆起来，给它扭成各种各样奇奇怪怪的样子，以怪为美。他觉得这是违背了梅花生长的天性，所以他就建了一座病梅馆，把那些被扭曲了的梅花买来。买来以后就把它们枝条上面的绳索都解掉，让它们得以舒展生长，他说这才是梅花真正的美，自然的美，不能以扭曲为美。他在文章最后还很感慨，现在天下都以扭曲为美，梅花都已经变了形，都被扭曲了，我的经济力量有限，不能盖更大的病梅馆，把天下病梅都给收来让它们自由地生长、自由地绽放。

我就推荐中小学的老师们读这三篇文章，我们能不能够从这里面得到一点启发，我们能不能够让现在的儿童们有一个自然生长发展的环境。

我常常讲，人才不是培养出来的，人才是自然生长出来的，我们要营造的是环境，提供的是环境。不是要求这个人怎么去做，就成人才了。我们提供一个良好的环境，让他得以自由地成长，人才自然而然也就涌现出来了。

人才更不是我们某一个标准化的，这就是人才，那不是人才。

我们有一个钱学森问题。钱学森问："中国为什么培养不出人才来？"我经常讲，这个其实不是一个真问题，不是说中国没有人才，也不是说中国没有培养出来人才，而是我们认不认同这是个人才，我们对人才的标准是怎么来定的。

什么叫人才？什么样的才是人才？大学生才是人才，硕士生才是人才，博士毕业才是人才，博士后才是人才，留过洋的才是人才？是不是？我们的标准就有问题。民间就没有人才？我们自己怎么样来认识人才，怎么样来认同人才？这才是个问题。所以我刚才为什么要念龚自珍的诗"我劝天公重抖擞，不拘一格降人才"？只有不拘一格，我们人才才能出来。我们老是要拘一格，定格在这个上面，合乎这个格就是人才，不合乎这个格就不是人才，那人才就出不来了。

我们传统文化中间可以说有大量的这样的教育理念、传统、方法，都值得我们很好地吸收。而这中间核心的就是来培养一个人，一个真正的人，这是根本。

三、中国文化的百年沉浮

刚才徐老师在讲，一百年前如何如何。是，中国传统文化的断裂，大致可以追溯到一百年前，新文化运动。今年是新文化运动一百周年。新文化运动起源于1915年，我们现在一般都会讲五四运动，那是1919年了，那是新文化运动的一个高潮。它的起源是1915年。所以今年恰好是一百周年。确实值得我们来反思这一百年来，在对待传统文化这个问题上所走过的历程。

救亡图存路上的自我迷失

一百年前，我们之所以走上对传统文化基本上可以说是彻底否定的这样一条道路，这是跟我们一百多年来的历史有关。鸦片战争以后，国家陷入了存亡的紧急关头，沦为一个半殖民地国家，救亡图存是摆在国民面前的一个最紧迫的任务。我们抵御不住西方的坚船利炮，要迎头赶上。所以鸦片战争以后，我们进行了思考、努力。

当时的思想家、社会精英都认为，我们要能够抵御外寇外敌，也要像西方国家一样有坚船利炮，必须发展物质文明，所以就有了一八六几年开始的洋务运动。洋务运动就是希望在物质这个层面赶上西方，所以建立各种各样的制造厂，造枪炮、造军舰，发展工业。洋务运动搞了三十年，也取得了相当的成就，我们的大机器生产都开始建立起来了，造出了坚船利炮，也建立了一支相当强大的北洋水师。

可是一场甲午战争，1894年的甲午战争，使这些彻底破灭了。于是大家又来开始总结经验，为什么我们的物质文明发展起来以后，还是比不过人家？哦，受到制度的制约、钳制，所以必须配合制度的改革，于是就有了以后的戊戌变法、辛亥革命。戊戌变法是想走君主立宪的道路，没有走通。又想走共和制的道路，大革命的道路。从戊戌变法到辛亥革命，搞了两次制度改革。辛亥革命把君主的制度推翻了，但是并没有建立起共和的民主制度，成果被军阀们篡夺了。不仅如此，军阀们还老惦记着要复辟，复辟君主制。前有袁世凯的复辟，后有张勋的复辟。人们又想到，中国人观念当中的传统意识太强烈了，不破除观念的意识，中国革命是不可能有前途有出路的，于是必须清算我们的传统文化，这中间最核心的就是儒家思想。于是就打倒孔家店，彻底的批判封建的礼教，认为礼教吃人啊！

可以说是一笔就把我们的传统文化中的核心成分、核心观念给否定了，礼教。礼教吃人，吃人的礼教。恐怕到现在为止，在很多人的心目中，礼教还是很可怕的，礼教是跟我们现代社会完全格格不入的一种文化。

现在经过了这一百年，可以说对于自己的文化，大家都失去了一种尊重和信心。

上个世纪初，在这样一个形势下，再加上西方文化的迅速冲击，五四运动又提出了科学和民主两面大旗，对我们的传统文化，大家都越来越感觉到没有可取的地方，几乎什么也没有，中国的历史几乎快成了一片空白。其中最突出的一个现象，就是认为中国人没有信仰了，特别是没有宗教信仰。

全盘西化的现实

中国人没有宗教信仰，恐怕这种想法到现在为止，都相当广泛地被认同。我现场问一下，各位谁有某种宗教信仰？请举手，我看看。哦，有两位举手。还有吗？你很明确的有某种信仰，有么？宗教信仰。

什么叫宗教信仰？我听说昨天圣凯法师来给大家讲了佛教。佛教在大家心目中，恐怕也是一种宗教信仰了，倒是可以。可是大家知不知道，佛教这个宗教信仰跟基督教的宗教信仰是不是一样的？大概是不一样的吧。我们中国文化认同佛教是一种宗教信仰，不认同儒家，尤其是儒家是一种信仰，这是因为我们以西方宗教的某些特征作为一个标准，合乎这些特征的就是宗教，不合乎这些特征的就不是宗教，是不是？

我们拿西方的基督教为代表，世界三大宗教里面，信仰基督教的人全世界最多，有二分之一以上的人口信仰基督教。

基督教的文化特征是什么？第一，信仰一个神。所以给我们的印象就是有神信仰才是宗教，没神信仰算什么宗教。中国人强调的是无神论，破除的是对神的信仰，所以中国人没有信仰。中国人没有宗教信仰，再往前推一步，就变成了中国人心目中没有敬畏的对象。这就麻烦了。人心中没有敬畏的对象，那还了得？那岂不是可以随心所欲胡作非为？所以西方人一说中国人没有宗教信仰，就把中国人塑造成可以胡作非为的形象。很多外国人，当然现在有很多变化，在改革开放之前或者刚刚改革开放的时候，你到西方去，人家都把你想成是长着犄角的怪兽，好斗。

所谓的没有宗教信仰，就是没有敬畏心。是不是？宗教就是强调要有敬畏。就把中国人的文化说成是没有信仰特别是没有宗教信仰的文化，缺乏敬畏心。不光如此，别的有吗？科学有没有？当然没有，因为中国传统文化当中哪有科学。哲学有没有？也没有。我们不说多了，没有宗教，没有哲学，没有科学，那你文化中还有什么东西？

这样一种文化，还能够让人们尊重起来么？还能让人民有信心么？当然不行了。所以到了上个世纪三十年代，就有人公开地提出来，中国的文化要全盘西化，彻底地改变中国的文化才行。中国什么都不如西方人，连衣食住行都不如西方人，必须全盘西化。

就在这个时候，当时有十位教授联名发表宣言，他们是不同意全盘西化的，他们的宣言叫做《建设中国本位文化宣言》，要建设本位文化。这个宣言开头的第一句话，就说，在当今中国文化领域里面，已经见不到中国人了。我过去经常讲近代的中国思想问题，讲到这个时候，我就讲，那个时候的那些人太夸大了。因为我想，在上个世纪三十年代，我们在文化里面还能看到不少中国的东西、中国的元素。在我们的生活中，中国的元素要更多一些，比我们现在多得多了。但是如果把这句话拿到今天来讲，差不多。所以，这百年来，尽管有不少人不断来呼吁、来坚持，中国的传统文化不能断根，要继续继承发扬，但是整个社会的现实是一个全盘西化的现实。我们不要否认这个。

四、中国传统文化的根本精神

崇尚自然的文化基础

我最近经常讲的一个问题，中国的文化是建立在一个什么基础之上的？中国的文化是建立在一种崇尚自然的基础之上。所谓自然，就是自然而然，本然，天然。尊重每个事物的本然。比如刚才我讲的因材施教，就是尊重每个人不同的智能、体能、性格、爱好。

我们现在崇尚的是什么？我们现在崇尚的是人为。一切都要标准化规范化，觉得人可以改变一切，觉得这个人能做到的那个人也可以做到，他没做到是因为他不努力。所以一个典型的成功树立起来，似乎就可以让人人都成功。事实上，成功永远是少数人。所以，以成功学引导大家走上成功之路，是一条不归之路，成功学是一门毒学。人人都有自己成功之路，不是一个标准化的。

我为什么要讲这一点？中国人崇尚自然，尊重自然，天地万物都是自然生成的，不是由某一个造物主造出来的，而是自然而然生成的。生命是自然而然生成的，生命也是自然而然的才能够生存，生命的延续也是自然而然的延续。于是我们探求的人与人之间的关系，重视的也是自然而然的关系。

我们都知道中国有一句话，叫作天伦之乐。一个人能够享天伦之乐，那是人生的幸福。什么叫天伦？天就是自然，天伦就是自然的关系。天伦首先体现的就是家庭，家庭完全就是一个天然的关系，家庭里面有父母子女、夫妇、兄弟姐妹。我们说如果这个家庭里面，父母子女的关系融洽，夫妇的关系融洽，兄弟姐妹之间的关系融洽，那就是天伦之乐。是不是？这是真正的天伦之乐。

中国人强调天伦，天伦就是自然的关系，人与人之间自然的关系。在这自然的关系中，父母跟子女，子女跟父母，关系都是自然而然形成的，不是强加的，是自然的关系。所以我们看，我们讲的五伦，君臣、父子、夫妇、长幼、朋友，整个社会关系把它分成五大类。那么这五大类里面，我们可以看到，父子、夫妇、长幼全部都是家庭的关系，就像刚才我讲的全部都是天然、自然的关系。这种自然的关系，就应该父慈子孝。

那么除了这三伦之外，朋友是社会群体之间人与人之间的一个必然的关系。一个社会，不可能是一个个体独立生存的，一定有各种各样的人，这就是朋友关系。那就剩下君臣。君臣关系，在我们过去看来，那都是封建的关系。君君臣臣，父父子子，封建的关系，好像是一个外在的外加的关系，不是自然的关系。当然这里面，我且不说像君臣关系，我们现在就脱得了么？我们现在就没有这个关系了么？任何社会，都逃脱不了领导者和被领导者的关系，都会有，不可能没有。我们且不说这一层，我们说在中国文化中，也努力地把君臣的关系、官民的关系，诠释成一种自然的关系。什么关系？父子关系。所以君要称为君父，臣要称为臣子，官要称为父母官，老百姓要称为子民。我们现在人不愿意听这个话，父母官，子民，好像是封建关系似的。为什么要把它说成这样一个关系？就是要把它转变成一个亲人之间自然的关系。其实我更喜欢父母官这个称号，我并不喜欢公务员这个称号，现在大家都喜欢公务员。公务员是雇佣关系，父母官是亲人关系。我们老觉得亲人关系太私了，不够公，公务员多公啊，父母子女多私密啊。可是我就想，为什么这样做呢？就因为，仔细想一想，父母子女这样的关系，是一种完全私密的自然的关系，可是恰恰就在这里面，我们能够看到一种最无私的精神的体现。有哪个父母对子女不是无私地奉献，无偿地付出啊？有哪个父母对子女要求有回报，我是给你投资的，将来你是要回报给我的，有吗？我们不排除个别，有。前几年就出了这么个事，人民大学一个硕士毕业生，好不容易找到一个工作，工资才3000多块钱，他的父亲大发脾气，我培养了你半天，你当那么一个小职员，才挣3000多块钱，我白投资了。这个儿子一生气跳楼了，可悲啊，悲剧！这是不正常的。正常的父子关系，父母对子女永远是无私地奉献。当然反过来，子女对父母也是不讲条件地孝养，这是双方的。我们可以看到，父母子女之间这样一个最私的关系之间，却蕴含着一个最无私的精神。所以我们要把官吏称为父母官，把百姓称为子民，就是希望构建这样一个关系以后，能够体现一种无私奉献的精神。

荀子曾经说过这么一句话，“天之生民，非为君也。”老天爷生了好多百姓，不是为了君主。“天之立君，以为民也。”老天爷立这个君主，是为了老百姓。所以刚才徐老师讲，自己的孩子自己养，自己的学生自己教，自己的百姓自己管，不就是这个么？既然老天爷给你这个任务，你就应该尽心尽力把它管好。天之立君，是为民也。

我们常常不去思考它这个内在的一种精神，就简单地否定。当然，也可以有人来反驳我，也有很多父母不讲道理地管孩子。我们当然不是提倡这个，这个选择在我们，在我们的理解，我们要发扬的是哪一种精神。其实，没有一句话，不可以从两个不同的角度去理解它、发挥它。有的永远是从负面的角度去理解它，有的永远是从正面的角度去理解它。我们不知道正面的理解里面也可以有负面的东西，负面的理解里面也可以有正面的东西。

大家都知道一句话，“人不为己，天诛地灭”，我们千百年来是怎么理解这句话的？我想我们绝大部分人是这样来理解这句话的：人总是要为自己的，为自己谋利，为自己的名利，不这样做，天地都要诛灭你。你看看，鸟都要为食亡了，人还不为财死啊？可是，如果刚才大家听懂了我讲的为己之学的道理的话，其实这句话不是这样理解的。这句话应该理解成：人如果不能通过学习来不断地完善自己的话，老天爷也不能容忍，是不是？为己。人是应该不断地去完善自己的。一个人如果不能不断地完善自己，反而不断地为了自己的私利去钻营，老天爷也不能容忍。所以，我们对传统文化的理解有很多误解。

“敬天法祖，尊师重道”的文化精神

中国的礼，其实里面包括了我们根本的信仰问题。所以当我们把礼彻底地否定以后，中国人就变成了没有信仰了，这个问题很严重。

中国人讲礼，有许多非常重要的内容。礼，礼貌的礼，它有很多形式上的仪式，更多的是内在的精神上的东西，有很多的内涵。常常我们会讲，礼里面一个核心的东西，体现出的是一个敬，敬畏的敬。我们行个礼，不就是表示对别人的尊敬么？我们见了老师鞠个躬，就是体现了我们对老师的一种尊敬。所以礼的核心是敬，有尊敬，有敬畏。对什么要有敬畏呢？对我们生命的本源要有所敬畏，怎么来的？我们从哪儿来的？

有人说哲学家老是爱问，我从哪儿来？要到哪儿去？北大流传的一个笑话，说北大的门卫一个个都是杰出的哲学家。为什么呢？你要进门，他首先问你“你从哪里来？”然后又问你“你到哪里去？”哲学家老爱问，从哪儿来，到哪儿去。当然这是开玩笑。但那时人确实也在不断地思考。那么西方人思考了半天，说是上帝创造的。世界上有个造物主，他创造了万物也创造了人类，他赋予了人类每个个体生命，还给他灵魂，离开了上帝，还有我们吗？没有啊！我们还能生存吗？不能啊！我们灵魂还能得到拯救吗？不能啊！好了，这个上帝是最根本的，我们不能违背上帝，要敬畏上帝，上帝时时刻刻在看着我们呢，我们不能做违背上帝的事情，要不然死后灵魂会下地狱。所以这样一种敬畏心，就在不忘本、感恩的基础上建立起来了，是不是？

那么中国人通过礼，也让我们来探求万物从哪儿来，人从哪儿来，从礼、礼教里面来寻找我们生命的本源。在中国人的心目中，生命都是自然而然生成的，天地生万物，天地是阴阳之气相合就有了万物。“天地合气，物我自生”，所以“天地者，生之本也”，天地是一切生命的本源，不能忘本。天地生万物，又有各种各样的物，每一类的物都有它自己的源头，就是祖先。

中国人讲究生命是一代一代延续的，不是今天上帝造一个明天上帝造一个，而是一代一代相延续的，是祖先延续下来的。所以“先祖者，类之本也”，先祖是一类的本。

这两个本是不能忘的。天地者，生之本也；先祖者，类之本也。礼告诉我们不能忘本，所以我们要祭天祭地祭祖，对不对？我们要敬畏天，敬畏祖。

而作为人来讲，人跟其他的生命不一样，人是有思想的生命，人为万物之灵，人是万物最贵，不是一般的生命。一个人生下来，如果把他放到狼群里去，他将来就成狼孩。我想大家也看过狼孩的纪录片，他不懂得人道，不懂得怎样做人，跟狼一样。人本来就具有动物性的一面。但是人是脱离了动物性的一种生命，所以人要懂得做人的道理。

怎么才能懂得做人的道理？接受教育。所以说教育的根本是教人怎么样做人。你不懂得做人，本事再好，说实在的也只不过是为你的肉体而活着。因此要懂得做人的道理，要接受教育，通过谁教育？刚才讲的，父母啊，师长啊，国家啊。所以，礼里面还强调第三个本，叫做“君师者，知之本也”。君就代表国家，师就是老师、师长。这个师长当然也是广义的了，从父母到各级学校的老师，人才能懂得该怎么样才对。这就形成了中国人对于天地万物生命源头的认识，中国人不能忘掉这个。

于是自古以来中国人有这样一个信仰，信仰什么？天地君亲师。现在我们很多老宅里面还能看到这样的牌位“天地君亲师”。有些地方，把那个君改成国，国家的国，天地国亲师，也是对的，君就是国的意思。如果我们理解了这个，改不改都无所谓。传统就是天地君亲师，这就是中国人的信仰，也可以说就是中国人的宗教信仰。

西方人碰到什么事情，高兴的也好痛苦的也好，一张嘴就是“oh，my God”。中国人一张嘴“哎呀，我的天哪”。所以中国人讲，人在做天在看。敬畏的是天，敬畏的是祖先，怎么没有敬畏？是不是？你对得起天地良心吗？仰不愧天，俯不怍地。做人对得起天地，对得起自己的良心，对得起自己的祖先，这就是中国人的敬畏心。如果我们把这些都抛掉了，那么，中国人是没有信仰。不是中国传统文化中没有信仰，而是我们现代人把传统文化中的信仰给丢弃了。

这个信仰把它归结一下，八个字，我这八个字一说大家都会清楚，“敬天法祖，尊师重道”。我们中国人现在如果能够恢复到“敬天法祖，尊师重道”，我想我们传统文化的重构就可以说是达到目的了。法祖就是法律的法，祖先的祖。我们要效法祖先，祖先是我们学习的榜样。“敬天法祖，尊师重道”，是中国的整个传统文化的精神。尤其是我们搞教育的，如果能够把这八个字的概念让我们的学生牢牢记住，那中国文化的根就断不了。如果这八个字丢了，那么中国文化的根就丢了。

五、中华优秀传统文化的回归与传承

这一百多年来的文化沉浮，曾经也有人问我，您对中国传统文化的现状怎么认识，有什么看法？我四个大字，失魂落魄，或魂飞魄散。

失魂就是比如我刚才讲的这八个字就是魂，魄就是我们的行为，魂就是我们的精神。我们的魂丢了，我们外在的行为各个方面也不讲究了。举手投足，大家都不知道该怎么做了，什么场合应该怎么样，大家也都忘了。本来中国是世界上出了名的礼仪之邦，现在快变成最野蛮的部落了。你到外国去经常是这样的，找中国人是最好找的，在公共场合说话声音最大的一定是中国人，不顾场合高声喧哗的一定是中国人。你看看，一个礼仪之邦竟然成了这个样子。落魄，失魂落魄，魂飞魄散。

现在，很多人要重建，怎么重建是很艰难。我觉得我们要一点一滴地做起。我开始提到的《弟子规》，是我们从小养成言行习惯的一种教材。我们不在于用教材让大家来背诵，而是一条一条地去做，从小养成习惯。

敬畏自然，以天为则

我们怎么样努力地让大家来恢复“敬天法祖，尊师敬道”的灵魂和精神？天就是我们的大自然啊，中国人是最敬天的，要向天地学习，我们人所有的德行都是从天地万物学来的。我们怎么样来称颂一个圣人的？我们到孔庙里看一看，我们是怎么样来称颂孔子的？两句话，一句话是“万世师表”，他让我们世世代代都要向他学习，为人师表；还有一句话“德配天地”，孔子的德行可以和天地相匹配相并列。

天地是无私的广大的包容的，无所不容无所不包，“天无私覆，地无私载”，它长出来的东西没有一个是一样的，可是又同等地去看待它们。我喜欢这个，我不喜欢这个。我喜欢这个，我就在天上盖着你，我不喜欢这个，我就不盖你，地也没有说不喜欢你就不载你了。天地是最无私的，心胸是最广大、最包容的，而且不去主宰它们，让它们自由生长的，“生而不有，为而不恃，长而不宰。”

因此天地之德行是我们学习无穷的源泉，根本的源头。天地的诚信，一年四季那么运转，春生夏长秋收冬藏，于是万物才能够生生不息。天地如果不讲诚信的话，万物能生长么？今年春夏秋冬了，明年变成夏春秋冬了，后年又变成春冬秋夏了，万物还能生长么？无法生长。所以“诚者，天之道也；诚之者，人之道也。”人是按照天道去做的，所以中国人最尊重的是天。天并不是一个有意志的造物者的神，而是万物自然的本源。所以这个理念跟西方宗教的理念是不一样的，但从根本上又是一样的，是不忘本，要感恩，这个精神上是一样的。

所以不能说信仰一个造物者就是有宗教信仰；我们信仰一个自然的天，就不是信仰。我们不能做违背天地良心的事情，就不是一个信仰；我们不能随意地去支配天地，随意地让天地来符合我们。人应该顺从自然，要去适应自然，不能反过来要自然来适应我们。我们现在永远创造所谓人造的环境，让自然来适应我们，还认为人们了不起。人们是了不起，无所不能，想做的大概都做得到。这个没问题，毫无疑问的，人有这么大的力量。但是，人再大的力量，也只能够局部地让自然去服从你，整体上你永远得服从自然。

我们现在是很好，我有时候会暗自发笑，说这个空气环境不好，我们来一个空气清新剂，往这个屋里一搁，你看多好啊，真是不得了，我们还洋洋得意。可是我请问大家，你能永远待在这个房间里不出去吗？一想到这个，空气清新剂对你就毫无意义，反而会增加负面作用。为什么？当你适应了这个局部环境，你就适应不了大环境。整体的变化是一点没办法抗拒的，你只有想办法去适应它。

昨天碰到一个从日本回来的朋友，他说日本现在是过敏期，整个马路上大家都戴着口罩。我就说，啊，真是这样的，三年前我在日本待了半年多，赏樱花，高兴极了。大家坐在樱花树下唱歌喝酒。三四年以前，我看电视上报导说，日本樱花季节时候，过敏得不得了，人人都戴着口罩，我还不相信。他刚从日本回来，正好赶上现在是樱花季节，就是这个现状。大环境都变了，人怎么办呢？好了，说完这个，回家开电脑一看，网上报道了一个什么消息，说安倍也过敏，所以他有点生气，他要下令全部砍掉在日本造成过敏源的杉树，当然国会里面也有很多人对此质疑……我说是反面抗拒的话，人必须清楚地认识这一点，人类不要再去干预自然的变化了，这样才能够不断地去适应它。

我也经常讲，我到北京今年已经整整六十年。六十年前我到北京的时候，西郊地区流水潺潺。这个流水潺潺是形容，不是河流的流水，更多的是地下的泉水，清泉水。京西原来普遍是清水稻的地区，现在已经一点清水稻都没有了，地下水枯竭了，泉水枯竭了。原来不仅种水稻，还种藕、种荸荠、种慈菇、种茭白，所有水生的植物都有。现在什么都没有了，我们看到的是水泥林子。

所以人的能量是大，不得了，可是我们要尊重自然。中国人的敬天，我认为是最重要的。既然你要敬天，你怎么能够随意地去破坏天呢？

慎终追远，民德归厚

大家说传统文化怎么入手？我想我们如果能把整个社会，把我们脑子里边的这两个意思归拢起来，就是“敬天法祖，尊师重道”。这个其实说难也难，说易也易。这个本来就是中国的传统，现在丢失了，而且可以从我们身边做起。我们的祖先就是我们的天，我们要尊重祖先，先从孝亲开始，先从孝顺父母开始。我们每家每户都能够从孝敬父母开始，然后到父母离开的时候，我们要慎终，然后我们不忘祖先，有些节日的时候，比如最近马上清明了，大家就得去祭祖。“慎终追远，民德归厚矣”，民风就会为之一变。

我们现在的问题就是大家不孝，大家不敬祖先。所以要把这个慎终追远的风气恢复起来。慎终追远不是吃吃喝喝，不像现在很有意思，我发现婚礼有车队，丧礼也有车队，特别是在南方。我不知道北方怎么样，我在南方看到，丧礼也有车队。我们少摆点车队，多来点慎重的严肃的礼仪，这样的话我想这种风气应该也可以比较容易恢复，因为这都是出于人的天性。天性就是自然，所以中国人一讲到自然，就讲天，天性、天命、天道、天理、天然、天成，都是天，自然的，出于人的自然的本性。只要我们把他的本性启发出来，把他的良心良知启发出来，应该是可以逐步恢复的。这就需要我们现在的人认识到，我们做家长的做老师的，需要身体力行。

文化回归，任重道远

所以现在我们的担子很重，也有很多的难题。现在我们开始一点一点地有所认识，过去可能把我们敬天地的思想看作很落后的封建的，现在看科学的发展其实也在回归我们传统的对世界的认识。传统中我们对万物有一个整体的认识，现在的科学也在回归这个，并不是把人和万物隔离开来、对立起来。我们现在也越来越认识到，人并不是外在世界的消极反应的工具，而是积极参与到整个万物运行变化之中的。所以人不是旁观者，而是参与者。这个跟我们的传统文化是有关系的。

我们在座的也一定都学过一点哲学，好像我们探求的问题是先有物质还是先有精神。精神是物质的产物，好像哲学应该研讨这些问题。其实这是一个很普通的常识问题，连身体都没有了，还有什么思想啊，还需要问吗？

中国哲学不讨论这些问题，讨论什么？讨论的是我们人的精神，跟这些物质现象碰在一起了，各自会发生什么样的变化。不是说先有你后有我还是先有我后有你的问题，而是我们在一起了，你有什么意义，我有什么意义。

我们经常拿心和物来比喻。先有心后有物，还是先有物后有心，这是西方哲学很重视的一个问题。中国哲学讨论的是心物在一起的时候，心发生了什么变化，物发生了什么变化。心没有跟物发生关系的时候，没有跟物在一起的时候，物是物，心是心，不搭界，存在对于我来讲，意义不大。这就是从个体来讲的。从整体来讲呢？不是我个人，是人类，人类和整个世界，这个整体永远离不开，你也离不开我，我也离不开你，所以没有这个物在前心在后的问题。

所以我们很多现在的思维方式要发生变化。我们不要以为逻辑推理的就一定正确，前提错了就全盘皆错。任何科学的理论都是建立在假设基础、假设前提之上的，所以有的时候不能只靠逻辑推理，还要靠我们的直觉感觉，所以直觉直观也不是无效的，也不是没有意义的，有的时候可能它的意义更重要。

现在的科学已经开始认识到，通过逻辑的科学的实验的方法认识世界，跟通过直觉的直观的体悟的方法认识世界，是人类认识世界的两条并行的道路。我们过去都会否定后者，肯定前者，事实上这两条道路是并行不悖的，它们有相同的认识世界的意义。所以，我们对传统文化中整体的、模糊的、非线性的、随机的等等的，这样一种认识世界的方法，不能够简单否定，要重新树立起对我们传统文化的信心。

当然，这中间首先要有尊重。回到根子上讲，我们要尊重我们的老祖宗啊！五千年的文明，三千多年的有文字记载的历史所创造的文化啊，是我们的宝贵财富。我们中国文化永远是敞开胸怀去接纳全人类的各种优秀文化，但是又是始终坚持自己文化的主体意识。只要我们坚持文化的主体意识，我们吸取外来文化都是对我们有益的营养。如果我们把文化主体丢失了，我们只可能成为其他文化的附庸。所以这一百年来，值得我们总结的经验教训，就是我们的文化主体意识的丧失。

我常常拿一个例子作为教训。什么教训？就是我们的中医。六十年前，毛主席提出来，中西医结合，西医学中医，中医学西医，中西结合，要取长补短，中医是中国文化的宝库，都很对。但是我们在实践的过程中呢，逐步地把中医的主体意识给丢了，不光是精神丢了，手段也丢了，就成了现在这个情况。

很多人说，我们现在去中医院看病，有多少中医理念下面的诊断方案呢？没有了。中医的理念是望闻问切，四诊。我们现在去了中医院，怎么诊断？化验，透视，B超，CT，超声波，去做这些，然后也是根据这些化验检查的数据给定病。所以中医真的是失魂落魄了，这是教训啊！我们把我们中医的这套理论看作落后的不可取的，只有西医的这套才是科学的，手段才是准确的，丧失了主体。中医院把中医两个字去掉，跟西医一样的。

我们的教育，我们的学术，也存在同样的问题，有的可能比中医的现状还要严重，有的可能比中医稍微好一点。所以只有在坚持文化主体意识立场这样的基础上，去吸收外面的东西，才能够丰富我们自己，发展我们自己。所以这里面很多问题是值得我们来思考的。新文化运动这一百年过去了，我们是不是应该有一个回归啊！

刚才我也讲了，对于“敬天法祖，尊师重道”，也完全可以做出一个新的诠释。可能这个是我们中国文化的一个灵魂。时间不早了，上午随心所欲地讲了一些，有不对的地方请大家批评指正，就讲到这里。

附：楼宇烈先生讲座中推荐的必读文章

种树郭橐驼传

唐·柳宗元

郭橐驼，不知始何名。病偻，隆然伏行，有类橐驼者，故乡人号之"驼"。驼闻之，曰："甚善。名我固当。"因舍其名，亦自谓橐驼云。

其乡曰丰乐乡，在长安西。驼业种树，凡长安豪富人为观游及卖果者，皆争迎取养。视驼所种树，或移徙，无不活，且硕茂，早实以蕃。他植者虽窥伺效慕，莫能如也。

有问之，对曰："橐驼非能使木寿且孳也，能顺木之天，以致其性焉尔。凡植木之性，其本欲舒，其培欲平，其土欲故，其筑欲密。既然已，勿动勿虑，去不复顾。其莳也若子，其置也若弃，则其天者全而其性得矣。故吾不害其长而已，非有能硕茂之也；不抑耗其实而已，非有能早而蕃之也。他植者则不然，根拳而土易，其培之也，若不过焉则不及。苟有能反是者，则又爱之太恩，忧之太勤，旦视而暮抚，已去而复顾，甚者爪其肤以验其生枯，摇其本以观其疏密，而木之性日以离矣。虽曰爱之，其实害之；虽曰忧之，其实仇之，故不我若也。吾又何能为哉！"

问者曰："以子之道，移之官理，可乎？"驼曰："我知种树而已，官理，非吾业也。然吾居乡，见长人者好烦其令，若甚怜焉，而卒以祸。旦暮吏来而呼曰：'官命促尔耕，勖尔植，督尔获，早缫而绪，早织而缕，字而幼孩，遂而鸡豚。'鸣鼓而聚之，击木而召之。吾小人辍飧饔以劳吏者，且不得暇，又何以蕃吾生而安吾性耶？故病且怠。若是，则与吾业者其亦有类乎？"

问者曰："嘻，不亦善夫！吾问养树，得养人术。"传其事以为官戒。

训蒙大意

明·王守仁

古之教者，教以人伦。后世记诵词章之习起，而先王之教亡。今教童子，惟当以孝、弟、忠、信、礼、义、廉、耻为专务。其栽培涵养之方，则宜诱之歌诗以发其志意，导之习礼以肃其威仪，讽之读书以开其知觉。今人往往以歌诗习礼为不切时务，此皆末俗庸鄙之见，乌足以知古人立教之意哉！

大抵童子之情，乐嬉游而惮拘检，如草木之始萌芽，舒畅之则条达，摧挠之则衰痿。今教童子，必使其趋向鼓舞，中心喜悦，则其进自不能已。譬之时雨春风，沾被卉木，莫不萌动发越，自然日长月化。若冰霜剥落，则生意萧索，日就枯槁矣。故凡诱之歌诗者，非但发其志意而已，亦所以泄其跳号呼啸于咏歌，宣其幽抑结滞于音节也。导之习礼者，非但肃其威仪而已，亦所以周旋揖让而动荡其血脉，拜起屈伸而固束其筋骸也。讽之读书者，非但开其知觉而已，亦所以沉潜反复而存其心，抑扬讽诵以宣其志也。凡此皆所以顺导其志意，调理其性情，潜消其鄙吝，默化其粗顽。日使之渐于礼义而不苦其难，入于中和而不知其故。是盖先王立教之微意也。

若近世之训蒙稚者，日惟督以句读课仿，责其检束而不知导之以礼，求其聪明而不知养之以善，鞭挞绳缚，若待拘囚。彼视学舍如囹狱而不肯入，视师长如寇仇而不欲见，窥避掩覆以遂其嬉游，设诈饰诡以肆其顽鄙，偷薄庸劣，日趋下流。是盖驱之于恶而求其为善也，何可得乎？

凡吾所以教，其意实在于此。恐时俗不察，视以为迂 ，且吾亦将去，故特叮咛以告。尔诸教读，其务体吾意，永以为训。毋辄因时俗之言，改废其绳墨，庶成“蒙以养正”之功矣。念之念之！

病梅馆记

清·龚自珍

江宁之龙蟠，苏州之邓尉，杭州之西溪，皆产梅。或曰：“梅以曲为美，直则无姿；以欹为美，正则无景；以疏为美，密则无态。”固也。此文人画士，心知其意，未可明诏大号以绳天下之梅也；又不可以使天下之民斫直，删密，锄正，以夭梅病梅为业以求钱也。梅之欹之疏之曲，又非蠢蠢求钱之民能以其智力为也。有以文人画士孤癖之隐明告鬻梅者，斫其正，养其旁条，删其密，夭其稚枝，锄其直，遏其生气，以求重价，而江浙之梅皆病。文人画士之祸之烈至此哉！

予购三百盆，皆病者，无一完者。既泣之三日，乃誓疗之：纵之顺之，毁其盆，悉埋于地，解其棕缚；以五年为期，必复之全之。予本非文人画士，甘受诟厉，辟病梅之馆以贮之。

呜呼！安得使予多暇日，又多闲田，以广贮江宁、杭州、苏州之病梅，穷予生之光阴以疗梅也哉！

【本文是2015年，楼宇烈先生在“清华大学——烟台市小学校长优秀传统文化传承与国学经典教育实践课程研修班”上的讲课实录，题目为编者所加。】

禅与生命的体悟

各位同学，大家晚上好，应禅学社的邀请，我今天来给大家做个讲座，说说禅与生命的体悟。

一、禅与禅宗

禅，大家都有些了解，但又不是非常了解，所以常常对禅有种很神秘的感觉。其实，禅是最朴实、最贴近生活的，和我们生命的联系都很紧密。为了讲清楚这个问题，下面我将对禅这个思想的发展变化的情况做个简单的介绍。

禅的本来意义

“禅”是一个外来的概念，是从印度传过来的，是印度古代各种宗教修行的一种方法。它可以翻译成“思维修”，即思维的修炼，也有人把它翻译成冥想。它的办法就是让你的思想专一、专注于一境，所以也可以翻译成“定”。有的时候我们也讲“禅定”。“禅”是音，“定”是意，翻译成“禅定”这个词就是把音和意结合在一起了。在印度古代，一些宗教家认为，通过一种禅修的方法能够产生智慧和各种各样的神通，同时也能产生一种慈悲的心。所以，他们把禅修作为基本的修行方法。佛教发展起来之后，继承了这种禅修的方法，使它的内容慢慢地充实起来。把禅和智慧联系起来，通过坐禅来启发人的智慧，让人了悟人生。禅后来就成了佛教最基本的修行方法。

我们知道，佛教有三个基本的学习和修行的方法，我们称之为“三学”：戒、定、慧。“戒”，就是指各种各样的戒律，修行者通过戒律来自我约束。佛教认为，人生充满了苦和烦恼，因为人存在着三种心：贪、嗔、痴。佛教用“三学”来治服这“三心”。“戒”就是来对治“贪”的，贪一般指生理上面的一些欲求，基本戒律都是限制生理方面的追求的。比如说“五戒”，不杀生、不偷盗、不邪淫、不妄语、不酗酒及吸食毒品，都限制了生理上面的贪欲。“定”，是来对治“嗔”的，“定”也就是“禅”，“嗔”就是一种不平衡、嫉妒，把自己和别人一比较，看到别人在哪些方面比自己强，就不高兴，起嫉妒心，这时候我们就需要“定”，静下心来，不要胡思乱想，不要跟人家攀比，禅定能让你的思想专一，从嫉妒心中解脱出来。“慧”就是“智慧”，它是来对治所谓“愚痴心”的。“愚痴”并不是我们通常所说的笨，用佛教的话说，它是一种“无明”。有“愚痴心”的人，他可能非常聪明，但是聪明反被聪明误。“愚痴”包含一种执着心，一种颠倒心。什么事情都分得很清楚，你的我的分得很明白，然后就喜欢争执。我们还可以说，那种认死理、钻牛角尖等等，都叫做“愚痴”。佛教所讲的智慧是用来驱除“分别心”或“执着心”的，驱除偏执、驱除钻牛角尖，让你明白世界是整体的，任何事情之间都相互紧密联系，不能简单地对立起来看。在“三学”里，“戒”是基础。而“禅定”是关键，因为前面讲过，禅的修行方法就是入定了之后，让修行者认识世界、认识社会、认识自我，从而发挥“智慧”。禅，于是便成了原始佛教的一种求解脱的主要修行方法。佛教发展成大乘佛教之后，禅依然是求证佛道的主要方法。大乘佛教讲“六度”，或者说“六波罗蜜”。“六度”中的“禅度”也即“禅波罗蜜”，是一个很重要的部分。以上我给大家介绍了禅的本来意义。

它还有很多具体的修行方法，包括打禅等等。有机会的话大家可以去体验一下打禅。但是禅是不能随便乱坐的，如果没有得到正确的引导，就会出岔子。禅如果没有得到正确引导，冥想变成了幻想，变成了幻觉，最后就要出问题。（笑）这不是我危言耸听，包括出家人，他们中就有因坐禅而变成神经病的。（笑）所以，同学们平时简单地静坐是可以的，你如果真想体会禅的境界，体会禅的喜悦，那一定要有正确的引导才行。在坐禅的过程中，确实会出现生理上、心理上的一些变化和一些特殊现象，这是不稀奇的。中国近代有个怪人，叫杨度，他很有意思，也很有学问。他是保皇党人，辅佐袁世凯。保皇失败后，他就跑到天津闭门学佛。他把自己在坐禅过程中的外在表现和心得体会都记录了下来，并且体会到：坐禅不是去追求特异功能，而是去领会禅的根本精神。他认为，禅的基本精神就是无我，所以他曾提出，要建立一个无我法门。后来，他从佛教中走出来，又参加了中国共产党。他的党员身份很多人都不知道，还是周恩来总理给他证明的。他对佛教的体会能走进去、又走出来，是值得我们借鉴的。

禅宗的“禅”

现在我们所讲的禅，常常是和中国的一个佛教宗派——禅宗联系在一起的。下面我来讲讲禅宗中的“禅”是怎么回事。

禅本来是印度古代宗教常用的一个修行方法，不同的宗教修行的具体方法不一样。佛教中显教和密教的坐禅方法还是有差异的。禅宗之所以能称为“宗”，在这里，禅已经不是普遍的一个修行方法了。从某种程度上说，它已经摆脱了禅的外在形式，而着重于把握禅的内在精神。所以他们称这种禅为“最上乘禅”。禅宗的祖师们，根据修行者修行所达到的不同的程度，把禅分为不同的层次。唐代著名佛学家宗密，对禅做了分类，分为五种：第一类叫做“外道禅”，所谓外道就是不属于佛教，这种禅是其他的宗教也可以用的修行方法；第二类叫做“凡夫禅”，凡夫就是普通人。没有异端信仰的人；第三类叫做“小乘禅”，“乘”是一种运载的工具，“小乘”只能渡自己到彼岸去。“小乘”这个概念带点贬义，我们现在不常用，只是沿用历史上的说法。被“大乘”称之为“小乘”的，是一些部派佛教。佛祖释迦牟尼创立佛教，经过一百多年后，内部形成了许多不同的意见和分歧，于是就分裂成了二十个部派。分裂前的佛教我们称之为原始佛教，分裂之后的我们称之为部派佛教。部派佛教中的一部分后来发展成了大乘佛教，有一部分淘汰了，还有一部分跟大乘相对的上座部佛教，现在还存在，主要存在于东南亚地区，包括我国云南的傣族地区，也称作南传佛教。第四类叫做“大乘禅”，它基本符合大乘佛法的观念。禅宗认为仅仅达到大乘禅还是不够的，因为大乘禅中对佛法还有不同的理解。第五类叫“最上乘禅”，自心本来清净，原来就没有任何烦恼，自心本来是无漏之心（在佛教中无漏与有漏相对，有漏常常指有烦恼，而无漏之心就是没有漏洞，没有烦恼，很圆满），无漏之心本来自足，众生和佛没有两样。只有能悟到这些，才是“最上乘禅”，比一般的“大乘禅”要高一个层次。禅宗“最上乘禅”的核心是要把握大乘佛法一切皆空的道理。

佛教的苦”和“空”

佛教最根本的理论，我常常说，只有两个字:“苦”和“空”。佛教教义建立在“一切皆苦”的基础上，它体悟到：世界上一切有生命的众生都是苦。释迦牟尼当年出家，就是因为看到人有生、老、病、死等苦，他感觉到人生整天都在苦，佛教要解决苦的问题。那么“苦”是怎么来的呢？“空”的理论就是要解决这个问题。本来一切都是“空”的，我们却看成是“实”的；本来一切都是虚幻的，我们却看成是实在的。这样，就产生了“苦”。“空”就是在分析人们会产生这样颠倒的认识的原因。原始佛教，包括小乘佛教的时候，人们对于“空”还仅仅是一个局部的认识。刚才讲过，人因为把不实的东西看成实在的，并且去追求、去执着，所以会“苦”。既然这样，通过修行的办法，包括禅这种修行方法，把看到的一切都“看空”，这样就不会去追求它，不会去执着它，就没有欲望了。所以说，原始佛教和部派佛教追求的都是这种“离欲”的解脱。他们解脱以后所达到的果位，是我们现在常常听到的“阿罗汉”或者叫做“罗汉”。我们到寺庙里都可以看到，有的是十八罗汉，有的是五百罗汉等等。这些“罗汉”都是断除了种种欲求的人，断除了欲求，也就断除了对事物本身的认识。这是从主观上，从主体上把事物看“空”，忽略了事物的外在现象。原始佛教和部派佛教没有慎重地考察外在现象的“空”与“实”。而大乘佛教所提出的“一切皆空”，不仅仅指主观，还包括一切外在现象，这些外在现象，不仅仅指物质现象，还包括精神现象、理论及学术方面，都是“空”的。佛教中有个“法”的概念，它有多重含义，其中一个很重要的含义，是指一切的现象，包括物质的现象、精神的现象和理论学术的现象，它还包括宗教涉及的终极目标——彼岸世界在内，在部派佛教和原始佛教中，讲“人空法不空”。

佛教的缘起理论

为什么一切现象都是“空”呢？下面讲讲佛教的缘起理论。简单地讲，缘起理论认为，事物或现象都不是孤立存在的，各种条件凑合在一起才出现某种特定的事物或现象。比如说，一个花瓶就需要几种条件——泥、水、工匠凑合在一起来捏成花瓶。组成事物的这些条件就叫做“因”和“缘”。因缘也分主要、次要，主要的我们称为“因”，次要的我们称为“缘”，也称作“助缘”。既然一切事物都是因缘合成的，那么因缘聚则事物存在，因缘散则事物消失。根据这样的理论来推论，一切事物就都没有一个恒常的、独立的本性。用佛教的话说就是没有自性。佛教有“三法印”之说，印就是印记、印章。佛教的三个标志是：“诸法无我”“诸行无常”“涅槃寂静”，前面两个讲一切法皆空，最后一个是说佛教追求的涅槃的境界。“诸法无我”“诸行无常”，是说一切事物都由因缘聚合而成，因此没有自性，这就叫“无我”；因缘有聚就有散，不可能永远聚在一起，因此不可能恒常，这就叫“无常”。无恒常性说明了事物是不可能永恒的。这就说明了“空”的理论。

因缘合成。大因缘由小因缘合成，小因缘由小小因缘合成。因缘就这样往细分，分到极微小后，还能再分下去么？没办法分了。最后，还得承认极微是真实的，这是部派佛教因缘关系没有完全解决的一个问题。大乘佛教对这个问题的理解有了发展，它认为：一切事物，我们讨论的是它的无自性和无恒常性，因为事物由因缘组成，因缘有聚有散。既然这样，那些极微小的因缘就没有讨论的必要。“因缘所生法，我说即是空”，凡是因缘所生成的法，就是空。大乘佛教思想认为，“空”并不是“无”。“空”是指事物的无自性和无恒常性，并不否认事物暂存的现象或者说假象、幻象。当佛教讲空的时候，并不是否认现象。我说我们都是空，那我眼睛里什么也没有，是这样吗？不是这么回事。大家都是一个个有活力、有朝气的年轻人。但是我们要看到：每个人都有生老病死，有生就必有死。每个人都会由年轻人变成老年人，我1955年进北大的时候也和各位一样，现在已经垂垂老矣。就是有这样的变化，必须承认这个现象。人也是无常，总有一天要离开这个世界，肉体将会散掉，因缘也就散掉了。大乘佛教讲“空”的理论，是要求把握“空”的根本精神的，并不是去分析“空”。对现象我们不能太执着，人亦空，法也空。法空里还包括佛教中所提的种种最后境界。

禅宗的精神

我们常常听到这样的话：“色即是空，空即是色；色不异空，空不异色。”这是《心经》里的句子，在《红楼梦》里大家也可以见到。所谓“色”，即指各种各样的现象，“空”包含在各种现象中，没有离开“色”的“空”，而一切“色”的本质即是“空”。

有时候我们会想：真烦恼，去找一个清净的地方吧。这种想法在佛教看来，无非是从这个牢笼里面跳出来，钻到另一个牢笼里面去。所以，不能执着于烦恼，也不能执着于清净。佛教告诉我们，所有的东西都是相对的。我举个例子：一件衣服脏了，就拿去洗。那么是不是洗洗就干净了呢？其实，洗干净了之后，脏不存在了，干净失去了和它比较的东西，那么干净也就不存在了。禅宗就是要我们把握大乘佛教中一切皆空的根本精髓，破除对一切现象的执着。这好像违背人们常识性的认识，因为我们要认识事物，必须是处在分别、比较的情况下。说一个东西甜，那一定是和不甜或者和酸的东西比较而言的。佛教看到，正由于用分别心看问题，使人产生了执着心，放不下。一切的执着，来源于“有我”。因为“有我”所以“有他”，“我的”就要好好保护，“他的”我得想办法变成“我的”。这样，便产生了三心：贪、嗔、痴。其实，“我的”“他的”等事物都不具有恒常性，争来抢去的有什么意思呢？“空”的理论就是用来破除分别心和执着心。禅宗，“最上乘禅”的核心表现是：注重内在精神的把握和修证，而不拘于外在的各种表现形式。所以参禅的关键，是要把禅的精神，体现在时时、处处、事事当中。唐代玄觉有句话：“行亦禅，坐亦禅，语默动静体安然。”禅师马祖道一的大弟子大珠慧海也讲过：“行住坐卧并是汝性用。”禅本来需要静坐的，但禅宗破除了这种外在形式，把禅体现在一切地点、一切时间、一切事件上面。这样，禅已经不是佛教统一使用的修行方法了，因此禅宗是一个独立的宗派。

体悟生命

禅的本质是一种实践，而不是对单纯理论的讨论。传统的禅如此，禅宗的“最上乘禅”也是如此，“最上乘禅”实践的中心，就是今天我的讲座题目——体悟生命，认同生命的意义和价值叫体悟生命。如果你想学禅，学禅后没有体悟到生命，那我认为你的禅只是口头上的禅，只是文字上的禅，这样的禅对你没有帮助。

认识生命之苦

怎么来体悟生命呢？生命也可以分为几个不同的层次，有肉体上、生理上的生命，也有精神上的生命。精神上的生命又可以分成心理层面的和理智层面的。生命的这三个层面和我前面提到的贪、嗔、痴是联系在一起的。

体悟生命，首先要认识到生命是苦。生命之苦，一个是贪嗔痴“三毒攻心”，一个是“八苦缠绕”。这些每个人都避免不了，我不是在吓唬大家。

贪嗔痴三心中，“贪”相对来讲是最容易戒除的，“嗔”比较难戒除。现实中有许多东西让你放不下，比如说名次：比赛第一、学习第一等等，让你不得不去和别人比，这使人很痛苦。我认为一个人在这样的环境下是不能够健康发展的。人人都有自己的长处，应该发挥自己的长处，不应该向一个标准看齐，标准可以有许多。俗话说，“三百六十行，行行出状元”，而我们现在往往只盯着其中一行或几行，这就麻烦了。现在有些年轻人，正是由于这样，感觉压力很大，心理不平衡，导致精神失常，我对此很痛心。

“痴”现在也越来越严重。我们现在一切讲科学，科学就要分辨，就要分析，就要打破砂锅问到底。但是实际上，有许多问题是打不破砂锅，也问不到底的。有很多东西，我们不知道什么时候才能知道，还有很多东西，我们永远不会知道的。更重要的是，我们对客观事物研究得越深入，我们未知的东西就会越多。所以我常常讲，我们要有一个科学的精神，但是我们还必须有人文的化导。

2003年6月，国家宗教局召开了一个座谈会，讨论关于宗教的长期性问题。我们曾经有很长一段时间认为宗教很快就会消亡，因为我们科学发达了，我们能掌握自然规律了，能掌握自己命运了，剥削阶级推翻了，阶级压迫不存在了。但是从哲学上说，有些问题是永远解决不了的。第一，人认识的有限性和世界的无限性这对矛盾永远存在。今天认识了这个，明天它就可能变化了，我们又不认识它了。或者你认识这个，不认识那个。偌大的一个世界总有人未知的角落。如果世界被人认识透彻，那世界就不存在了。恰恰是人们的种种疑问的存在，就有导致迷信或者宗教信仰的可能。第二，偶然性和必然性的关系。偶然性永远排除不掉，所有的必然都要通过偶然才能实现，反过来，偶然中间也有必然。两个人一块儿走，为什么这块砖头偏偏掉到我脑袋上而不掉在他脑袋上呢？解释有很多，但有一点，偶然性是存在的。正由于人们对偶然性的各种理解，同样有导致宗教信仰的可能。而这些东西是科学永远无法证明的。

我在会上提出：应该多一些人文的开导，我们应该有一个开阔的胸襟，不要追究过分细小的事情，不要钻牛角尖。中国古人有很多这方面的教导。庄子曰："吾生也有涯，而知也无涯，以有涯随无涯，殆已。"我的生命是有限的，而认知是无限的，以有限的生命去追寻无限的世界，那是要出问题的。孔子"知之为知之，不知为不知，是知也"这句话不仅仅是表达一个谦虚的意思，而是因为有些事情我们确实不可知。庄子还有"六合之外，圣人存而不论；六合之内，圣人论而不议"，"六合"是天地四方，说的是：天地范围之内的事情我们可以讲一讲，但是不必要去议论它；天地范围之外的事情我们可以"存而不议"。禅宗之所以能在中国发展起来，是因为它和中国传统的人文精神有着契合点。《荀子》中说，人们求学问，并不是为了自己怎样通达，而是为了当碰到坎坷挫折的时候，不会被它们难倒而不知所措。人才与不才是自己的问题，遇与不遇是时的问题。有才能的人没有机遇，古往今来多得很。怀才不遇的人，往往会有很多牢骚，怨天尤人，实际上这是自寻烦恼。所以我们在准备才能的时候也要等待时机、把握机会，更要创造时机，有很多机遇可以由自己创造。我想举一个很简单的例子：两个人给领导当助手，一个人总是认认真真地完成任务，另一个人总觉得任务太简单，自己是大材小用，所以总是马马虎虎地完成任务。如果你是领导的话，你更喜欢哪个人？很多人会告诉我，当然是喜欢第一个人了！所以，第一个人实际上就是给自己创造了机会，下次领导有事情肯定找他，因为他做事认真负责。时间长了之后，他积累了工作经验，增长了才能。我们要看到才能和时的关系，更要看到创造机会的重要。我现在在讲台上讲，下面那么多同学在听，你们不要觉得我有多了不起，而是因为我有这个机遇，很多造诣比我深的人没有这个机会来给大家讲。刚才有同学说我是权威，不是的!（笑）有这样的机会我就要把握，充分发挥才行。没有机会的时候，你也不要埋怨，因为你在积累你的才能，你在寻找、在创造机会。我认为“三毒”现在对我们影响比过去更厉害，我们因此也更需要人文的开导。一个人，不应该老是很紧张，文武之道，一张一弛，需要认真的时候，也需要放松的时候。看问题要全面一点儿，把事情看得开一点儿。事事得第一，肯定是好事么？不见得。把事情做好才是最重要的，不是第一，但也能够把事情做好。中国传统文化中的儒家、佛家、道家文化，还有禅宗的人文精神，都可以对今天的人们有清醒、缓释的作用。

另外，生命还有“八苦缠绕”。生老病死就是其中四苦。确实，生死是困扰人类的大问题。人类的大脑太发达了，会想这个问题，动物大概很少想。（笑）人们常常把宗教说成是一种临终关怀，其实临终关怀不是只关怀死，也要关怀生，没有生哪来的死？老、病会给家人、给社会带来很多麻烦，所以现在常常讲健康最幸福。同学们有时候对我说，楼老师您年纪也不小了，下雨下雪天就别来上课了吧。我说，不行哦！人能活动就是幸福，你们不要剥夺我的幸福！今天我能来给大家做讲座，是我的幸福，我能让大家都感到幸福，那更是我的幸福，是吧？（掌声）还有四种苦，跟精神上有关系。爱别离苦，我们会为和我们爱的人分别而痛苦；怨憎会苦，冤家碰头肯定痛苦；求不得苦，想要得到的东西得不到，很烦恼；五蕴炽盛苦，五蕴就是色、受、想、行、识，在佛教看来，一切生命体都是由这五个方面组成的，色属于物质方面，受、想、行、识属于精神方面。以上八苦缠绕着我们，任何人都逃脱不了。可能有人能摆脱后四种苦，但前面四种是无论如何也逃脱不了的。但是，后四种苦，凡是有感情的人也逃不掉。先要认识人生的苦，然后再寻求生命的真谛。

探求生命真谛

生命的真谛也是禅宗经常讨论的问题。禅宗祖师六祖慧能，从他的老师弘忍那里得法后，弘忍劝他快走，因为弘忍怕慧能的师兄弟们嫉妒，慧能连夜就走了。第二天一早，弘忍的弟子得知此事后便去追，其中一个和尚追上了慧能。慧能问："你追来是不是为了我的袈裟和钵盂啊？给你得了。""我不要。我想要得法。"慧能又说："不思善，不思恶，哪一个是明上座的本来面目？"本来面目成了禅宗追求的目标。本来面目就是指人的本性，禅宗认为，本来面目就是清净的本性。《坛经》中慧能的得法偈有云："菩提本无树，明镜亦非台。本来无一物，何处惹尘埃？"最初记载的是："佛性常清净，何处有尘埃？""本来无一物"容易让人产生误解。"佛性常清净"是说它的本性是清净的，所谓"清净"就是指"空"。既然是空，为什么还要讲清净呢？《大般若经》里讲明了：一般人听到空就认为什么也没有，就害怕，所以要讲清净。"性空幻有"，空是从本质上讲，而有是从现象上讲，所以称为幻。空不离有，有不离空；离有无空，离空无有。如果能认识到事物本质是空，那么任何的分别和执着都是没有意义的。我们哪一个生命体不是空的、赤条条地来到这个世界？！又有哪一个生命体不是空的、赤条条地离开这个世界？！这就是"生不带来，死不带去"。既然如此，我们现在拥有的一切是怎么来的？是社会给我们的，是众生给我们的。所以，最后应该把现有的东西全都还给天地，还给众生，这就叫报恩。这一点在中国传统文化中也有体现。荀子说过，"礼有三本。天地者，生之本也；祖先者，类之本也；君师者，治之本也。"所以中国古代，人们都要供一个牌位——天地君亲师，为什么啊？报本，报生之本、类之本、治之本。大乘佛法认为，最有意义的生命是要慈悲济世。很多佛经中写道："如来圣教，慈悲为本。"一切佛法以慈悲心养育万物，以慈悲水灌溉众生。大乘佛教把慈悲是放在第一位的。所谓慈悲，慈是给众生以快乐，悲是拔众生于苦难，合在一起，就是说要救度众生。

大乘佛法的根本精神可以用两个字来概括：智、悲。也可以连在一起，叫做“悲智”。“智”是讲自我觉悟的问题，“悲”也就是觉他，是讲救度别人的问题。“悲智”，也即自觉觉人，自度度他。觉悟人生，奉献人生。智慧的人才能觉悟，觉悟人生就是“智”，没智慧的人永远是“迷”，因为在“迷”的过程中三毒攻心。

奉献人生就是“悲”，就是度人。禅宗对生命的认识不能够只停留在虚无飘渺的地方，不能永远沉浸在幻想中间。禅宗十分强调现实，也即当下。生命的意义，体现在当下。我们活在当下，修在当下，悟在当下。禅不需要离开当下，离开了当下什么也得不到。近代著名高僧太虚的偈子云：“仰止唯佛陀，完成在人格。人成即佛成，是名真现实。”体悟生命，就要从当下做起，不要离开现实。

三、人生“修禅三次第”

在这里我告诉大家，学禅就是要从你的本分事做起。有人问学禅有没有一个次第、一个道路可循？有。这就是三句话：做本分事，持平常心，做自在人。或叫做“禅学三要”“修禅三次第”。

做本分事

第一句就是“做本分事”，做好你现在应做的事。刚才我们看到图片上禅学社的同学去参观河北赵县柏林寺，柏林寺是唐代的一位叫做赵州的禅师的道场。做本分事就是赵州和尚在接引学人时讲的一句话。他的弟子不明白什么叫“做本分事”，他就解释说“树摇鸟散，鱼惊水浑”，树一摇动，鸟就飞散了，水里的鱼一惊动，水就浑了，这是很普通的事情。学禅也是很普通的事情，你现在在干什么，那你就继续干什么。有人听了不解，会问“那你还修什么呢，既然你已经这样了那你要修什么呢？”但这正是佛教所讲的“无修之修”，这个其实比你要想通过学一个什么方法去修是更难的。因为就一般人来讲，他们都是不太安于自己的现状的，总是手里做着一件事，心里想着另一件事，而且总觉得我手里做的这件事委屈了我这个人，而我心里想的那件事才是真正适合我做的事。所以说要能够做好你手下的本分事不是一个很简单的事，而禅正是要在这个地方考验你、锻炼你。我们常常讲事情要从脚下开始，你怎样才能使得自己成为一个有修养的人？脱离你现在所做的事，这只能成为一个空想。禅不是一个空想，它是很具体的，就在你的面前。你要是能真正做到这第一步，你也就有了一个很好的开始了，你也就开始认识到禅的真谛了。禅不是要让我们离开现实世界去幻想一个什么样的境界，而是就在现实生活中让你去体认你的自我。学人们经常会问这样的问题，“你有什么办法帮我解决种种烦恼啊？帮我解脱掉绑在我身上的种种绳索啊？”很多禅宗祖师在回答他们的时候，就会反问“谁绑住你了？”没有人绑住你，是你自己绑住你自己的，我们有句话叫“自寻烦恼”。你自己有了分别心，自己讨厌这个现实生活环境，讨厌这么多的包袱，就想跳出这个现实生活环境去找一个清净的地方躲起来，可是有这样一个清净的地方吗？没有！看起来你是跳出这个环境了，可实际上你是放下这个包袱又去背上另一个包袱，逃出这个牢笼又去钻进另一个牢笼。所以禅宗是非常强调当下就觉悟到你的本性，本心是没有烦恼的，只是你自己把烦恼加在自己身上，所以禅宗的第一个宗旨就是“自心本来清净、原无烦恼”，你要离开现实的世界去寻找一个清净的世界，本身就是一个烦恼，因为你找不到。所以我们要从当下的本分事做起，这是第一步。

持平常心

第二句话是“持平常心”。这句话和前一句话是相通的，但是它对你的要求又提高了一步。因为虽然你做好了本分事，但你是否还能做到对你所做的事没有什么计较呢？你是否在意别人对你所做的事的赞扬或批评？是否会因为别人说风凉话心里就不高兴，别人说了好话就心里很舒服呢？做好本分事不等于就保持了平常心。平常心就是该做什么做什么，不动心，不起念。禅宗公案里有这样一个故事，有人问一位禅师“你平时修炼不修炼啊？”他说当然修炼了，又问：“你怎么修炼啊？”他说我是“饥来吃饭，困来睡觉”。别人就纳闷，说你这也叫修吗？他说当然是修了，有多少人是吃饭的时候不好好吃，百般的思虑啊，睡的时候不好好睡，千般计较啊。本来很普通的一件事，吃饭睡觉，可是有很多人就是要想东想西，吃到好的心里就高兴，吃到差的心里就埋怨。对于这些事你能不能不计较任何的好坏呢，用佛教里的话讲就是能不能做到“八风吹不动”。哪“八风”呢？利、衰、毁、誉、称、讥、苦、乐。“利”就是顺利，“衰”就是衰落，“毁”“讥”就是毁谤你、讥讽你，“誉”“称”就是赞扬你、吹捧你。你做任何事情，在这八种情况下都能不动心，那是需要很高的修养的。有时尽管你嘴上会说“这些事我都看穿了，根本就不在乎”，可是我想当别人说你几句风凉话的时候，你可能心里就不太好受。别人要是吹捧你几句，你虽然表面上说“哪里哪里”，可是心里面可能在暗暗自喜。这也是人之常情，要想克服这一点，必须禅修达到相当的境界才行。我常常讲一个故事，宋代的著名文学家苏东坡，他对禅学有很深的造诣，他跟佛印禅师关系相当好，平时经常来往，他们一个住在江南，一个住在江北，有一次苏东坡坐船过江去看望佛印，恰好碰到佛印不在寺庙里，他就一个人在寺庙里转悠，看到大雄宝殿里的佛像十分庄严，他就写了一首诗：稽首天中天，毫光照大千，八风吹不动，端坐紫金莲。他写完自己觉得很得意，就交给小和尚，说等你师父回来交给你师父看，然后他就走了。佛印回来看到这首诗，就提起笔来在上面题了两个字：“放屁！”就让这个小和尚给苏东坡送回去。苏东坡一看很纳闷，心里很不以为然，心想我写那么好的诗，居然给我的评价是“放屁”两个字。所以他就马上坐船去找佛印禅师，要跟他辩辩理。见了佛印禅师，佛印就跟他说，你不是“八风吹不动”吗？我这么一屁怎么就把你打得过江来了呢？所以你们看，苏东坡的佛学修养还是相当高的，对佛学的义理理解得也相当透彻，可是碰到这样具体的事，他就不能用一个平常心去对待。大乘佛教讲“六度”，即从此岸世界渡到彼岸世界的六种修炼方法：布施、持戒、忍辱、精进、禅定、智慧。这个第三度讲的忍辱，我们常常将它理解成忍受屈辱，比如别人打你、骂你你都能忍住，或者甚至像基督教里讲的那样，别人打你左脸，你要把右脸也送上去。其实佛教里讲的“忍辱”不只是忍受屈辱，还要看你能不能忍住人家的吹捧。“八风”里不仅有毁、讥，还有称、誉，对于别人的毁、讥，你可能忍住了，对于别人的称、誉你能不能也不为所动？而要做到这一点是相当困难的。

成自在人

第三句话就是“成自在人”。所谓“自在”，就是自由自在。我们没有任何烦恼的束缚了，那不就是自由自在了吗？做“自在人”是佛教所追求的最高境界，佛教里描写的佛、菩萨他们所追求的就是一种大自在的境界。《心经》的第一句就是：观自在菩萨，行深般若波罗蜜多时，照见五蕴皆空，度一切苦厄。那么怎样才能成自在人呢？什么是大自在境界？禅宗里也有描写，就是“终日吃饭未曾嚼着一粒米，整日行走未曾踏着一片地。”这句话在一般的思维方式下是不好理解的，而佛教通过这个要说的是，你不要被这些外在的相状所牵动，你虽然整天在吃饭、走路，但不会被米、路这些外境所干扰，而你又始终没有离开这个外境。修禅并不是要你躲到什么深山老林里去，什么东西都见不着，好像这样就不会被外境干扰了。其实就算到了深山老林里，要是你的心不净的话，你产生的种种妄想念头可能比你在这热闹的地方更多。禅宗讲你心净了，才能佛土净，心不净到哪儿都躲不掉。所以在这个花花世界里，如果你能做到对境不起心、不起念、不著相，那你就自在了。

四、 活在当下的智慧

上面我给大家讲了三个步骤，即“做本分事、持平常心、成自在人”。有些人听了我这三句话，觉得很有意思，就问能不能给它再对上三句，让它成为一个对联呢？我想了想，觉得对上这三句话比较好，今天也奉献给大家：行慈悲愿、启般若慧、证菩提道。这三句话应该算是大乘佛教的最根本的精神。

行慈悲愿

第一句话“行慈悲愿”，大乘佛教从哪儿入手？就是从慈悲入手，慈悲就是予乐拔苦，对众生要行慈悲，而对自己来讲也是一个修证的过程。因为最切实地来讲，怎么才能行慈悲？慈悲就是你的本分事。

启般若慧

第二句话“启般若慧”，“启”就是开启，而“般若”本身就是智慧的意思，那么为什么不直接把它翻译成智慧呢？因为它跟我们平时讲的智慧不是一个层次上的东西，我们平时讲的智慧就是指一个人很聪明，或者这个人对事物能够分辨得很清楚。我们平时的认识就是从分辨开始的，我们讲一个东西是方的，这是相对于圆的、三角形的来说的。可是正是这种分别的思维方式让我们产生了一种分别心、执著心。在佛教看来最基本的一个分别就是我跟他人的分别，即“我执”，一切的烦恼归根结底来说都是来源于“我执”，将我和他人对立起来。那么要怎样才能破除这种分别与执著呢？那就是要用一种般若的智慧。所谓般若的智慧就是消除这种分别，它是一种平等的智慧，用《金刚经》里的话讲，就是“是法平等，无有高下”。这种所谓平等、无分别是在什么基点上来讲的呢？就是认识到一切事物是本来清净的、本来是空的。为什么说它们是空的？因为一切现象世界的事物都是因缘而生，都是“缘起”，既然是缘起的，这个事物就没有一个独立的自性，它是各种因缘集合在一起的，因缘汇聚才有这个生命体。所谓生命体都是由“五蕴”聚合而成的，即色、受、想、行、识。所以“因缘所生法，我说即是空。”没有一个独立的自性，在佛教里称作 “无我”，因缘一旦散了，这个事物也就没有了。因此这样一个现象世界的事物是没有恒常性的，是刹那生灭的，所以佛教里讲“无常”，一切生命体都有生、老、病、死这样的过程，一切非生命体也有成、住、异、灭这样的过程，所以佛教才讲“诸行无常，诸法无我”。般若这种智慧要你看到这一点，用《金刚经》里的话说就是“一切有为法，如梦幻泡影，如露亦如电，应作如是观”。这样你就不会产生种种颠倒妄想，去执著它。只有这样你才会有平常心，不会去计较得失。佛教就是要你用般若的智慧去消除分别心、执著心，以及由这种执著心产生的贪、嗔、痴这“三毒”。贪就是贪得无厌，嗔就是恼怒，痴就是不明事理。人们的一切烦恼就是来源于这“三毒”。有人会问佛教讲消除“执著心”、破除“我执”，这和有人生目标、有人生追求有没有矛盾。我想这是两个问题，一个人怎么可能没有追求呢？佛教并不是要制止你有人生目标，而是说你要找到自己恰当的人生目标。人最难的就是自我认识，把自己放在一个恰当的位置，如果你没有把自己放在一个恰当的位置上，瞎追求这个追求那个，那很可能就会出问题，可是一旦你把自己放在恰当的位置上，在这个位置上做到最好，那就是真正的把握了自我，这并不是执著。我们不要把两种执著混淆了，做事情要有一种执著心，这是佛教里讲的“精进”，是佛教所提倡的，它不同于我们这里要破除的“我执”。

证菩提道

第三句话是“证菩提道”。《法华经》里讲，佛是为了一个大因缘来到这个世间的，这个因缘就是开佛知见、示佛知见、悟佛知见、入佛知见。佛知见就是般若的智慧。那么佛教追求的是什么东西呢？就是“证菩提道”。菩提就是觉悟。佛教说，这种般若的智慧就是让你悟到你自己的本来面貌。禅宗常问，父母未生你前，什么是你的本来面貌？那就是什么都没有啊。佛教最终是讲人的觉悟的，觉悟人生，认识到自我，而不被现象世界的我牵着鼻子走。如果你回归到真正的自我，那你就是自由的，现在人最痛苦的事情就是自我的失落。你之所以烦恼，之所以觉得没有自由，是因为你还没有认识到必然，如果你认识到必然，那么就有了自由了。自由是对必然的认识和把握。比如现实生活中的法律、规则都是一种必然性的体现，你是不能随便违背的，违背了就要惩罚你。可是你认识到这种必然性，按照这种必然性去做的话，那么你就到哪儿都是自由的。为什么孔子讲到了七十岁就可以“从心所欲不逾矩”？因为七十年的人生经历让他能够充分地了解和把握到人生的一些必然规则。当然不一定要到七十岁，这要看各人的悟性。我今年七十多岁了，还是达不到“从心所欲不逾矩”，有些人却不到七十岁就能觉悟。前些日子我看了一个节目，其中采访的一个小女孩，我觉得她的悟性就比我高啊。这个节目是采访大连的一个叫“爱心之家”的社会机构，它是专门收养那些父母都是囚犯的孤儿的，其中就有一个12岁的小女孩，她父母都在坐牢，她只能在外面流浪捡破烂，在这个流浪的过程中，受到社会上的种种歧视、侮辱、打骂。但是她说她在受到别人打骂的时候从来不去还手、还口。主持人就问她为什么不还手、还口呢？她回答道，要是我去还口，他还在骂我，这不就吵起来了么，那就等于我自己换了个嘴在骂我自己；要是我去还手，他就会变本加厉地还手，那就等于我自己换了一个手在打我自己。我们看到，她小小年纪就能看到这一点，有这样一分平常心，是很不简单的。总的来说我们要有一种觉悟，这样才能获得自由自在的我。

活在当下

我讲完这两个联了，有人就会问是不是还有个横批啊？是有个横批，就是四个字，“活在当下”。这就是说，佛教并不是像我们想象的，是脱离世间的生活的，恰恰相反，它是从当下做起的。大乘佛教起来以后，它对原来的原始佛教、部派佛教（即所谓“小乘佛教”）的最大的批评，就是这些部派佛教“欣上厌下”。所谓“上”就是菩提、涅槃，“下”就是生死、烦恼。小乘佛教把“上”看得很重，拼命地追求，把“上”“下”看成是对立的。但其实二者并不矛盾。佛教并不是宣扬命定论，你的命完全是由你自己决定的，你造这样的业，就受这样的报，你一念之差，你觉得现在生活在地狱里一样，但你也完全可以改变你的心念。因果理论是两方面的，它并不是要你消极等待，你完全可以改变自己的命运，这叫做“命由己定”。所以佛教强调的是当下，是靠你的觉悟来解决你自己的生死、烦恼问题。

我们要体悟实实在在真实的生命，体悟时时刻刻充实的生命。谢谢大家。

【本文根据楼宇烈先生为清华、北大学生禅学社做的讲座整理合并而成，题目为编者所加。】

中医与中国传统文化

各位同学，大家晚上好，今天我讲的题目是“中医与中国传统文化”。

为什么要讲这个题目？因为，在我看来，中医是中国传统文化不可分割的一部分，它的理论和实践充分体现了中国传统文化的根本观念和思维方式。中医认为天地之气是生命的本源，这也是中国传统文化对生命的认识。中医强调阴阳平衡，讲究五行生克，在其养生理论中也有顺其自然之说，这些都与中国传统文化的精神一脉相承。

一、传统文化是中医理论之源

传统中医，整体关联

中医与中国传统文化有着非常密切的关系。刚才讲，它的理论及实践最全面地体现了中国传统文化的根本观念和思维方式。如果说中医是一种巫术、一种迷信，是一种不科学的医学，实际上也就是说，中国的文化是不科学的，它也是一种巫术。因为中医理论是在中国传统文化这种整体的辩证思维方式下展开的。中医的理论观念跟中国传统文化的许多理论观念，可以说完全一致。

我们已经说过，中国传统文化是与西方文化不同类型的文化模式，在这种文化中产生的医学、医术跟西方的医学、医术也是不尽相同的。因此，不能简单地用西方的医学和医术来衡量中国的医学和医术。

中医本身体现了中国文化各方面相互联系的特点。中国文化不是分成单个的门类，而是互相关联在一起的。不管是文史哲也好，政经法也好，农工医也好，甚至于军事，许多理念都是相通的。医学的理论可以用在文史哲上面，文史哲的一些理念也可以用在医学上面。像中医里运用的阴阳五行、天人合一等观念，都是中国文化其他各个方面，特别是哲学中存在的观念。所以，了解中医理论，对于中国传统文化也会有进一步的认识。

生命之源，天下一气

中医对于生命的认识，其实也是中国文化对于生命的认识。中国传统文化中，虽然有一些譬如女娲造人的神话传说，但从根本上来讲，中国的整体文化，包括中医在内，没有关于生命是神造的或者是神赋予的这样一种观念，而是认为生命来源于天地之气。天地之元气是生命的本源。

庄子就讲过："通天下一气耳。"天下都是一种"气"。"人之生，气之聚也；聚则为生，散则为死。"（《庄子·知北游》）人的存在就是气的集聚，气聚就是生，气散就是死。中国的整个思想体系都认为生命就是"气"的生成。具体来讲，可以说是精气和浊气的结合，浊气形成人的形体，精气成为人们精神活动的来源。实际上，精气在某种程度上也指一个人的生命力。因此，精气和浊气二者缺一不可，要形神相结合，才会有一个生命体的产生和存在。

东汉时期著名的哲学家王充说：“天地合气，物偶自生，犹夫妇合气，子自生矣。”天地阴阳之气相合，就产生了万物。人完全是自然的一个产物。

历代的思想家、医学家都强调气的根本性，指出生命如果离开了气，就会结束。董仲舒在《春秋繁露》中就讲道：“民皆知爱其衣食，而不爱其天气。天气之于人，重于衣食。衣食尽，尚犹有闲，气尽而立终。”人们都知道珍惜衣服和食物，却不爱“天气”，这个“天气”指的就是人秉承的元气。“天气”对于人来讲，比食物要重要得多。衣服穿坏了，食物吃光了，都没有关系，可以想办法再找。但如果气尽了的话，马上就死了。气对于生命来讲是十分重要的。

中医最重要的经典《黄帝内经》中也讲道：“天覆地载，万物悉备。莫贵于人，人以天地之气生，四时之法成。”认为人禀受了天地之气而生，应当按照四时运行的规律活动。

中医常常讲先天、后天。人在出生之前，是秉承天地之气而孕育，这时的气对于这个人来讲就是先天之气，而生下来之后，又无时无刻不在呼吸，这就是后天之气。人有先天之气跟后天之气，而后天之气又在不断地补充先天之气。中医认为，生命就是先天之气和后天之气的结合。气盛，生命就旺盛；气衰，生命就衰竭。如果气尽的话，那么这个人就死了。所以，“气”可以说是中医理论的一个根本出发点。

二、中医体现了传统文化之道

阴阳平衡，执两用中

气分阴阳。阴阳平衡是人体健康的最根本的因素。如果阴阳失调的话，就会产生各种各样的疾病。所以，阴阳理论是中医最根本的理论。那么中医又是怎样运用它的呢？

我们来看《黄帝内经》的解释。《黄帝内经》是汉代的一部医学著作，是中医理论全面确立的标志。它的主要内容是黄帝跟他的国师岐伯的对话，因此，现在中医有时候也被称为岐黄之学。《黄帝内经》分为两大部分，一部分叫做《素问》，一部分叫做《灵枢》。《素问》主要是从阴阳五行的理论来说明人的生理、病理，以及治疗疾病的方法；《灵枢》则提出经络学说，成为以后针灸治疗的依据。《素问》认为，人身的阴阳跟天地的阴阳是完全一致的。它用阴阳来分析人生理上各种各样的问题。

首先拿阴阳的理论来归纳人体脏腑组织的属性，把人的内脏分成脏和腑两大类。脏就是指五脏，包括心、肝、脾、肺、肾；腑是指六腑，包括胆、胃、大肠、小肠、膀胱、三焦这六个部位。脏和腑是如何区分的呢？脏是指胸腔、腹腔中内部组织比较充实并且具有储存和分泌功能的一些器官。我们看心、肝、脾、肺、肾，它们都具有这种结构特点。而腑主要是指腹腔中那些中空的、有管道的器官，如胃、大肠、小肠、膀胱等，它们都有传导和化解吸收进来的各种东西的功能。五脏六腑有不同的属性。五脏是阴，六腑是阳，五脏跟六腑是阴阳配合的，可以用阴阳来分析人的病理变化。比如说，阴太盛的话，阳就要病了；阳太盛的话，阴就要病了。阳盛表现为一种热，阴盛表现为一种寒。

之后，用阴阳理论来诊断病症的属性，看是属于寒症还是热症。诊断了病症以后，就要进行治疗，治疗也要先分清阴阳，以确定治疗的方向。如果是寒症，当然就要用热来加以补充。寒就是阴寒，阴寒就用阳补。如果是热症，就要用阴来补。总之，阳病要治阴，阴病要治阳。这种阴阳理论实际上就是利用事物之间对立统一、相辅相成的规律来判断和分析人的生理状况、病理状况，然后进行相应的治疗。也就是说，它看到事物之间实际上都是相互联系的，一个地方过了，另一个地方就会衰弱。

中医的治病原则，就是要维持阴阳的平衡。要维持阴阳的平衡，首先就要辨明阴阳的消长，看什么原因造成了阳的过盛，或者反过来，看是什么原因造成了阴的过盛。中医的阴阳理论是对中国传统文化思维方式的一个最基本的运用。中国传统文化最根本的特点就是中庸之道，所谓中庸，我们讲过，可以倒过来讲，叫庸中，即用中。为什么要用中呢？因为中就是维持事物的平衡。如果事物失去了平衡，就会产生偏差。平衡就是适度，既不过，也没有不及。我们吃东西吃得过饱了，就会有问题，吃得不够，也会有问题。不管是过饱也好，饥饿也好，都会使身体不适。因此，中医认为一切疾病都来自于阴阳的失衡，也就是说失了中道。

从这个意义上讲，不能简单地说中医是指中国的医学，实际上它更是一种中道的医学，“中医者，中道之医也”。中医就是吸纳了中道的理论，并建立在这个基础之上的。有人说中医不科学，但它的理论基础在我看来，却是最科学的——符合现在辩证法的原则。阴阳理论就像辩证法讲的对立统一，既要讲平衡、统一，又要讲矛盾、斗争。之所以要平衡，就是因为有冲突。阴阳如果没有冲突，为什么还要讲平衡呢？根本没有必要。一个人的身体由于内伤和外感，阴阳也就不断地处于一个不平衡的状态。有些外感是无法避免的，比如气候的变化，所以我们要注意调整自己的生活，以适应外界的各种变化，从而取得一个相对的平衡，这样才能保持身体的健康。

《素问》里就讲到了这一点。《素问》开篇第一章，黄帝首先提出问题：为什么古代的人活到百岁，动作还是非常敏捷，可现在的人刚刚半百，动作就不灵活了，这是怎么回事？岐伯就告诉他，那是因为上古之人“食饮有节，起居有常，不妄作劳”。这三句话是非常重要的，“食饮有节”，是饮食要有节制。节制不是说不吃，而是要适当，不暴饮暴食，也不忍饥挨饿，这就是饮食有节。“起居有常”，就是有固定的作息时间。“不妄作劳”，就是不没事找事做。其实都是很普通的话，但养生就是靠这些。岐伯说上古之人正因为这样，才保持了他们形神的完备，所以能够“终其天年”。而现在的人呢？他认为现在的人已经没有办法保持这种有节制的平静生活了。他们是“以酒为浆，以妄为常，醉以入房”。其结果当然就是“竭其精，散其真”，才五十岁，身体就非常衰弱了。

《素问》用古人和今人的比较告诉我们，人要想身体健康，就必须懂得保持一种平衡，要有节有常。中医阴阳理论的核心也就在于维持人各个方面的平衡，达到一种安定和谐的状态。

五行生克，辩证统一

中医里面还有一个最基础的理论，就是五行学说。五行学说也是中国文化中一个非常有特色的理论，就是把天地万物归纳成木、火、土、金、水五大类，认为这五大类物质之间有一种相生相克的关系。譬如说，如果按照木、火、土、金、水的顺序排列的话，它们之间就是“比相生、间相克”的关系。即相邻的相生，相隔的相克。木生火，火生土，土生金，金生水，水生木，这是相生。而木克土，火克金，土克水，金克木，水克火，这是相克。

中医运用这个理论去分析人体脏器之间的关系，而且治疗的时候还运用这种相生相克的关系，来确定从哪个方向人手。在五脏中，肝属木、心属火、脾属土、肺属金、肾属水。肝能够制约脾，因为肝属木，脾属土，木克土。而脾和肺之间又有滋生的关系，因为脾属土，肺属金，土生金。但肺又能够制约肝，因为肺属金，肝属木，金克木。我们可以看到，这里面实际上形成了一个循环的关系。肝制约脾，脾滋生肺，肺又制约肝。

在运用五行相生相克的循环关系治疗肝脾胃病的时候，就要根据这样的制约关系。比如一个人肺有病，医生不一定直接治肺，如果能把脾胃调好的话，肺病自然也会好。中医非常注意脾胃，脾胃虚弱可以说是万病之根，万病都来源于脾胃，之所以提出饮食有节，就是因为饮食直接影响到脾胃的健康与否。这是五行里相生相克的关系。

五行里还有相乘相侮的关系。所谓相乘相侮，“乘”有乘虚而入的意思，“侮”有恃强凌弱的意思。比如说，在五行关系里，肝是木，心是火，木生火，所以称肝是母，心是子，如果一个人的心火非常之盛，就有可能是肝不好，所以才造成心火旺盛，这种关系，就叫做母病及子，这个时候，看心火旺盛该治什么，不是治心，是治肝，这就是五行的具体应用。反过来的情况就是子病及母，比如说，脾和肺的关系，脾属土，肺属金，土生金，因此脾是母，肺是子，当肺气非常虚弱，发展到一定程度的时候，就会影响脾的功能，那么按照关系来讲，这就是子病累及母。

母病及子、子病及母体现了五行学说的一个核心观点，就是人作为一个生命体来讲，是一个整体，其五脏六腑是相互关联的，而不是一个一个孤立存在的。这可以说是一种整体的辩证思维。

复兴中医，重塑文化

中国古代讲“上医治国，中医治人，下医治病”。中医的中就体现在治人上，而不是单纯地治病。也就是说，中医是把人作为一个整体来治的，而不仅仅是治局部的病。

中医这种局部反映整体的思维方式，可以说体现在方方面面。比如说现在非常风行的足疗，实际上就是脚底按摩，中医认为脚底虽然只是人的一部分，但它却能够反映出全身的状况来，所以用足疗可以医治各方面的病。同样还有手，手掌的每个部分，也都反映了全身各个部位的状况。中医强调的就是整体和局部的这样一种关系，整体之中的每个部分之间是息息相关的。

阴阳理论反映的是平衡，五行学说反映的是整体的相关性，这些都可以说是中国文化最根本的理念，也是宇宙最根本的规律。中医正是运用了这样一种求实的精神来构建它的理论体系。

如果有人认为，中医的阴阳五行理论根本就是不科学的，是模糊的、不可实证的，那只是因为他们已经习惯了现在的一种非常清晰的观念，你是你，我是我，我不是你，你不是我，所以他们就无法认同你是你，我是我，但是我中有你、你中有我这样一种观念。但不能认同并不代表这种理论就是错误的，如果因此就把这种理论彻底否定了，那也就是把中国传统文化的根本理论给否定掉了。

中医理论的存亡，实际上涉及了中国文化根本精神的存亡。如果能够把中医的理论重新确立起来，让大家认识到中医理论的合理性——虽然它不一定符合现在所谓的科学概念，但它本身是科学的——那么对于中国传统文化的信念，也可以恢复、确立起来。因此，复兴中医，是复兴中国文化一个非常重要的途径。

三、传统文化智慧与中医养生要诀

治人为本，不服药为中医

根据中国文化整体思维方式的特点，中医理论并不仅仅是要落实到治病这一点上，而是要落实到治人这个层面。因此它不是把治病当作首要的，而把治人作为最根本的出发点。怎样才能治人？用中医的理念来讲就是要养生，要把中医理论落实到养生这个理念上来。《素问》里就讲道“凡人之病，不病于已病而病于未病”。人生病的原因不是在病已发作的时候，而是在他还没有生病的时候就已经存在了。为什么呢？因为“养之不素则病生，治之不素则病成”。

注意这里的“素”字。关于这个字的解释，历来都有一些不同的看法，有一个解释是非常好的，说“素者，本也”，“素”就是本，就是它本来的状况。

那么“养之不素则病生，治之不素则病成”是什么意思呢？就是说养生如果不从根本上来养，就是不按照自然的规律来养的话，就可能会有生病的征兆。而治病如果不从根本上去治，不按照它自然的状况去治，那么就真的生病了。

可以看出中医的养生理念，一是首先治愈未病，治愈未病就是要让人不生病，就是要“养之有素”。已有病的征兆时该怎么办呢？那就要“治之有素”，使它不至于真的变成疾病。

治之有素不一定要吃药，现在总是认为要治好病就得吃药。中医的理论不是这样，吃药并不是最好的办法，最好的办法是不吃药。

汉代是中医理论形成的时代，在《汉书·艺文志》中，记载了关于医的问题，医在古代被称为方术。《汉书·艺文志·方技略》中就记载了许多医书，其中还提到，医方是根据不同药物的性能来治疗各种各样的疾病的。

具体是怎样来治的呢？书中讲道：根据草木的寒温，病的深浅，借助于药物滋养的力量，使得人“气感”调适。最根本的问题是“致水火之齐，以通闭解结。”

就是说，治病不是通过吃药，而是先达到阴阳的平衡，阴阳平衡以后才能“通闭解结”。用中医的理论来讲，所有的病都是身体的某处闭塞了，气不通了，所以就要想办法，让气通顺，从而达到平衡。如果不这样的话，吃药吃错了，以热增热，以寒增寒，精气内伤，就麻烦了。《汉书·艺文志·经方》中有一句话：“故谚曰，有病不治，常得中医。”清代有一位学者，对这句话作了一个注解，他说现在江苏苏州一带的人还这么说，“不服药为中医”。

在《黄帝内经》里，黄帝曾经这样问岐伯：我听说古代的人治病，只需要通过移精变气，祷告一下就好了，而现在的人要吃那么多的药，扎那么多的针，结果还是有的治好了，有的治不好，这是怎么回事呢？

岐伯回答说："古人是跟野兽杂居的，天冷了动一动就可以避寒，天热了就到一个比较凉快的屋子里面待着。在家里也不会时时念着这个丢不下，那个想得到；在外面也没想过要当官，生活得很恬淡，邪气根本就不能够侵入体内，当然也就用不着吃药扎针了。但当今之世就不是这样了，人们脑子里有各种各样的想法，因此就有各种各样的忧患，身体也很劳累，而且还不顺从季节的变化，夏天贪凉，冬天就贪热。这样早晚都会产生虚邪的气，并逐渐侵蚀五脏骨髓，外面也伤了五官和肌肤，即使是小病也会非常厉害，光靠祷告又怎么能治呢？"

知道了这段话，"有病不治，常得中医"的意思就不难理解了。其实这句话的本意就是指，如果能够调顺身心的话，就可以不服药，这就叫"移精变气"。

现在人们的观念里还存在一个很大的误区，就是认为养生就要吃补药。很多的商家都在推销营养药、滋补药，但其实都没有必要吃。因为有的时候吃了，反而是有害的，就是营养过剩。在老年人中这样的例子似乎还不是很多，但是在青少年中间，这个问题就显得非常严重。吃了过多的营养药、滋补药之后，儿童的发育就会变得很不正常。在某种程度上，也可以说是发生了生理变态，早熟了，这是很有害的。因为一个人的成熟跟他的寿命是有关系的，成熟得越快，生命就越短，并不是说成熟得越快，生命就越长，身体就越好。

现在这些营养品、滋补品，在青少年中间已经引起了相当严重的危害，这完全违背了中医的养生理论。

养生之道，顺其自然

中医养生理论中最根本的一条就是要顺其自然。《黄帝内经·灵枢经·本神篇》里讲："故智者之养生也，必顺四时而适寒暑，和喜怒而安居处，节阴阳而调刚柔。如是则僻邪不至，长生久视。"

董仲舒在《春秋繁露》中也说："循天之道以养其身，谓之道。"

什么叫做养生之道呢？就是"循天之道养其身"。一句话，养生就是顺其自然，人跟人是不一样的，要按照自己的实际情况来循天道。

我有四句话："法无定法，因人而异，理有常理，顺其自然。"认识到这个，养生就好办了。

三理养生

中医讲的养生是很值得探讨的，还有“三理养生”这样一种说法，所谓的“三理养生”，就是从生理、心理、哲理上来养生。

什么是生理养生呢？包括了动静适度、食养和起居有常三个方面。

首先是动静要适度。运动不能过分，而是要根据每个人的情况，进行适度的锻炼。锻炼也不一定拘泥于一种形式，比如有的人爬山心情舒畅，有的人散步就觉得很好。所谓动则养，是从生理机制上来讲的，动可以活络筋骨、疏通气血，但是动和静还得结合起来，静可以说就是适当的休息。

另外，动也不一定就是我们表面上看到的动，其实动也可能是内在的。有的时候，一个人表面上是静的，其实内里还有动。比如说静坐，静坐是一种很好的休息办法，也是一个很好的养生办法。在静坐中，其实就有动，就是通过外部的静，让气在人的身体里面动起来。道家讲有小周天，打通任督二脉，气息循环一个小周天就有这个道理在其中。禅宗的坐禅，也是静中有动，主要通过调身、调息再到调心。至于太极拳，更是动中有静，静中有动了。我认为太极拳最全面地体现了中医和中国文化内外结合、动静结合、刚柔结合的精神，是一种很好的生理养生方式。

生理养生的第二个方面，就是食养。食养的关键是要营养均衡，同时不要暴饮暴食，养好脾胃。刚才我讲了脾胃不好可以引起种种病，其实对一个人来讲，脾胃不舒服，各个方面都不舒畅。我们也必须看到，脾胃不舒服，有时跟精神也有很大的关系，脾胃不好本身也会引起精神的不适，如果能够调适好精神，也会使得脾胃舒畅，它们是相辅相成的。

生理养生的第三个方面，就是要起居有常。总的来讲，饮食有节，起居有常，不妄劳作，是生理养生最重要的三条原则。

第二层养生的“理”，就是心理养生。心理养生，其实主要包括调节情绪与修养德行两个方面。

第一个方面是调节情绪，就是调适好七情六欲。喜怒忧思悲恐惊，这就是七情。中医里讲，七情常常是受到外在的各种刺激后引发的。它有时候是一种生理的反应，在我前面突然出现一个东西，我一点不紧张、一点不惊恐，不可能！所以我常常讲，一个人如果没有喜怒哀乐，就不能算人了。喜怒哀乐是很正常的生理反应，问题是能不能调适好它们。中医主张，对七情六欲应有所节制。就像孔子讲的，“乐而不淫，哀而不伤”，就是说高兴不能过分，悲哀也不能过分。喜怒哀乐一过分就会伤害身体，能不能调节好情绪，这是一个心理的问题。

心理养生中最重要的就是要调适自己的情绪，不要有那种大忧愁、大悲哀，也不要有所谓的大喜，太高兴就有可能乐极生悲了。如果能够保持七情不受干扰，能够保持一种平和心境的话，按照中医来讲，真气就能内存，人的五脏六腑的气血就可以调和流畅了。那些各种各样的邪风，就无法乘虚而人。这样的话，你的身体就可以百病不生。

心理养生的另一个内容，就是修养德行，即提升自己的品德。《论语》里面也讲过，“知者乐，仁者寿”。仁者就能寿，过去俗话里也讲了，有大德者必长寿。

唐代有一个非常著名的医学家，叫孙思邈，他在自己的医学著作《千金要方》里就说过：“德行不克，纵服玉液金丹亦未能延寿。”也就是说，你的德行如果不能够达到一个很好的程度的话，即使服用什么玉液金丹，也不能够延长你的寿命。他还讲：“道德日全，不祈善而有福，不求寿而自延。”如果你的道德不断地完善，即便你不去祈求善也有福，不求寿也会延长寿命。他最后得出结论：“此养生之大旨也。”这就是养生的根本道理。

第三层“理”是什么呢？就是哲理养生。哲理养生是更高层次的养生，涉及每个人的人生观、世界观。简单说来，就是你悟透了人生的道理，悟透了世界的道理。那么，怎么样叫悟呢？明末清初有一个著名的思想家叫王夫之，他就提出了一些哲理方面养生的说法，叫做“六然四看”。

“六然”是指什么呢？第一是“自处超然”，自处就是自己看待自己，自己怎样来看待自己呢？要超然，态度要超然，也就是说，要达观、豁达；第二是“处人蔼然”，处人是对待别人，就是说对人要非常和气，与人为善；第三是“无事澄然”，没有事情的时候要“澄然”，澄是非常清澈、非常宁静的意思，就是说，没有事的时候要非常宁静，如果说自处超然有点淡泊的意思，无事澄然就是宁静，宁静就可以致远；第四是“处事断然”，就是处事要有决断，不能优柔寡断、犹犹豫豫；第五是“得意淡然”，就是说得意的时候要淡然，不居功自傲，忘乎所以；第六是“失意泰然”，失意的时候要泰然处之，别把它看那么重。

自处超然、处人蔼然、无事澄然、处事断然、得意淡然、失意泰然这六个然，不就是一种人生态度、一种人生观吗？是不是很有道理？

还有“四看”。四看其实也很有意思。看什么？

第一是“大事难事看担当”，遇到大事难事，要看你能不能勇于面对它，是不是不回避、不逃避，勇敢地担当起来；第二是“逆境顺境看襟怀”，碰到逆境，或者处于顺境，这时就要看你的襟怀够不够豁达，能不能够承受得起；第三是“临喜临怒看涵养”，碰到了喜事或者令人恼怒的事，换句话说，就是得失了，喜就是得，怒就是失，就要看你的涵养，能不能宠辱不惊；第四是“群行群止看识见”，所谓行止，也就是去留的意思，碰到去留的问题，就要看你的识见了，看你能不能做出正确的判断，该去就去，该留就留。

大事难事看担当、逆境顺境看襟怀、临喜临怒看涵养、群行群止看识见，这四看实际上也就是一种对人生、对社会很透彻地了解和把握。这些都是在更高的思想层面上来讲的，因此叫做哲理养生。

我觉得中医在养生方面非常深入，从生理到心理到哲理，都考虑到了。现在很多的病都停留在治疗生理层面上，但全世界都开始认识到人们亚健康的状态是越来越严重了，所谓的亚健康状态，其实就是心理越来越不健康，心理疾病越来越多。心理层面的治疗现在已被提到一个相当高的地位。中国现在拼命地学人家，其实这个方面中国的资源是最丰富的。

现在，我们还没有哲理方面的治疗，甚至于还没有意识到治病还要从哲理方面去治。其实哲理方面的治疗就是培养一种正确的人生观、世界观，我觉得这对人的健康而言，可能具有更重要的意义，也就是我们常常讲的要心胸开阔、心境平和。心胸开阔、心境平和，应该说停留在心理层面上还解决不了，必须到最高层次，即人生的意义、人生的价值的认识层面才能解决。“仁者寿”，这话绝对是有道理的，问题是我们能不能做到。

四、结语

我想中医理论的核心、落脚点就在养生上，即治病于未病。我们也可以看到，中医的思想，不是仅仅针对于某一个具体的实际的病，而是从整体上来治疗。从饮食、起居、心理、哲理各方面进行总体调节。也就是把一个人看作是一个有生命的个体，生病不可能只是个体某一部分孤立地出问题了，一定是整体上都有问题。

用这样一种整体的辩证的思维方式来看待一个生命体，应该说是中医最根本的一个基点。治疗要有整体的调适，只有整体的调适才能够从根本上治好病。

中医讲固本培元，要从根本上入手，治标必须治本，或者是标本兼治。在中医里面，处处都体现了整体的观念，体现了相互关联、以本统末的观念。

我们只有真正认识到中医的这些理论和它几千年实践的经验，认识到它真正的价值，才能够真正地看到中医里面所体现出来的中国文化的精髓，才能够真正认识到中华文化的意义、价值之所在。谢谢大家！

【本文根据楼宇烈先生为清华、北大学生中医协会做的讲座整理而成，题目为编者所加。】

中国传统文化的根源性典籍

同学们、老师们，大家好，很高兴在清华大学校庆前夕来到清华文科图书馆，来到未央厅。按照徐林旗老师的要求，今天我们来谈谈中国传统文化的精神，重点谈谈承载中国传统文化的根源性典籍。

众所周知，中国传统文化最鲜明的特征是人文精神，它有两个突出的特点：一是“上薄拜神教，下防拜物教”，注重人的精神生活，使人不受神、物的支配，凸显人的自我价值；二是强调礼乐教化，讲究人文教育，反对武力和权力的压制。“以人为本”的观念是人文精神的核心，“天人合一”的思想则体现了它的精髓。表现在思维方式上，就是“整体关联，动态平衡”的人文思维。

中国人传统文化精神的主要传播媒介，是几千年来流传下来的浩如烟海的典籍，它们承载了中国传统文化的方方面面，从不同角度阐发了古人的思想，虽然谈论的具体问题不同，但都遵循着共同的理论基础，秉承了相同的价值观念。要想把握中国传统文化的基本内容和根本精神，就一定要读其中的根源性典籍，即“三玄、四书、五经”，这些典籍共同的特点就是“述而不作”和“理念相通”。

一、传统文化的根源性典籍

中国早在三千年前的商周时代就已经有了文字，用来记载个人和社会生活方方面面的事情。几千年来，流传下来的典籍可以说是浩如烟海。这些经典，任何人用他毕生的精力都只能窥其一斑，即便给他几辈子的时间，也很难遍览。

中国文献的传承有两个特点，使它虽然数量繁多，却统之有序。一个就是孔子说的，叫做“述而不作”。所谓“述”就是叙述，“作”就是创作、发明。中国古人可以说是比较谦虚的，他们认为自己其实不是在创作什么新东西，只是在叙述、阐发前人的一些思想。这样一来，中国历史文献的传承就跟西方的文献传承有了很大的不同。很多西方的文献都是强调个人的创作，而中国的古人大都是以阐发前人思想或者前代经典性著作作为表达自己思想的方式。

再一个就是，在中国传统文化中，并没有像现在这样细密的学术分科。文学、历史、哲学、宗教、艺术、政治、经济、法律、军事，乃至于农、工、医、科技等，都是混杂在一起的，后来才慢慢形成了经、史、子、集这样简单的四部分类。清代编《四库全书》，就是按照四部分类来分的，即使这样，也有很多的交叉。比如现在我们说的哲学，对应在四部里，应该是哪些科目、哪些图书呢？有的人说是子部，但有些经部和集部的内容也可以归到哲学类去，而且将子部完全归人哲学也不确切，因为其中有很多东西，讲文学也是离不开的。中国古代传统文化典籍分类的方法和现代有很大差异，按现在的分类标准去安排是行不通的。

为什么会这样呢？因为中国传统文化各部分虽然谈论的具体问题不同，但它们的内在其实都遵循着一个共同的理论基础，秉承着同一个价值观念。

一个述而不作，一个理念相通，这两个特点就使得中国文化在其发展过程中逐渐汇聚成几部具有根源性影响的著作，成为中国文化的源头，也使后人得以由此把握中国传统文化的基本内容和根本精神。

这些根源性典籍，我们大概可以用“三、四、五”这三个数字来加以概括，说简单点就是三玄、四书、五经。三玄是指《老子》《庄子》《周易》；四书是指《大学》《中庸》《论语》《孟子》；五经指的是《周易》《三礼》《书经》《诗经》，还有《春秋》（三传）。

加起来是多少呢？十二本。在这十二本书里，五经里面的《周易》跟三玄里面的《周易》是重复的，那么就减掉一个，等于十一本。另外，四书里面的《大学》和《中庸》其实是《三礼》里面《礼记》中的两篇文章，如果把它们再放到《礼记》里面去，那又少掉两个，等于九本。这九本书就构成了中国文化的根源性典籍。

从春秋战国一直到二十世纪初的新文化运动，这九本书是中国文化内容的根源。不管是论述哲学思想，还是论述文学历史；不管是讲政治、经济、法律，还是讲农、工、医、科技，都离不开这几部典籍的根本理念和价值观念，引经据典都不会超出这九本书。

毫不夸张地说，如果不了解这九本书，就很难了解中国文化的方方面面；反过来，即使了解了中国文化的方方面面，但不能将它们统摄到这九本书里去，也把握不住中国文化的理论基础和核心价值观念。所以，这九本书统领了整个中国文化，是我们把握中国文化根本精神的必读书。

二、《诗书礼易春秋》五经要义

1. 不学《诗》，无以言

五经里面的《诗经》最初应该说是一部文学作品。孔子在教育他的儿子时，就说过“不学《诗》，无以言”，认为学了《诗经》以后，就能懂得怎样遣词造句、怎样表达自己的情感。因为《诗经》描述各种东西的方方面面，所以通过学《诗经》就可以懂得很多实用的知识，比如各种植物、虫鸟的名字等。

但是到了荀子，《诗经》就不仅仅被当成文学作品来看待了，它成了一种非常重要的，指导人们生活、做人乃至治国的理论依据。在《荀子》这部书里面，引《诗经》文字有七十多处。受荀子的影响，汉代很多讲诗的人，都很重视《诗经》的思想性。汉代有一本很著名的注释《诗经》的书叫做《韩诗外传》，写这本书的人叫做韩婴。他就专门用《诗经》来讲为政、做人的道理，其中很多内容都跟荀子讲诗的内容相合。

因此，《诗经》不仅仅是中国文学作品的源头，也是中国哲学的一个基础经典。也有人说，哲学跟诗是分不开的。

2. 不学《礼》，无以立

《三礼》包括《仪礼》《礼记》《周礼》三部分。《仪礼》讲的是人们日常生活中的伦理原则和行为规范，规定了不同的等级应该遵循的礼。《礼记》实际上是解释《仪礼》的，包括了《仪礼》中最基本的内容，同时从理论上进一步阐发为什么要运用这些礼，这些礼都包含了什么样的意义、起什么样的作用。还有就是《周礼》。《周礼》的内容主要是讲周代的官制。中央设哪些官，地方设哪些官，这些官的职责都是什么，等等。总的来说，《三礼》中的《礼记》对后世的影响是最大的。像四书中的《中庸》《大学》，其实都是《礼记》里面的文章；还有像大同、小康等我们中国人治国的一些理想也都出于《礼记》。

另外，流传于先秦，后来佚失的《乐经》，它的思想其实也包含在《礼记》之中，《礼记》中专门有一篇《乐记》，对音乐的起源、社会作用以及它在整个礼里面有什么样的地位，都诠释得非常清楚。《乐记》的主要观点就是人生而有情，这些情感需要发挥出来，怎么表达呢？就要通过唱、呼喊、手舞足蹈等方式来表达。在这个过程中，礼引导得好就会陶冶心情，引导得不好就会使人们疯狂。所以，音乐的直接作用是发泄人们的情感。例如，奏起哀乐，人们就会伤心；奏起雄壮的歌曲，人们就会精神奋发。同时，音乐又是用来调节人们之间关系的，所谓“礼以道别，乐以道和”。礼确立了人们之间不同的关系，很严肃；而乐把这种关系拉近了，大家在一起唱歌跳舞，等级差别就不那么明显了，关系自然就亲和了。

《礼记》里面还有一篇《学记》，阐发社会教育的必要性、教育的意义和教育的方法等，强调教育的根本是要教人如何做人。这些观点，即使对现在来讲，也是非常有参考价值的。

《礼记》里还谈到了许多具体的礼的问题，其中有六个方面的礼是最根本的。那就是：冠礼、婚礼、丧礼、祭礼、聘礼、乡射礼。

首先是冠礼，冠礼就是成年礼。男子二十就要给他戴帽子，女子十五就要给她及笄，及笄就是上头，在头上插上一个东西，这都属于冠礼。行冠礼就说明你成年了，成年了就要对自己、家庭、社会负责，举行这个仪式就是告诉你应该担负起一个成年人的责任，不能再像小孩子那样随便了。

第二个是婚礼，婚礼也是礼里面的一个重要内容。按照《礼记》的说法，婚礼是合二姓之好，就是把两个姓结合在一起，好延续子嗣。所谓延续子嗣就是延续人类，中国人的生命观念不是个体的生命观念，而是一个族类的生命观念。作为个体来讲，有生必有死，死了以后不会再生，不像佛教讲的有轮回。但是生命在延续，怎么延续呢？就在子女的身上延续。因为子女跟父母血脉相承，所以子女的生命就是父母生命的延续。中国人最重视这个，所谓“不孝有三，无后为大”，因为这是生命延续的问题，要不然生命就没有了，就断了。

第三个是丧礼，丧礼是非常重要的，《礼记》里也讲了它的意义。比如守丧要守三年，为什么？因为从父母生你下来到你能够相对独立活动，要经过三年。你要报父母的养育之恩，就应该守丧三年。孔子讲“慎终追远，民德归厚矣”，就是说要非常慎重地对待人的死亡，并且不断地思念他，这样民风才能归于淳朴。这句话实际的含义是教人不忘报恩。一个人如果不知道报恩的话，大概就不能算是一个人了。知恩报恩是人的一个最基本的品行，丧礼实际上就体现了对父母的知恩报恩。

第四个是祭礼，祭礼是祭天地日月、山川河流。从某种角度来讲，这表明中国人有一种对自然神的崇拜，认为不管是天地日月、高山河流都有神，山有山神，河有河伯，等等。但从另外一个角度来说，这实际上也是一种报恩的思想。人生活在这个世界上，就靠这些东西来生存。所谓天生之，地养之，天地万物养育你，你该不该祭它？当然应该！

第五个是聘礼，或者叫朝聘礼，就是聘用人的礼节。这个礼，我们现在经常忽视，其实它是非常重要的。聘用一个人时，在他工作的部门里给他举行一个小小的仪式，其实就是告诉他，他的责任是什么。同时也告诉大家，这个人来是做什么的，大家才好去配合他、监督他。

朝聘礼中其实也包括了解聘礼，解聘也需要以礼相待，不是说炒鱿鱼就完了，或者说退休了就结束了。

现在很多学校为学生办的入学典礼、毕业典礼都属于朝聘礼这个范围，但是往往都弄得很草率、很简略。其实入学典礼、毕业典礼，对很多学生来说都是一辈子难忘的，可学校这么简单就完事了，这就是不能做到以礼相待。

第六个是乡射礼，过去就是指一个村子里面，能够体现尊老爱幼这样一种文明风气的礼仪。现在社会上都在强调建设社区文化，可以把乡射礼现代化一下，效果一定会很好。

这六个基本的礼，我觉得都是非常重要的，对我们现在来说也很有借鉴意义。现在提倡要建设和谐社会、小康社会，如果能有这样一些基本的礼仪来规范人们的行为、协调人们的关系，使人们懂得怎样做人、如何尊重他人，那应该是事半功倍的。

总的来说，《礼记》是中国传统伦理规范得以建立的根本典籍，它指导了中国人几千年来的日常生活。

3. 帝王之学——《书经》

《书经》是上古历史文献的一个总集，里面除了一些传说中夏代和商代的文献外，大部分是周代政府的公告，这些公告总结了夏商两代兴衰的经验教训。《书经》特别注意到，夏代为什么能够兴起？那是由于夏代的创始人禹通过治水为老百姓谋了福利，因此得到了民众的拥戴。夏代为什么又灭亡了呢？那是因为它的末代统治者夏桀残害百姓，失去了民心。同样，商代也是如此，它的兴起是因为开国君主成汤“解民于倒悬”，把老百姓从夏桀的统治下解救了出来；而它的灭亡，则是由于商纣王酒池肉林，荒淫无耻，道德败坏到了极点，完全不把老百姓当人看，人民当然要起来反对他。

正是因为总结了前两代兴亡的经验教训，周代的政府公告中就非常突出地提出了“民为邦本”这样一种思想，认为“皇天无亲，惟德是辅”“天视自我民视，天听自我民听”，民是最根本的。一个国家能不能兴旺、能不能巩固，关键要看是不是得到了人民的拥戴。因此周代的公告都强调作为统治者首先要修德，只有德行高尚，才能够获得上天的保佑。

应该说，《书经》里的这些思想决定了中国文化的一个根本特性，就是以人事为根本，这也奠定了中国文化人文精神的根基。

所以，《书经》虽然表面上只是一册历史文献的汇编，是一部历史著作，但它实际上是中国文化最根本的人文精神的重要来源。

4. 中国人的价值观——《春秋》

《春秋》实际上是一部编年史。西周没落之后，周平王东迁，历史上称为东周。东周包括两个历史时期，一个春秋，一个战国。《春秋》记载的就是春秋这一时期的历史。但是《春秋》只记载了某年某月发生了一件什么事情，至于这件事情的来龙去脉、包含了一个什么样的问题等，并没有展开叙述。后人为此对《春秋》又进行了注释，形成了所谓的《春秋三传》。我们现在谈到《春秋》这部经，除了《春秋》以外，也包括了这三传。

相传《春秋》是孔子删订的，而且传说孔子在删订《春秋》的时候，下笔是非常慎重的，可以说每一个字都包含了一种价值判断，表明了孔子对事件、对人物的表扬或者批评。后来就有了所谓的春秋笔法。春秋笔法的特点就是不避讳历史上的事件，该怎么样就怎么样，该肯定的就肯定，该批评的就批评。所以春秋笔法是乱臣贼子见了都害怕的。孟子说“孔子作春秋而乱臣贼子惧”，因为春秋笔法给他们在历史上定了位。从这个意义上说，《春秋》这部经实际上是给人一种价值观的判断，告诉人们该怎样来评判历史事件和历史人物，强调一种公正而不妥协的态度。

《春秋三传》第一部就是《左传》，因为是一个叫左丘明的人为《春秋》作的传，所以叫《左传》，《左传》的特点是以记事为主。《春秋》里记载某年某月发生的某一件事情，《左传》就把这件事情的来龙去脉都详详细细地叙述出来，侧重于对历史事实的注释。另外两部，一部叫做《公羊传》，一部叫做《谷梁传》，这两部并不着重于史实方面的讲解，而是注重讲解这个事件本身的意义和它所告诉人们的经验教训。

汉代特别重视《公羊传》，像汉代的大儒董仲舒就是“公羊学”的一个重要代表。他们特别注重发掘《春秋》里所包含的那种“微言大义”，就是说在《春秋》简短的语言里，其实包含了非常深刻的道理。汉代人在断狱的时候，都要参考《春秋》里记载的类似事件，看它在《春秋》里面是怎样被解决的、怎样被判断的，然后再按照这个来判断，这在汉代就叫“春秋断狱”。

所以说，《春秋》在汉代政治制度的建立和治国理念的形成上起过很大的作用。

5. 宇宙的奥秘——象数之《易》

《周易》也包括经和传两部分。从现在地下发掘出的一些资料来看，《周易》中经的这一部分形成较早，应该在先秦的时候就已经形成了。它的内容实际上就是古人占卦的时候留下来的那些卦辞、爻辞，并经过筛选和编辑，文辞古奥，主要用于占卜。而真正发挥《周易》思想的十传，即所谓的易传，大概是在汉代初年才最后形成。

十传，就是指系辞（分上、下）、文言、说卦、序卦、杂卦、彖辞（分上、下）、象辞（分大象、小象）。十传中系辞是最重要的，除此之外是文言，再一个就是说卦。这些传里讲到了一些对后世影响很大的理论问题，比如《周易》起源的问题，八卦是怎样形成的，等等。至于其他的传，如序卦、杂卦都是用来解释卦序的。序卦是说明现在的六十四卦为什么这样来排，杂卦则提供了另外一种排序的方法。彖辞是对六十四卦的每一卦所包含的意义作一个综述。而象辞中的大象是解释每一卦的卦辞。每一卦又有六个爻，每一爻都有对应的爻辞，小象就是用来解释爻辞的。整个十传大概就是对《周易》经文的解释系统。

综合《周易》的经和传来看，大致包含了三方面的内容。第一个是象，就是卦象，比如乾卦是六条横线，坤卦是六条横着的断线，这就是象。第二个是言，言是指卦辞和爻辞，每个卦都有相应的卦辞和爻辞。比如乾卦的“乾，元、亨、利、贞”，这句话就是它的卦辞。爻辞呢？第一爻是初九，潜龙勿用；第二爻是九二，见龙在田；然后是九三，夕惕若，厉无咎；九四，或跃在渊；九五是飞龙在天；第六爻上九呢？上九就是亢龙有悔。卦辞和爻辞合起来就称为言，有象就有言。第三个是意，就是指每一个卦象以及它的卦辞、爻辞里所包含的意义。所以，《周易》在汉代形成后，当时人们十分重视“象”这一部分，称为象数学。为什么？因为大家都用《周易》来占卜，而占卜的方法主要是跟象、数有关。

实际上，《周易》最初就是用来占卜的，在《系辞》里就非常明确地讲了易是什么，易就是占。在中国历史上，占有两种方式，一种是甲骨的占法，称为兆，就是在一个乌龟壳上钻一个窟窿到火上去烤，烤过以后它就出现裂纹，这种裂纹就被称为兆，然后根据裂纹的走向、构成，来预测或判断某一件事情；还有一种就是根据数，这是《周易》所采用的方法，即根据蓍草数目的分排来确定卦象，然后根据卦象来推断一件事情，所以在《系辞》里，《周易》这种占卜的形式被称作“极数知来之谓占”，具体的方法很复杂，这里就不多说了。当然还有更简单的民间的土办法，就是拿一个铜板，扔一下，正反面，正的多少，反的多少，这样来算，这也是占卜。

汉代的易学不仅继承了《周易》古老的象数占卜的方法，而且还把象数跟十二节气、东西南北这些方位都联系在一起，形成了一个非常庞大的象数之学，并且归纳得非常清晰明白，用于预测，很实用。一直到今天，只要用周易来算卦，基本上用的都是这种方法。

三、关于三玄要义

1. 不易、变易、简易——义理之《易》

到了魏晋的时候，汉代的象数之学发生了很大的变化。象数学是用比较固定的模式来作判断的。比如说乾卦代表刚健，拿一种动物来比喻，就是马，因为马是非常刚健的。于是后来就固定了下来，乾卦的代表就是马，别的都不行。相应的，坤卦代表柔顺，拿一种动物来比喻，就是牛，因为牛是非常柔顺的，后来也固定了下来，坤卦的代表就是牛，别的都不行。到了魏晋，人们就认为这种象数学太死板，学习《周易》主要应该把握它的易理，而不是这些呆板的象数。

当时有一个著名的思想家，叫做王弼，他就批判象数学说，乾卦为健，所有刚健的东西都可以代表乾，何必一定是马呢？坤卦代表了所有温柔的东西，所有柔顺的东西都可以代表坤，何必一定要用牛呢？他认为象数学是有局限性和机械性的，研究卦象的时候只要把握它的精神是刚健还是柔顺就可以了。所以他一扫象数之学，提倡要得“意”。在方法上，提出“得意要忘象，得意要忘言”，因为如果停留在象和言上就不可能把握它的意，要得意就不能仅仅停留在语言和卦象上。这就形成了中国文化史上的一个非常重要的转折，由强调象转而强调意，玄学也就随之产生了。

魏晋玄学的根本依据就是三玄：《周易》《老子》《庄子》。

我们再来谈《周易》，玄学家抛弃了汉代的象数易学，重视发掘《周易》蕴含的深刻道理，提倡义理的易学。

玄学家认为易这个词，其实包含了三层意义：不易、变易、简易。不易是什么呢？不易是指一个根本的秩序和原则，《系辞》里面一开始就讲，天地上下确定了，这个世界也就确定了，这就是一种不易。但是，这种不易不是那种机械的、固定的不易，而是在变化中的永恒。《周易》又讲了许多阴阳、刚柔等变化的过程，这就是变易。万物的变化虽然繁复，但天地却从不去干涉，一切顺自然而发展，这就是简易。所以《系辞》里指出，简是天之德，易是地之德，简易是天地之大德。

另外，《周易》还包含了一种生生不息的品德。比如，其中“天行健，君子以自强不息；地势坤，君子以厚德载物”的精神对中国人影响就很大。自强不息、厚德载物成了中国人追求的一种理想品格。

《周易》里面还有许多重要的思想，比如它特别强调“时”的概念。我们看到很多彖辞、象辞都在赞叹这个“时”，“时之义大矣!”强调与时偕行，也就是说时间变化了，我们也要跟着变化。它还强调“中”，中正平和，这跟后来《中庸》的思想也可以联系在一起。

总之，《周易》是中国许多思想的源泉，历代对《周易》的注释数不胜数，思想家们都通过对《周易》的注释来发表自己的见解。

2. 道法自然——《老子》的智慧

三玄里面的第二玄，就是老子的《道德经》，即《老子》。《老子》的核心是自然无为，自然是强调尊重事物的本性，无为是强调不要以人的意志去干扰事物发展的方向，应该因势利导。所以，无为不等于无所作为，而是要积极地引导，是无为而无不为。

老子认为，如果遵循万事万物自然发展的规律，那所做的事情自然就会取得成功。而这种成功又不是那种有为的成功，不是通过干涉什么、改变什么得来的，而是自然而然得来的，谁都不会感到不舒服。而获得成功的人呢，也不居功自傲，正所谓“为而不恃，长而不宰”。

这种理念应该说和儒家是正好相反的。儒家强调礼教，或者叫做名教，因为礼里面主要规定了每个人的名分。名教认为为了社会的和谐，要克制自己很多自然的欲望，这本来是没有问题的，但是克制过度又会对人性造成伤害，所以在汉末就出现了许多假孝廉、假道学。

玄学家就提出，可以用老子自然无为的办法来调和名教和人的本性之间的矛盾，既尊重了每个人的个性，又能够稳定社会的秩序。所以，人们都把老子的思想看作既可以修身又可以治国的方法。

3. 逍遥游——《庄子》的精神

《庄子》也是道家的一部经典，但是《庄子》跟《老子》的思想有很大不同。《老子》是非常收敛的，在《老子》里面有这样的话，叫做“将欲夺之，必固予之”，我要得到你的东西，就要先给你，这是以退为进。庄子则非常张扬，把自己的个性完全地展现出来，他追求的是一种无拘无束的逍遥。

怎样才能得到这种逍遥呢？庄子说要“齐物”，强调事物之间没有绝对的差异，所有的差异只不过是相对的。你说大，你大得不得了，还有比你更大的；相对于比你更大的，你又是小的，所以大小是没有实质区别的。因此有的时候就可以有一种自我安慰，我小啊，可还有比我更小的呢，跟它比，我还大呢。我们常常讲中国人有一种阿Q精神——精神胜利法，很多就是来自于《庄子》。

到了魏晋玄学时期，有一位注释《庄子》的非常著名的玄学家，叫做郭象。他就不太赞同庄子这种相对的说法。他说形象上的差异是得承认的，如果一眼看去这一个就是比那一个大，那就得承认这个事实，所以他主张承认事物外在大小的差别。

但是郭象也要齐物，怎么齐啊？他说事物内在是平等的。你说你身材高大得不得了，我并不需要羡慕你，如果我像你一样高大的话，做衣服还费布呢，还费钱呢。当然郭象不会举这样的例子，这是我举的例子。

郭象举的例子是：两只鸟，一只大鸟、一只小鸟，大鸟要吃很多东西才能饱，小鸟吃一点东西就饱了。但是大鸟没有必要羡慕小鸟，小鸟也没有必要羡慕大鸟。如果小鸟羡慕大鸟，也要多吃一点的话，就可能撑死了。大鸟如果羡慕小鸟，少吃一点的话，可能就饿死了。所以郭象说“自足其性”就是逍遥，在满足“自足其性”上没有差异。只要适性，适合本性就是逍遥，不适性就不逍遥了。

同样的一些东西，通过后人的注释，就会发生变化。虽然中国文化重注释轻创作，但实际上注释里包含了很多创作。我们研究王弼的哲学，拿什么来研究呢？主要就是根据他的《老子注》，玄学的思想就在里面。研究郭象的思想有什么材料？就是他的《庄子注》，他对庄子的解释与别人有很多的不同，刚才那一个解释就不同。

又比如《庄子》里面讲逍遥，怎样才能逍遥呢？庄子强调的是“无以人灭天”，不要以人为的东西来改变事物的天性、本性。他举例说，牛、马本来是很好的，放开脚就在那儿跑，这是牛、马的天性。可是人给马套一个笼头把它锁起来，给牛鼻子上穿一个窟窿，套一个圈拽走，这就违背了牛、马的本性，这是人为的，跟牛、马的天性相对立。郭象一解释就不一样了，郭象说，穿牛鼻子、落马锁也是根据牛、马本性所设计的，是顺应它们本性的。反过来，你去穿马鼻子、给牛套一个笼头，行吗？不行的。

郭象由此证明，作为一个人，也必须遵守一些伦理道德的规范，这些规范其实也是人性所具有的、所需要的。这样一解释，庄子原来的意思就发生了变化。

所以，《周易》《老子》《庄子》成为了中国整个思想文化体系里的根源性典籍。后来的人通过发挥书中的思想，来阐明各自的主张。

四、关于四书要义

到了宋代，又把四书——《大学》《中庸》《论语》《孟子》提到一个很重要的地位。为什么呢？这有时代的背景。就是隋唐时期，人们都去追求佛教或道教，对儒家的思想反而淡漠了。宋代的理学家因此受到触动，认为这都是因为儒家只讲具体的道德和行为规范，而没有一个很深奥的理论体系，因此，他们就要为儒家寻找一个复杂的理论依据。

很快，他们发现，《礼记》里面的《大学》《中庸》两章，包含了许多深奥的道理，可以用来阐明儒家所遵循的道德规范的根据。所以他们把《大学》《中庸》单独拿出来，和《论语》《孟子》一起并列为儒家的根本经典。

1. 至善之境——《大学》

理学家通过考证，认为《大学》是孔子的弟子曾参所作，《中庸》是孔子的孙子子思所作，他同时也是曾参的弟子，而《孟子》又是子思弟子的弟子孟子所作，这样就形成了一个完整的儒家传承系统。从时间上来讲，《论语》第一，是孔子作的；《大学》第二，是曾参作的；《中庸》第三，是子思作的；《孟子》第四，是孟子作的，它们被统称为“四子书”。

但是从内容上来讲，理学家又觉得，《大学》是入门书，因为《大学》还是讲具体的道德规范。《大学》讲什么，三纲领、八条目。

所谓三纲领就是《大学》里的第一句话：“大学之道，在明明德，在亲民，在止于至善。”“明明德”“新民”“止于至善”，这是人的三个最根本的追求目标，所以称为三纲领。

八条目呢？八条目就是格物、致知、诚意、正心、修身、齐家、治国、平天下。我们现在常常讲的“修身、齐家、治国、平天下”就是八条目的后半段。修身之前要做准备，准备什么呢？即是八条目的前半段，格物致知、诚意正心。

整部《大学》就是围绕三纲领、八条目来展开的。最高理想是止于至善，通过明明德，明自己的德性，然后不断地亲民就是让民众都能不断提升自己的道德品质，最后一起达到至善。

八条目的核心就是修身，前面的四个步骤是为了修身，后面是修身以后所要实现的三个目标。所以《大学》里面讲："自天子以至于庶人，壹是皆以修身为本。"不管天子也好，普通老百姓也好，都要以修身为根本。修身的目的就是要达到道德层面的自觉自愿。如果是被动的，就不能称为道德了，那就是在法律制裁的威胁下遵守法律的问题。道德一定是出于自觉自愿，只有这样，才可能达到至善。从这层意义上来说，修身当然是最根本的。

2. 为人之道——《论语》

《大学》可以说是入门，然后又该怎样具体去做呢？这就有《论语》提出来的那些具体的道德规范作为参考。

《论语》的核心其实就是仁。因为在孔子所处的时代，按他自己的话来讲，是"礼崩乐坏"了。怎样来挽救这个礼崩乐坏的危局呢？孔子强调要通过人的自我修养来恢复对于礼这种规范的遵循。

孔子讲"克己复礼为仁"，即主动地克制自己的行为，使自己的行为符合礼的要求，这就是仁的意义。所以孔子提出来的仁是倡导一种道德的自觉。同时，如果具体来讲，仁又是分散在各个方面的。孔子回答什么叫仁，答案多得很。他根据每个人不同的特点，来告诉对方，什么叫做仁，通过仁来规范这个人的各种行为。

3. 完美政治——《孟子》

孟子又把孔子"仁"的思想进一步推演，成为了"仁政"。仁，不仅仅是每个人自我修养时应当自觉遵守的规则，同时也成了治理一个国家的根本理念。

孟子认为，治理国家必须以礼乐教化，而不能用强制的、暴力的手段，要实行王道，而不是霸道。实行王道主要的措施就是要置民恒产。孟子认为，如果老百姓没有固定的而且有保障的财产，就不会有恒心，即"无恒产者无恒心"。没有恒心，国家就不会稳定。

置民恒产在当时讲就是给人民一定的土地，让他们拥有自己固定的财产。孟子常常想象着这个仁政的结果就是百亩之田、五口之家，小孩子有人抚养，老年人也有肉吃，并且不必担心遭强权剥夺。这样当然就是一个比较美好安定的社会了。

4. 最高的德——《中庸》

道德自觉了，政治安定了，就有了达到至善之境的基础。什么是至善呢？就是中庸。从孔子开始，儒家就认为中庸是最高的品德。孔子讲过，“中庸之为德也，其至矣乎！民鲜久矣。”中庸这种品德是最高的，老百姓能够这样去做的已经很少了。

《中庸》就着重探讨了中庸这种品德的内涵。中庸是什么样的德呢？它有两个根本的意义，一个就是中，即什么事情都要做到恰如其分，也就是要掌握一个度。中庸的庸是通常的意思，也是用的意思。所以中庸也可以反过来讲“用中”，即我们要“用”这个“中”，“中”可以说是一个常道。

在这个意义上，儒家还讲一个概念，叫做“和”。跟“中”一样，“和”也是恰如其分的意思。《中庸》里面有一句话叫做“喜怒哀乐未发谓之中，发而皆中节谓之和。”喜怒哀乐表达出来了，而且恰如其分，乐而不淫，哀而不伤，这就对了。儒家还有句话，“礼之用和为贵”，这个“和为贵”并不是说和和气气，这个“和”就是指用得恰如其分，过头了就虚假了；不足了，心意没到不够诚心，所以一定要恰如其分。这个分寸是很难掌握的，《论语》里面借孔子的弟子有子之口讲道：“礼之用，和为贵。先王之道，斯为美，大小由之。”只要掌握这样一个原则，掌握这个分寸，那不管大小事情，都可以做到得心应手。所以，中庸也可以说是中国人的一个实践原则。

《中庸》的另一个根本意义就是“诚”。我们现在都在讲诚信，《中庸》就已经把“诚”这个概念提到了一个非常重要的地位。“诚”是什么？天之道！“诚者天之道”。天是最讲诚信的，“四时不忒”，四季不会错位，不会不来。春天过去一定是夏天，夏天过去一定是秋天，秋天过去一定是冬天，这个规律是不会变的，这是天道，天道就是这样的诚。人呢？人就应该效法天的诚道，所以说“诚者天之道也，诚之者人之道也”。《孟子》里也讲过，孟子讲：“是故诚者，天之道；思诚者，人之道也。”说法不太一样，但意思是一样的。

中国人非常强调以德配天，德配天地，这是最高的。庙，孔庙里面写的就是“德配天地”。孔子了不得，他的德行可以跟天相配，什么地方相配呢？就是这个“诚”字。天人合一，其实讲的就是天人之间德的合一，也可以说是一种德行的天人感应。你的德行跟天一样了，天就保佑你，你德行达不到天的要求，天就不保佑你，所以人的品行跟天的品行是互相感应的。人道应该向天道学习，天之道讲诚，人之道也要讲诚，以人道的诚之德去配天道的诚。《中庸》提出的这个诚的思想，可以说影响了整个中国文化的气质。

五、从根源性典籍入手，把握传统文化

到了宋代，中国的根本性典籍完全形成了：三玄、四书、五经。可以说，从中国本土的经典来看，以后的发展都没有离开过这些经典。不管是讲科学的也好，讲医药的也好，讲农业的也好，引经据典都离不开三玄、四书、五经。所以我前面就讲了，别看中国有那么多的典籍，汇总起来，都是有源可循的，就是这些根本性的著作。

随着汉末佛教的传入，也有一些佛教经典成为了中国文化的重要组成部分，到后来，特别是隋唐以后，成为了人们引经据典的一些基本素材。

明末以后，又有西方的一些东西传入，对中国的文化、思想产生了很大的影响，而且不断地融汇到中国的文化中。特别是鸦片战争以后，讲得再确切一点，甲午战争以后，有许多西方的经典对于中国文化的影响是极其深的。比如严复翻译的《天演论》，就是进化论，对中国的影响就很大，一直到现在还有很深的影响。进化论本来是讲生物演化，后来又运用到了社会层面，在西方出现了“社会达尔文主义”。本来是讲自然进化的，讲物竞天择、适者生存，到了社会达尔文主义那里，就变成了弱肉强食，变成了强权政治、优胜劣汰。所以《天演论》实际上不是简单的所谓达尔文的进化论，它已经包含了社会达尔文主义的理论在里面。这种理论对中国的影响极大。

近代以来，在一代代的中国学人中间，其思想也在不断变化。最初严复、康有为这一代人，基本上是借用西方的一些理论或是名词概念来诠释中国传统文化的一些思想和理念。之后的一代学人，就开始慢慢地用西方的理

论体系重新构建中国的思想，用西方的价值观念来诠释中国的价值观念，使得中国文化本来的含义渐渐被消解了。逐渐地，中国文化越来越洋化了，失去了它原来的意义。最典型的例子就是中医西化，用西医的理论把中医本来的精髓一点点给消磨掉了。因此，现代人已经很难真正把握中国传统文化原来的含义了。

在这种情况下，我们更需要从源头性的典籍入手去体会中国传统文化，而不应该直接从现代人的诠释中去追寻。因为现代人的诠释已经很难把握中国文化的根本精神了。这就是我讲这个题目的目的——让我们，让更多的中国人都来重视这些源头性的典籍。只有从这些源头性的典籍入手，才能够慢慢地对中国本有的文化的精神有一个重新的体悟和认识，才会有中华民族的伟大复兴，才会有中国梦的实现。谢谢大家。

【本文根据楼宇烈先生2014年4月23日，在清华大学文科图书馆所做《中国人的文化精神》主题讲座拓展而成，核心内容原载于楼宇烈先生所著《中国的品格》，题目为编者所加。】

“三不四留”中的安身立命之道

非常高兴今天又一次能够跟清华的老师同学们见面。前些日子徐老师去找我，希望在清华的“君子文化月”里，再来做一次演讲。由于时间的关系，不能赶在纪念当年梁任公先生讲《君子》的那个时间，所以一直推到了这个月的月末。讲什么内容呢？我当时就讲，我说今年我在学习中间，有一些心得，我把这些心得归成“三个不”，所以我就给自己起了个堂号，叫做“三不堂”，以“三不”来勉励和要求自己。同时呢，我觉得这“三不”对大家可能也会有点启示。所以我希望跟大家来共勉，我就讲讲“三不”吧。另外，今年我得到了一个拓片，这个拓片叫做“留余匾”，是河南巩义县的一个有几百年历史的老庄园的传家训条。这个拓片的一开头，就引用了南宋王伯大的《四留铭》，“留”就是留下来的留，“余”是多余的余，“铭”

就是铭刻在心的铭。我觉得对今天我们这个社会，对今天每一个人的做人做事也很有启发。所以我说就把“三不四留”一起讲一讲吧。

一、“三不堂训”里的儒释道文化智慧

这两个题目我给我的学生们都讲过了，所以今天是想跟我们清华的老师们同学们一起来分享和互勉一下。先讲“三不堂训”。为什么叫“三不”呢?

“不苟为，唯贵当”

第一个叫“不苟为”，“苟”就是苟且的苟，“为”是作为的为。我们做什么事情都不要苟且为之，就是“不苟为”。这个“不苟”是从哪儿得到的启发呢?是从我们先秦的一位著名的思想家荀子那里，我们常常把荀子称为先秦思想的集大成者。他在他的著作里留下一篇文章，题目就叫做《不苟》。这篇文章一开头就讲“行不贵苟难”——我们的一切行为都不要看重苟且地去做。第二句叫做“说不贵苟察”，我们的言说、学说，不要看重说得很明白很清楚。第三条，更重要了，“名不贵苟传”，我们不要把名声的传下去看作多么重要的事，为了留名，好像做什么样的事情都可以。那怎么行呢?没有原则，不合乎常理常情的事是不能做的。所以荀子在《不苟》篇里面，一开始就告诉我们，做什么事情，不管是行为、言说，还是名声，都不要为了传下去而去做那些不合乎常理常情的事。这就叫做“不苟为”。

那么应该怎样做呢?荀子讲，“唯其当之为贵”。“当”应当的当，把事情做到恰如其分，这个是最重要的。我觉得荀子这个教导非常重要，我们很多人为了凸显自己而刻意去做那些看来似乎是常人做不到的事情，去说那些违背常理的话，来显出自己的与众不同。荀子认为，违背常情常理的事和话，我们不能把它放在一个最重要的位置，而应该做那些恰如其分的、合乎常情常理的事情。我想作为一个人，必须要这样，保持做人的气节，坚持做人的原则，就像孟子讲的大丈夫的精神，一种气节。孟子讲到的大丈夫的气节有三条，第一条是“富贵不能淫”，富贵的引诱也不能够让他改变；第二条是“贫贱不能移”，再穷困也不能动摇他的意志；第三条就是“威武不能

屈”。我们常常讲，这是做人的原则。要保持或者要坚持这样一种气节，富贵不能淫、贫贱不能移、威武不能屈。而荀子在这儿讲的“行不贵苟难，说不贵苟察，名不贵苟传”，我觉得也是来说明一个做人的原则立场问题。孟子讲的这三条大家比较熟悉，而荀子讲的这个可能大家不是很熟悉。但是孟子讲的是比较笼统的原则，荀子这个则是相当具体地落实到了我们言行举止上了，我觉得我们做人应该培养这样一种不苟为的品德。

我们“不苟为”，但是我们还是要做呀、要说呀，那么怎么做怎么说呢？荀子也给我们提出了很明确的标准了，那就是“唯贵当”“唯其当之为贵”：做到恰如其分，做该做的，那是最重要的，不是去做那些人们不可能做到的、不符合常理常情的事情。所以我就把第一条，从否定到肯定两个方面给结合起来，就叫做“不苟为，唯贵当”，这是我“三不堂”的第一个堂训。

“不刻意，顺自然”

第二条，是我看了庄子里面的一篇文章，文章的篇名叫做《刻意》，这篇《刻意》跟荀子所讲的《不苟》，在精神上是相通的，用我们现在人经常讲的话，“刻意”实际上就是“故意”，而它比故意又要更准确一点，因为有的时候，捉弄人好像也可以用故意这个词儿，故意这样去做，让你吓一跳或者怎么样；刻意呢，就是可以说是为了标新立异、凸显自己而去做的。所以我看到这篇文章，第一句就是“刻意尚行”，就是他的行为行动，都是刻意地去做的；其中他讲到“刻意尚行，离世异俗，高论怨诽，为亢而已矣”。那么他说这种毛病是什么呢？“此山谷之士，非世之人，枯槁赴渊者之所好也”，就是这种“刻意尚行”的人，他是跟社会脱离的，跟我们的习俗是不一样的，因为我们人生活在社会中，就应该跟这个社会打成一片，当然这打成一片并不是随大流，还是要有自己的信念，自己的操守。但是你如果离世异俗，用跟这个社会完全脱离来标榜自己，“高论怨诽”，发出那些很高的论调，然后去怨恨这个，怨恨那个，没有一个东西你是看得上眼的，把自己看的是最清高的。从历史上来讲，这就是那些进到山林里面去标榜自己如何清高的人，他们不是看到了社会的各种问题，然后用自己的言论、用自己的行为去参与、去努力地改变这些不良境况，而是在那儿发牢骚，埋怨这个埋怨那个，显得自己很清高。这是一种刻意。大家可以去找这篇文章看一看，它说了好多种情况，其中也说到了，有一些人为了延长自己的生命，去这样做那样做，例如导引，导引术，这都是刻意的。那么为什么庄子会去描述那么多的刻意现象呢？这个我还得要说明一下，这跟道家的思想是很有关系的。因为道家是崇尚自然的，崇尚自然这样一个概念里边，包含了什么样的寓意呢？

首先，我们要尊重事物的本来状态，就叫做“自然”。今天我上午、下午在学校里边，也跟同学们讲到“自然”两个字的组合，我们先讲，什么叫“然”呢？是不是这样啊？“然”就是这个样，所以叫做“然”，本来就是如此。你说是不是这个样子？是。所以“然”这个字就是如此。那么自然呢？就是它本来就是如此。所以什么事情都有它的本来面目，它本来就是这样子。可是我们现在呢？不这样，我们非要去刻意地去做，违背了事物的本来状态，所以道家就批评这样的思想，我们一切都要顺其自然，多好啊。它批评了这些现象以后，就讲，“若夫不刻意而高”，你不那么刻意地去批评这个批评那个，怨恨这个怨恨那个，就自己努力地、兢兢业业地去做，以你自己这样的一些行为去影响社会、改变社会，通过这样来显示你的高明之处、高尚之处，那才对。所以叫做“不刻意而高”，不是“刻意尚行”，而是“不刻意而高”。

“无仁义而修”，第二个，庄子就讲到，有些人一天到晚高唱仁义，可是满嘴仁义道德，满肚子男盗女娼。不要以为一天到晚讲仁义道德，人品就怎么样好了，不对的。不应该这样子。不唱高调，不在那儿整天地喊仁义道德，可是就实实在在按照这个道理做，这个才真正说明你是有德行的，你是有修养的。

庄子一个一个分析，最后就讲到“不导引而寿”，导引术。我们现在很多人也非常注重养生，于是采用各种各样的方法，吃这个营养，做那个功夫，希望自己能够长寿。其实这个在庄子这篇文章里，看起来都是在刻意地求长寿。你如果“不导引”，不做导引而达到了“寿”，也就是顺其自然。我们生命有个自我保护、自我修复的能力，那我们为什么要做这个导引去求寿？说得难听一点，就因为我们人贪生怕死，想通过导引让自己不死，能够长寿。所以他就说，你如果“不导引而寿”，那才是真正的“寿”。人其实就是这样。

说到这儿，我想引一段西汉时期的《淮南子》里边的一段话，可能可以跟这个相呼应。《淮南子》里边讲到，我们人一般有这样一种观念，有这样一种追求。但是在《淮南子》看来，这些目的，并不是像我们人一般的这种观念、这种追求能达到的。这段话怎么说呢？《淮南子》说："天下有至贵而非势位也"，天下有最高的贵，它不是权势和地位。在我们一般人看来，所谓的高贵那就是权势和地位，势和位。但是《淮南子》这儿讲，"天下有至贵而非势位也"。"天下有至富"，天下最大的富，最高的富。富贵，刚才是贵现在是富，什么才叫富？他说"而非金玉也"，所谓的"至富"，并不是我拥有了很多很多的金玉，我们常常描述这个人家里很富，金玉满堂啊。可是这里说，"有至富而非金玉也"。底下这句话，跟我们刚才提到的这句话有关系，"有至寿而非千岁也"。我们希望人长命，万岁千岁是不是？觉得这就是至寿，最高的寿了。这里边，这三句话涉及到我们平常讲的福、禄、寿。

这里边，它对我们世俗人心目中的福、禄、寿，都一笔否定了。那么它正面地提出来一个什么样的富、贵、寿的理念呢？它就讲"原心反性，则贵矣"，我能够回归自我的本性，能够回归自己的天良，那就是最贵的了。"原心反性，则贵矣。"什么叫富？"适情知足，则富矣"，适合你的情况、能够知足，那才是真正的富。我们一般人为什么总是感觉自己不够富？就是不知足，就是不适情。什么叫适情？适情就是合乎你的实际情况。人跟人是差别很大的，我这个肚子吃一碗饭就够了就饱了，他的肚子吃两碗饭才饱；我只有一个肚子，那我吃一碗饭就行了，我就满足了，我不要去羡慕别人吃两碗饭。如果我也像他一样吃两碗饭，可能就会把我撑死了。他也不需要羡慕我：他吃一碗饭多省事，多省钱，我也吃一碗饭。那恐怕没几天他就饿坏了。

所以人不要去互相攀比，适情即可，适合你的实情就行了。所以《淮南子》里边还有另外一句话也是来告诉我们这样的道理，它说作为一个圣人，怎么样呢？"量腹而食"，根据自己的肚子来吃；"度形而衣"，根据自己的身体状况来穿衣服；"节于己而已"，节于己，"节"在这儿的意思就是适合咱们，恰好的，对他来讲，恰好的就够了，所以"节于己而已"。一个人就这样，够吃了，够穿了，对我来讲就完全合适了，行了。这就叫做“适情知足”。知足者永远觉得已经够了够了，不知足者永远觉得不够不够。所以“知足者常富，不知足者常贫”。

刚才《淮南子》那句话我还没念完，于是后面就出现了一个我们今天看到的现象了，它说“圣人量腹而食，度形而衣，节于己而已。贪污之心稀由生哉？”贪污的心从哪儿生出来？不会了。够了，他就不会去贪多余的东西，身外的东西，所以贪污之心就不会生起。由此我们可以看得很明白，什么叫做贪污？贪污就是贪你所需要的之外的那些东西，对你来讲实际上没有多大的意义，有的时候反而是害你。

那么我们再回到刚才《淮南子》那一句话里面，“适情知足则富矣”。还有一个“寿”字，“寿”字怎么讲？“明死生之分则寿矣。”我们如果明白了，一个生命是逃不过生死，有生就有死，对吧？没有一个人是能够活到一千岁的，所以我们去求千岁干什么？让它自然而然地生、自然而然地死，这就是寿。所以不是说，一定要活到一千岁才是最好的寿，活到多少岁才是怎么样怎么样，一个人能够健健康康快快乐乐地活着，平平安安无疾而终，这就是寿。

所以，《庄子》里面讲，我们不要刻意地去延长生命，不需要，我们只要顺其自然地活，说一句大家不太爱听的话，该死的时候就让他死，不要因为不想死，学这个学那个吃这个吃那个。比《淮南子》还早一点的那本书，叫做《吕氏春秋》里面就警告我们，我们人“毋以厚生而害生”，厚生就是太看重自己的生命了，可就是因为你太看重自己的生命，你反而害了你的生命。今天进这个补，明天进那个补，后天用这个办法，再后天又用那个办法，就想着自己不要死，这样刻意地延长生命。所以《庄子·刻意篇》里边就讲到了，如果不刻意、而能够顺其自然的话，那么最后“众美从之”，而且说“此天地之道，圣人之德也。”

我觉得这个对于我们每个人来讲，也是非常有意义的一个人生启示，做什么事情都要随顺自然。当然我们说这个话很容易，随顺自然，要做起来很不容易。因为我们常常会想到，这样是不是让我们很消极地等待。由这个也就联想到了，人们常常把道家提倡的“无为”思想，看作是完全消极的态度。其实要做到无为，比你想有为要难得多。我有为地去进这个补，去进那个补，去练这个功，去练那个功，看起来很难，其实很容易的。只要我有足够的经济力量，我要去买这个营养品，买那个营养品，很容易很简单。只要我有时间，我有坚持的劲儿，我学这个功学那个功，也很容易。但是如果要让我们去随顺自然，不刻意为之，那很难，为什么呢？

第一，我们要明白死生的道理，那不容易。其实也不用讳言回避了，贪生怕死是人的本能。总是不想死，为什么？我们总是把生和死看成是完全隔离的两个地方，不同的区域。死了以后什么也没有了，我活着有那么多的享受，所以看不破生死。这是人的本性本能，要明白这个道理就不容易。第二，明白了这个道理要能够这样去做，就更不容易了。为什么不容易？这是要有很强大的认识生命本质的能力，认识怎么样来对自己有充分的信心，这个就更难做到。为什么说对自己有信心那么难做到呢？我们现在很多人很有自信啊？你真有自信吗？尤其是涉及自己身体的时候，我想我们很多人现在一点自信都没有，为什么这样讲？因为我们现代人已经习惯于依赖外在的力量来保护自己的生命，这种理念可以说是已经深入人心了。我们身体一不舒服就要去找医生，就要去吃药，就要去找那些手术仪器，是不是这样？我们现在的人已经依赖惯了用外力来干预“我的健康”，所以要让你顺其自然，不把自己的生命交给外力来管理，而是让你自己来管理，相信我们每个人都有一种自我修复自我痊愈的能力，这容易吗？我经常去讲这样的道理，很多人说有道理、有道理，可是自己一不舒服了，马上去医院，马上去找医生，给他开化验条开检查表，马上看看自己的数据如何如何。血压是不是高了？血糖是不是高了？这是一个。另外一个呢，要做到这些，就必须在日常生活中，自己能够约束自己，这更难了。餐桌上那么多好吃的东西，还不放开嘴巴放开肚子大吃一顿？是不是更难？所以明白生死的道理，明白生命的健康要靠自己来维护，要靠自己来预防，而且去践行这样的理念，那是不容易的。其实，从汉代以来的这些名医，汉代的张仲景，唐代的孙思邈，都告诉我们你的生命掌握在你自己手里面，必须要自慎，自己要管理自己。孙思邈甚至提出来，什么叫自慎？是“安不忘危”，安不忘危，不光是治国治社会的一种理念，实际上维护自己的生命也是一样的，你自己感觉到现在自己不错，所以就放开嘴巴去吃，不自己管好自己；该睡觉的时候不睡觉，昼夜颠倒，你自己都不爱护你自己，自己都不能够保护自己，这些名医说了，那医生也没有办法，药也没有办法。所以提出来一个非常重要的概念，叫“自慎”。自慎里面包括你自己对待自己的饮食、起居、劳作，要顺其自然。首先要明白自己的生命是怎么回事，要看透生死是正常的现象，然后又要自己去管好自己。我们一听自然呀，无为呀，好像是什么也不要做了，其实要做的事情比你靠外面的东西，靠什么营养来让你更健康，要难得多。但是这个又是最最重要的。

我是用这个例子来说明“刻意”和“顺自然”之间的这样一种不同。你越刻意，可能产生的结果越不好；你越顺其自然，可能就越能够达到最好的结果。所以我第二个提出来，“不刻意”。那么怎么样来对应这个不刻意呢？“不苟为”对应的是“唯贵当”，那么“不刻意”对应的就是“顺自然”。提出来一个更加不容易做到的事情。要做到顺自然真是不容易。

“不执著，且随缘”

那么，第三个“不”呢？就讲“不执着”。这一点是从佛教的思想里面体会到的。但是一讲到不执着，我们现在的年轻人，不仅仅年轻人，我们现代社会的人，都不太会认同，就是总觉得我们一定要有执着的精神才能够实现理想和目的，用执着的精神去做我们应该做的事情，把它做好。所以一讲到不执着，讲到佛教不执着，很多人会认为，这也是一种消极的、无所作为的、不思进取的态度。其实这也是对执着这个概念的一种不了解，对于佛教为什么要人们不执着也不清楚，对于佛教跟执着相对的一个积极进取的词汇，也不知道。

由于这样一些原因，人们对于佛教讲求的“不要执着”不太理解。可以说佛经里面，时时处处都告诉我们，我们人类的一切烦恼痛苦根源就在于太执着。所以我们要对执着做一个分析。什么叫执着？佛教里面讲的执着是什么含义？佛教里面讲的“执着”的含义是很清楚的，就是因为你有了分别之见，看问题都是用分别，甚至是用对立的思维方法去看。由于这样一种“分别”的认识问题的方法，把事物隔离起来、对立起来，然后又产生了你对这种东西和对那种东西的不同的看法，有了不同的要求和不同的希望。也就是，由于看到现象的不同，产生了你心里面的对这些东西的不同的看法，不同的追求，于是就想得到这个不想得到那个。看见了一块石头，随手就扔掉了，找到了一块宝石就舍不得放下，这就有了分别心了。一有分别心，总希望得到自己喜欢的东西，得不到呢？痛苦、烦恼。

佛教认为这一切痛苦烦恼的根源都在于，我们看现象世界把它分别开来看，有高贵的、低贱的、美丽的、丑陋的……于是希望得到美丽的、高贵的，不希望得到丑陋的、低贱的，得到了它就高兴，得不到它就痛苦。一天到晚让你跟那些丑陋的、低下的人在一起，你就痛苦；让你跟那些美丽的高贵的人在一起你就快乐，喜怒哀乐都来了。佛教讲的执着，是从这样的意义上来讲的。你越去执着地追求这样一些分别的东西，你就越烦恼、越痛苦，所以佛教才让我们放下执着，放下才有可能自在。那么这是不是一种消极呢？不是。佛教是不是光是消极呢？更不是。佛教还要求我们，要把我们的现象世界看成平等的，我们的众生都是平等的，要用一样的心去对待众生，而且要为了众生奉献自己，舍己利他，这是佛教的根本精神，特别是大乘佛法的根本精神，慈悲为怀、舍己利他，慈悲者“不为自身求安乐，但愿众生得离苦”。这样一种大愿，才是慈悲大愿，慈悲心。既然是这样，它怎么可能不要求我们人积极向上努力呢？

有个名词叫做什么？精进。所以在佛教里面是把精进跟执着对应起来讲的。我们要破除执着，但是我们要努力精进。因为执着是由于我们的分别心所造成的，它给我们带来无穷无尽的烦恼，所以我们要破除它，不能够执着它；但是我们为了众生而奉献自己，这个要精进，不断地精进，我们才能够得到身心的解脱。

所以佛教讲了，不要执着，我觉得这个意义很深。尤其我们现代人，严重误解这个执着，以为执着似乎就等于佛教倡导的精进。其实不是。佛教的精进是无分别地奉献，无分别地为众生奉献。执着呢？是那种分别以后产生的种种的烦恼和痛苦。那么我们是不是为了奉献而像刚才提出的道家里面的那样刻意去做呢？那也不行。破除了执着后我们应该怎么样？应该随缘了。所以我把“不执着”相对应的一句话就叫做“且随缘”。我们不要把救助他人的事也执着地去做，否则就有问题。因为那同样是一种分别之见，同样会给你带来痛苦烦恼。

我举一个例子来讲，现在在社会上这个现象还相当地普遍、相当地严重。就是我们看到很多佛家信众，在一些法师、上人的倡导下去大肆地放生，然后就觉得自己做了功德了，自己保护了众生的生命了。这样对吗？不对。是不是应该这样去放生呢？现在放生的现象已经给我们带来了极大的问题。首先，我们破坏了生态平衡。把一大群东西放到一个地方去，举个例子，有的时候放生放什么？放蛇。抓来了很多蛇，然后将它们放在一个山沟里面，这个山沟谁还能进去呀！这是我听说的，在江西一个地方——真如寺，现在后山都很少有人去了。另外，我亲眼见到的，有一次我去昌平，完事后我从山沟里面出来，开来了三辆大卡车，这三辆大卡车上面装的什么？全是松鼠，一个笼子里面两只松鼠，好一大摞都要放到山沟里面去，这山沟还承受得了吗？这些松鼠还能存活吗？那么我们现在都知道，最早我们听到了什么？我们的北京奥林匹克公园牛蛙声大作，原来刚建好了的奥林匹克公园里面养的都是青蛙，现在青蛙声听不到了，听见的全是牛蛙，为什么？我们很多放生的人，放了很多牛蛙进去，牛蛙就把青蛙都吃掉了。

后来我们又听到，中国人把鲤鱼放到了美国，美国的鲤鱼成灾了，而且鲤鱼因为变了环境，在我们这儿长得也就这么大一条，在那儿它长得那么大。后来又听说，我们有一群人放生放到欧洲去了，放什么？螃蟹，欧洲的螃蟹又成灾了，破坏了生态。那么这些放生的人，受到什么样的诱惑？放生越多，你的福报越大，然后他们就执着于自己的福报，拼命地去放生，比着放，你放多少多少，我比你放更多更多。这个其实就是没有放下执着，放不下自己，还是把自己跟别人分开来，希望自己得到更多的福报。这种理念是跟佛教的根本理念完全背离的，因为佛教的理念就是要你放下对自我的执着，佛教是讲你要广种福田，为谁种福田？为众生种福田，不是为我自己种福田。

所以佛教是要你放下自己，不是让你执着自己，因为你跟众生对立起来了，所以你光想着自己的福田。其实你在广种福田里边，让众生都能够得到福报，你自己也就得到福报了，你跟众生是一样的一员嘛。放不下，就想自己得到，这就是执着。所以我老讲，放生在今天已经出现了那么大的问题、那么大的流弊了，而且可以说是背离了佛教的根本宗旨了，我们再不要去这样传播了，再不要去那么参与了，我们应当提倡佛教的更合乎事实的一种理念，就是护生。保护生命，这是佛教的理念，比放生的理念要有益得多。放生，常常是我把它抓起来，再去放。护生呢？是什么需要我保护我就保护它。即使是护生，我们也不要专门去找那些要护生的，我们应当是随缘护生。今天走到这儿看到这个小动物，受了伤了在路边上，那么我赶紧过去，救护救护它。治疗好了，我还给它放到它应该生活的地方去。

所以佛教讲不要执着、一切都要随缘的这种思想，应该是对我们做人做事都很有意义的。这三个"不"——不苟为、不刻意、不执着的主体，恰好又都是中国传统文化中的三个主体——儒、道、佛。那么它们中间体现出来的精神呢？又都一样，都是要我们做人不能够为了自己的名声、利益等东西，去做那些不该做的事情，那些不符合常情常理的事情，那些执着自我的事情。所以当我想到这些事情，我觉得这对于我们今天的自我修养来讲，还是很有启发意义的。所以我就把它写出来，提供给大家，来共同勉励勉励，更多的是自警、警惕，时时要警惕，不要苟为；时时要勉励自己，要随缘；时时刻刻要希望自己做到不刻意，所以我写了"三不堂"，提炼出来"三不堂训"，我想简单的就是这样一个理念想法，提供给大家。也许对大家有点启发，如果有什么不恰当的地方，也希望得到大家的批评和指正。

这是我今天要讲的一个问题，"三不堂训"。

二、《四留铭》里的安身立命之道

刚才讲到的，我今年得到一个拓片，拓的《留余匾》，一开头就引了《四留铭》这个话。那么刚才徐老师也介绍了，《四留铭》是南宋时期的一个人——留耕道人，他写的。《四留铭》的内容是什么呢？其实它简单地告诉我们，做人做事，都要留点余地，不要做尽了，不要做绝了。这个话看起来也是让我们今天的人觉得，不太能够理解，做事为什么要留有余地？我做得最好最好，我做得最大最大，我做得最强最强，有什么不好？这是我们今天的人的一种理念，但是我们传统文化中间恰恰有这样一些方面，让我们做什么事情，不要做尽了，不要做绝了，要留有一点余地。有意义没有呢？我觉得很有意义。

四留铭

我先把"四留"给大家念一下，做一个简单的解释，然后我们再来看。

王伯大，人家称呼他为留耕道人，他写的《四留铭》里头是这样讲的，他说“留有余”，留点余地吧，留有余，那么留下来的这些东西干什么？

第一，留有余，他说“不尽之巧以还造化”，我们人心灵手巧，可以做各种各样的东西，我们的巧手可以拿我们现代话来讲，想让你怎么样就怎么样，想让你河流从东往西流，从南往北流，我也能做到，我可以做到做尽，我们现在不是有南水北调吗？所以人是可以做到的，人是有这样的巧力的，但是在这儿他说要留点余地。那么没有用尽的这些东西，这些巧还给谁？还给造化，还给天地，这是第一个留，“不尽之巧以还造化”。

第二，留有余，不尽之“禄”，“福禄寿”的禄，禄是地位，“不尽之禄以还朝廷”。这是他那个时候的理念，朝廷，朝廷就是国家，就是社会，我们不要把所有的位置都占满了，要留一点给国家，留一点给朝廷。

第三，“留有余，不尽之财以还百姓”。财富的财，以还百姓。还给老百姓，让大家都能够享受财富。

第四，“留有余，不尽之福以还子孙”。他让我们要留这些余，留有余，留有余地，我们不要把它做尽了。

不尽之巧以还造化

所以是“不尽之巧以还造化，不尽之禄以还朝廷，不尽之财以还百姓，不尽之福以还子孙”。我们想想这四句话，我就说第一句话跟第四句话，对我们今天来讲，是最有针对性的。当然也许这是我个人的感受，但我觉得对我们今天最有针对性。因为我们现在把人的巧用到了极致，让天地也无能为力，天地也无法还手。这就是我们所谓的征服自然、改造自然，征服改造得连天地都没法跟我们相对抗，一点余地都不留给它。这很不好。所以我们今天想一想，我们这样来对待天地造化，结果呢？反而是让我们自己失去了不断创新的能力，我们现在已经越来越被我们所创造的外物给管住了，这就是哲学上面常讲的“异化”，我们人类被异化。我们对自然的征服，不是增加了我们的自信，反而是让人类失去了自信。就像我刚才讲的，我们现在身体有病，首先想到的是什么？首先想到的是我们发明的机器，找仪器测量一下我血压多高了，血糖多高了。我们已经完全不相信自己的感觉了。然后一测出来，你的血糖不正常，你血压高了，赶紧吃降血降压药，赶紧打胰岛素，也不相信你自己的身体，不相信经过调理它可以自我调整，不相信了。

本来天地可以给我们造出更好的环境来，可是我们现在要想抢夺它，认为我们人造的很多比你还要好。典型的，我不知道大家有没有去过一些地方，现在很多地方有什么印象西湖，印象什么地方……我到这些地方去开会，有时候常常会招待我去看，印象西湖，还有什么少林寺……各种各样的印象，这些印象都是怎么来的？我不知道有多少人看过这些印象，就是声光化电，就是所谓人工之巧嘛，人工之巧构建声光化电让你看的，不得了，所以往往都是晚上才能欣赏印象什么的，它不让你见它的真面目的，于是让你把虚幻的东西，看得好像是眼花缭乱，人真不得了。

所以我哪一次去看什么印象，我一定要求第二天白天带我去实际地走一走，我要看它真面目，我不希望看这个，巧夺天工，哪有自然美景好，差得远着呢。所以我说人可以，但是要留有余地，让自然发出它的光芒来。人其实真要是想明白了，就永远也别去跟大自然争胜，多留一些大自然的美景，让大家来欣赏欣赏。所以我是非常欣赏我们古代留下来的一些诗歌，其中有两句我给大家念一念，哪两句啊？“青山不墨千秋画。”我们想想是不是？一座青山不是我们用笔画出来，“青山不墨”，墨就是画画的墨，青山不用墨，但是它呈现出来什么？“千秋画”，青山不墨千秋。底下那句叫做“绿水无弦万古琴”。我们弹琴，可是绿水哪有弦呢？没有弦，但是它是一把万古的琴，因为它老是那么流，留下来叮叮咚咚的美声，让我们来听。

我们人能跟它比吗？我们要移山填海的话，把这些自然景色全破坏了，那我们看不到千秋画了，确确实实我现在看到很多山，破败得不得了，怎么破败？劈掉一半采石，看上去是一幅破画了，本来一幅很美的画，开山把整个山的一半给劈掉了，这儿劈一块，那儿劈一块。所以我有感于这两句诗，就补上了两句，来自我反省反省，补上哪两句呢？我说：“活色生香笔难到”，自成天籁手何能青山这幅画，它是活的，有生命的，有气味的，活色生香，一年四季在那儿变化着，春夏秋冬不同的景色，不同的花味，花的香味。所以青山这幅画，是活色生香的画，你那支笔，我们手上那支笔是达不到的。所以“活色生香笔难到”。绿水在那儿流，流淌，发出来的音乐声，那是天籁，自然而然，所以我说这叫做自成天籁。自成天籁什么？手何能。你这个弹琴的手，有什么能力能够达到这个？达不到。这是对人的自我反省。我们要留一些巧，给造化。尤其在今天，我们很多有关环境的问题，都是我们对大自然的这样一种不尊重，不给它留余地所造成的。所以我说这句话，对我们人类来讲，是很有启发意义的，我们要留一些余给造化。

不尽之福以还子孙，不尽之禄以还朝廷，不尽之财以还百姓……“观今宜鉴古”

第四句，“不尽之福以还子孙”。这是中国人的一个根本性的观念，中国人认为生命的延续是靠一代一代相传的，所以我们每一代人，都要为子孙后代深思熟虑，长顾后虑。顾，顾忌的顾，我们要长顾后虑，一定要往后思考得久远一些。这也是刚才我提到的《荀子》里面的一个重要的思想，我们做什么事情一定要长顾后虑。我们对森林的开发，一定要想到子孙后代，我们如果都把它开发尽了，那子孙后代就没有了，就享不到这个福了。所以中国人做什么事情都要想到，为子孙后代。

所以中国人的语言是，“积善之家必有余庆，不善之家必有余殃”。我们做什么事情必须要为子孙后代着想。所以我们这一代人不能竭泽而渔，不能做让子孙后代无法继续生活下去的事情。那么我们想想我们现在的很多做法，是不是对子孙后代的生存造成了很多的问题呢？给子孙后代留下了很多，要恢复起来都很难的难题，我们自己是享尽了福，我们给子孙后代留下了一些福吗？没有。所以我说，一头一尾这两个留有余，我们今天的人真是应该认真地思考，中间两个留有余，“不尽之禄以还朝廷，不尽之财以还百姓”，这个其实也是我们现在一个很大的问题。特别是第三条，“不尽之财以还百姓”。

我们现在几乎都是在垄断垄断再垄断，不给百姓留点财，很多企业也努力地做大、做强，不留一点给中小企业，特别是小企业个体户。这些都是我们做事情中间需要思考的。

所谓的“禄以还朝廷”，也不是仅仅讲几个官位的问题，而是说让更多的人来参与，参与社会的管理，其实也就是让大家更多的人，能够自己来管理好自己。

我读了这个《四留铭》也很有感触，它跟我们现代人的思维方式，有很大的不同。我们现在人思维方式都是想做尽，可是他提出来要留点余地。

不仅是南宋的这位留耕道人的《四留铭》里面这么提，后来的很多学者思想家，也都提出了我们做什么事情，都不要光为自己考虑，光为人类考虑，我们要为别人多考虑考虑，要为万物多考虑考虑。把这个理念扩大来讲，不要只为自己，不要只为人类，我们要多为别人，多为大家考虑考虑，留点路给别人走，留点财给别人用，留点余地让自然能够发挥自己的功能来营造一个更好的生存环境。

我们如果能够扩展开来理解这个问题，那我觉得这个意义就非常之大。所以这个《四留铭》，我看了以后有一些感受，就觉得也想介绍给大家去读一读看一看。《四留铭》大家上网一查就能查到，大家有手机，有WiFi的话，一上去就查到了，那我就不介绍它的全文了，就把它的理念讲一讲，看看跟我们今天的理念不同在什么地方，这个不同对我们今天是不是有什么意义，我们能够怎么样从根本性上去理解，不执着于它表面的语言。我想这些对我们今天来讲，都是很有启发的。

其实我们历史上的很多人物很多思想家，他们提出来的很多观念，都是历史经验的积累，它不是凭空而起的，也不是仅仅在那个时候才有意义的，它具有一个普遍的意义。所以我们今天只要不带成见地去看它，就可以吸取到其中的很多精华，可以从古人的经验中去寻找解决我们今天的问题的方法。所以我们有句老话叫做"观今宜鉴古"——我们看今天的问题，最好是用古代的历史作为一面镜子来看一看，可能就会找到它的病源，然后找到解决这些社会病的方法、理念。所以不断地去读诵我们的传统的这样一些著作，我想对我们今天会有很多很多的启示。

我今天就简单地讲到这儿了，有错误的地方请大家批评指正。

三、根植于中国文化的养生之道

【学生问：楼老师您好，在我看来，您是现在中国唯一一位儒释道三家都很精通的大师，我很敬仰您。听说您高血压也很严重，但是从来不当回事……能否分享一下您的养生之道，我们大家都希望您能活到120岁。】

要为感觉活着，不要为指标活着

首先第一点，不能说我是中国唯一一个通儒释道的，有很多很多，我只是其中之一，懂一些佛教，道家也不是那么深，不能这么讲。第二，你说我有高血压，是。如果我要去一检查，经常是高压200，但是我已经20多年，不去做正规的体检，我自己家里边有血压计，有人送我血压计，但是我从来没用。那么怎么知道我血压有200呢？这是在很多特殊情况下，比如说我要出国，有时候有些国家必须要有体检。有一次我要去澳大利亚，那必须到他指定的体检的地方去体检，当然这个体检不会像我们正规的体检那样全面地检查，它就是主要几项了，其中血压是一项很重要的指标了。一查血压，200，他说太高了，你得休息一会儿，是不是紧张？于是我和陪我去的一个学生，就坐那儿聊了一小时的天，聊完了再去检查，一量180，他说这个还可以，你可以。所以就通过了，我就去了澳大利亚了。

有一次也是要去哪儿，我现在已经忘了，是到我们校医院去查，也是他陪我去查，一量也是200，他说你那么高，你赶紧休息不能动，你躺在床上。我说那不行，因为中午去，我说我下午还有课呢。他说你怎么不躺着还上课。我说那怎么办呢，正常的课。那他说，那你上完课再来一下，我重新检查。我下午就去上课了，上了两个小时的课，完了以后，再陪我去查的时候，也是降到了180了，也没事儿。所以我就不管它了。那么这个情况，是在90年代中期以后出现了两次。在90年代初，我去了一趟韩国，在韩国待了有半年多，后来回来有一次感觉有点不舒服，就去检查了，一检查血压高，那时候还不是200，是160，那就高了，于是就让我吃降压药，而且告诉我，不能停。我吃了不到三个月吧，我实在是没有这个恒心，不吃了。怎么样？没事，一点没事儿，后来到那两次检查出来200也没事。所以我坚信人要为感觉活着，不要为指标活着，不要心事重重有负担，有了一个沉重的负担，说实在的，你也降不下去了，就算降下去，以后还是你随时随地提心吊胆。

最近我常常在讲这个问题，我说现在电视台上老在那儿宣传“早发现早治疗，大家放心”，然后就怎么样去孝敬父母。给父母买个血压仪，买个血糖仪，让父母早早地预测到自己血压不正常了，然后赶紧去治疗，这就是一种孝顺了。我说这哪里是孝顺，这是害你的父母。他们身边没有血压仪，没有血糖仪，他们也不会早晚去测量，现在你给他们买了，而且叮嘱他们，早晚好好测量测量。好了，早晨一测量今天血压有点高，他们这一天就难过了。提心吊胆的，心情就不好了。

养身必先养心

所以我认为中国传统的理念，养身必先养心，最重要的是你的心态，我们常常也讲了，累是累在心，不是累在身。所以其实身体再劳累，它也没有你心累那么严重，所以养身必先养心。把心情先调理好了，这是最根本的。那么我刚才还讲了，我们传统的养生的理念就是，自己管好自己，这是最重要的，你饮食不节，起居无常，又黑白颠倒，白天黑夜地颠倒，《黄帝内经》告诉我们的就是要注意这三条，平时嘛，食饮有节、起居有常、不妄劳作。休息和劳累要掌握好，过度的疲劳就有问题了，所以自己把这些管理好了，自己心态又好了，不为了名利去争、去斗，来了就来了，不来就不来，是不是？这是最重要的。

做什么事情，不要老是想着被动的被迫的，那样心情不会愉快的。即使做了以后累死了，可是这就是我该做的，我这样做是大家的需要，只要众生欢喜，就是我的欢喜。如果是这样的态度去做事情，会感觉到累吗？不会的，因为他觉得这就是我应该做的，我这样做了对大家都有好处，大家都高兴，那不就好了吗？所以很多问题，根本还是你心理上怎样去想的问题。

就拿我来讲，我这五天都是整天的工作，整天的活动，上个星期五我就在清华给一个河北班讲了一天课，上午九点到十二点，下午两点到五点，一天课。星期六我在另一个地方，也是讲了一天课，星期天还是一天课。昨天上午也是有一个班请我去讲课，下午到中央电视台文明之旅去做一个节目，两点我去那儿，从三点半开始正式录制，一直到八点，我回家已经九点了，吃了饭。今天上午我组织了我的一个博士生的论文答辩，下午跟我在校的那些博士生漫谈，完了吃了一口晚饭，就赶到这儿来了，这就是我这五天的生活。

我不是在这儿自夸，如果你的心中没有负担，没有执着，那么再累也没有累到心，那就没有问题。你要觉得这些都是负担，是勉强地来讲、不愿意来讲，你心首先就累了，心一累身体就累，所以养心是第一个。我自己当时也把握了，我既然这样的话，我晚上回家就休息休息，看看电视，是不是？就完了嘛，所以没有特殊的奥秘。

身体养生："拍拍打打、扭扭捏捏、蹲蹲起起、溜溜达达"

但是人除了养心之外，确实机体上面、生理机体上面，也得要调整调整，不是说不用了。最好的办法是什么？自我按摩按摩，自我活动活动，我们没必要去健身房健身，也不要去按摩室请别人来按摩，你自己按摩多好，既按摩了你该按摩的地方，又活动了你自己的身体。所以我一直强调，所有事情能够自己做的就自己做。现在我年纪大了，学生们都很关心我，走到这儿这个也帮我背包，我说我自己能背，如果你不让我背，我会感觉到我自己慢慢要作废了，没用了。我能背你就让我背，这是你对我的关怀。但是就是这样，我的很多学生，老是要抢着给我背。有的时候他们的这种好意，你也不能够老是拒之千里，那也不近人情。但是真是，老人他自己能干的，让他干，他才会永远觉得自己还有用，否则的话，他一下子感觉到自己没用了，精神垮了身体还能好吗？

所以在养生方面刚才说，如果有什么奥秘，我就是八句话，我已经讲过很多次了，可能在座的很多人也都知道，我在身体方面就是"拍拍打打、扭扭捏捏、蹲蹲起起、溜溜达达"，就可以了。而这些也不一定要我们去定时定量地完成，而是把它化到日常的生活中去，平时自己动动。那天有一个练功夫的人也告诉我："先生，冬天了，你这样这样（一个扭腰的动作）……"我说不就是我说的扭扭捏捏嘛，扭扭捏捏不就是这样那样吗？蹲蹲起起，蹲下去，站起来，不要特意地锻炼，你把你一些要用的东西，放得低一点，放到地下，你不蹲下拿不着，你就蹲下去了是吧？我家里做水，沏茶喝的水，电磁炉就放在地上，你要去坐水[①]就必须蹲下去，这就把它化到日常生活中去。生活不要太舒适了，你挂毛巾，远点，勾着去挂，不也是锻炼吗？抻抻筋。所以尽量地把它弄到生活中间去，把它变成生活中的一个动作，不是我们专门去锻炼。我觉得到所谓的到健身房去健身，说得难听点，很愚蠢。外面那么好的空气，你溜溜达达多好，没有必要，你又不要去做运动员，你又不要去争第一名，你去跑步干嘛呀？你溜溜达达不就完了嘛。而

① 北方方言，把水烧开的意思。

且现在已经证明经常在健身房跑步机上跑的人，关节都出问题。真的，这个不是我在这儿瞎说，很多调查都已经证明了。所以我们在身体方面，没事情就扭扭捏捏、拍拍打打、蹲蹲起起、溜溜达达。

精神养生：“嘻嘻哈哈、大大咧咧、松松垮垮、从从容容”

那么在精神上面呢？也有四句话，刚才我不是说八句话吗？精神上面哪四句话呢？“嘻嘻哈哈、大大咧咧、松松垮垮、从从容容”，这四句。放松，尽量把自己的精神放松，不就可以了嘛，没有必要搞得那么紧张，一切随缘。来了也不一定要推掉，不来你也不要去强求，一切随缘，保持心态的从容，不要去那么计较。所以我老讲，耳聋、眼昏、齿落这是对老年人最好的保护，让你少听一点，别听得那么清楚，听那么清楚你就受不了了。眼睛也别看那么清楚，睁一只眼闭一只眼、看得模模糊糊其实更好，不要那么认真。牙齿都掉光了，我现在是“无齿之徒”，一颗牙都没有了。这是让我不要吃了，吃不了的东西就别吃了，一切顺其自然。我们是没有牙齿来到这个世界上，回去也没有牙齿；我们是躺着到这个世界上，回去也得躺着回去，一切顺其自然。把它都看开了，就刚才讲的，明死生之分。人生总有那么一天，很多人纠结我从哪儿来，到哪儿去。我说你纠结这个干嘛呀，这个问题就不应该问，你不知道从哪儿来，你也来了，你不知道到哪儿去，你还得去。你问它干什么，是吧？

这是从理念上来讲，不要问，但如果你一定要我回答“你从哪儿来？从你娘肚子里来的；到哪儿去？到土地里面去。”对不对，我说那个是低级的庸俗的回答，高级的回答就是不用问，不能问，也不需要问，你问清楚你也来了，你再问清楚你也走了，问它干什么。珍惜当下的每时每刻，这才是最重要的。一天到晚去思考我从哪儿来，我到哪儿去，忘掉了我们当下该做什么，这你说，有什么用？没用。我们为什么要执着于这种问题呢？就让我们珍惜当下。我们说这个问题把它提高了，是一个哲学家的问题；把它降低了，是一个门卫的问题。因为我们去学校门口，门卫就得问你，你是谁呀？你从哪儿来的，你到哪儿去？是不是？降低了就是一个门卫的问题，抬高了就是一个哲学家的大问题。其实都没有太大意义。

回归中国文化

“治心病以广大二字为药”，心胸广大，这就好治你的心病了。治身病，治你身体上的病，“以不药二字为药”，不要吃药。这个在我们今天的人看来，都是奇谈怪论，但是这是我们古代一些对养生治病有深刻理解的人讲的话。因为在曾国藩之前清代有位学者叫钱大昕，他注释《汉书艺文志·方技略》里边有一句话，一句什么话呢？也是讲我们中医，他说“有病不治，常得中医”。中医是不治有病的，所以你不治有病，你就是真正的中医。这是我们中国真实意义上中医的概念，不是我们现在讲的跟西方医学相对的这个中医概念，它揭示了我们中国医学的根本理念，就是有病不治。《黄帝内经》里面讲的，“圣人不治已病治未病”，是不治已病，他是治未病，就是不让你发展成为病，这才是圣人，才是上医。《汉书艺文志·方技略》里边有那么一句话“有病不治，常得中医”，刚才我讲的清代的这位学者钱大昕，他注释这句话的时候，引了当时民间的一句话，他说“时下”，今天这个情况下，吴人尚曰”，吴就是现在的江苏，“不服药为中医”，中医不是让你专门去服药的。可以说，我们现在很多概念是完全改变了。要恢复起来、让我们认同这个，实际上已经很困难了。

但是实际上，曾国藩给他儿子这么讲了“治身病以不药二字为药”，告诉他为什么以不药二字为药，是药三分毒，药可以治好你，也可以让你更加严重。药可以治你这点，却可能危害了那一点，所以能够相信自己，能够调整自己的饮食、起居、劳作的话，你可以自我修复，可以自己痊愈，就是这个道理。这个就是中国医学的理念，中国养生的理念，我们要把最根本的立足点放在自己身上，而不是把它寄托在外在的力量上，如医生啊、药物啊、仪器啊等等。

我那天参加一个叫“中医影响世界”的论坛，那次论坛想讨论一下医患的矛盾问题，医生怎么样加强自我德行的修行，医德的问题，我在那儿就讲：现在医德的问题确实是跟医生的品德有关系。那么医生的品德究竟在什么地方呢？主要的就是医生把怎么样来救人的道理，给说清楚。医者仁心也，医者仁术也，你这颗爱人的心怎么用，爱人的方法怎么用？“医者仁心”，应当鼓励病者的自信心，告诉他你的病要好，我只能起一个辅助作用，药也只能起一个辅助作用，能不能好的根本是你自己，要给他这个信念，要给他这个教导，不能说，你这个病我能治好，你吃这个药一定好。于是他一吃药没有好，他就怪这个药，你给他一治没有治好，他就怪你医生。

我们让他养成依赖外力、不依靠自力的心理，这是最大的问题。所以我就跟他们说，我们佛教里面讲，“佛者，大医王”，佛是大医王，佛用什么药治病的？他治心病，解救你精神上的问题，他是来治这个的，他不是用药来治你的病，而是解开你的心结来治你的病。这个心结解什么呢？要求每个人自我觉悟，自我超越。所以佛讲，不是我救你们，是你们自己救自己。中国的禅宗慧能，大家可以去看他的《坛经》，《坛经》里边讲得很清楚，不是慧能度你们，是你们自性自度。佛这个大医王，不是说我包办，你这个病包在我身上，一定给你看好。这样的医生，如果你治不好病者，病者批评你、怀疑你、对抗你，那完全正常，医患关系永远解决不了；你真诚地关心他，告诉他，你要配合，而且你为主，不是我为主，你为主不是药为主，你为主不是仪器为主，这样的话，他就会明白，他就会真正地觉得你是在帮助他，就是这样。可是我们现在灌输的理念就是药能够解决你的问题，机器仪器能够解决你的问题，手术能解决你的问题。好了，解决不好，他不怪你怪谁？他不会怪自己的，绝对不会怪自己的，他从来不会反思自己的。所以你告诉他，你是身体痊愈的最根本的原因，那他自己去反省。也不是去忽悠他，而是告诉他一个实实在在的事情：没有他自己来认识、来保护自己的话，那他这个病就好不了。何况我们希望你自己平时多吱声一点，不要让他发了病以后你再来找我，这样就好了。所以这个也是中国文化的一个根本特点，什么事情都要反躬自问、反求诸己，不要老是去怪这个怪那个，靠这个靠那个。

所以我要跟大家讲，我们学佛学菩萨，不是求佛求菩萨，而是做佛做菩萨。同样的，我们学圣贤也不是求圣贤，而且希望自己也能够成为一个圣贤，中国的文化都是如此，我们拜神仙也不是希望神仙来救你，而是怎么样？让自己成为一个神仙。这是中国文化。

【本文根据楼宇烈先生2016年11月29日在清华大学六教的讲座整理而成，标题为编者所加。】

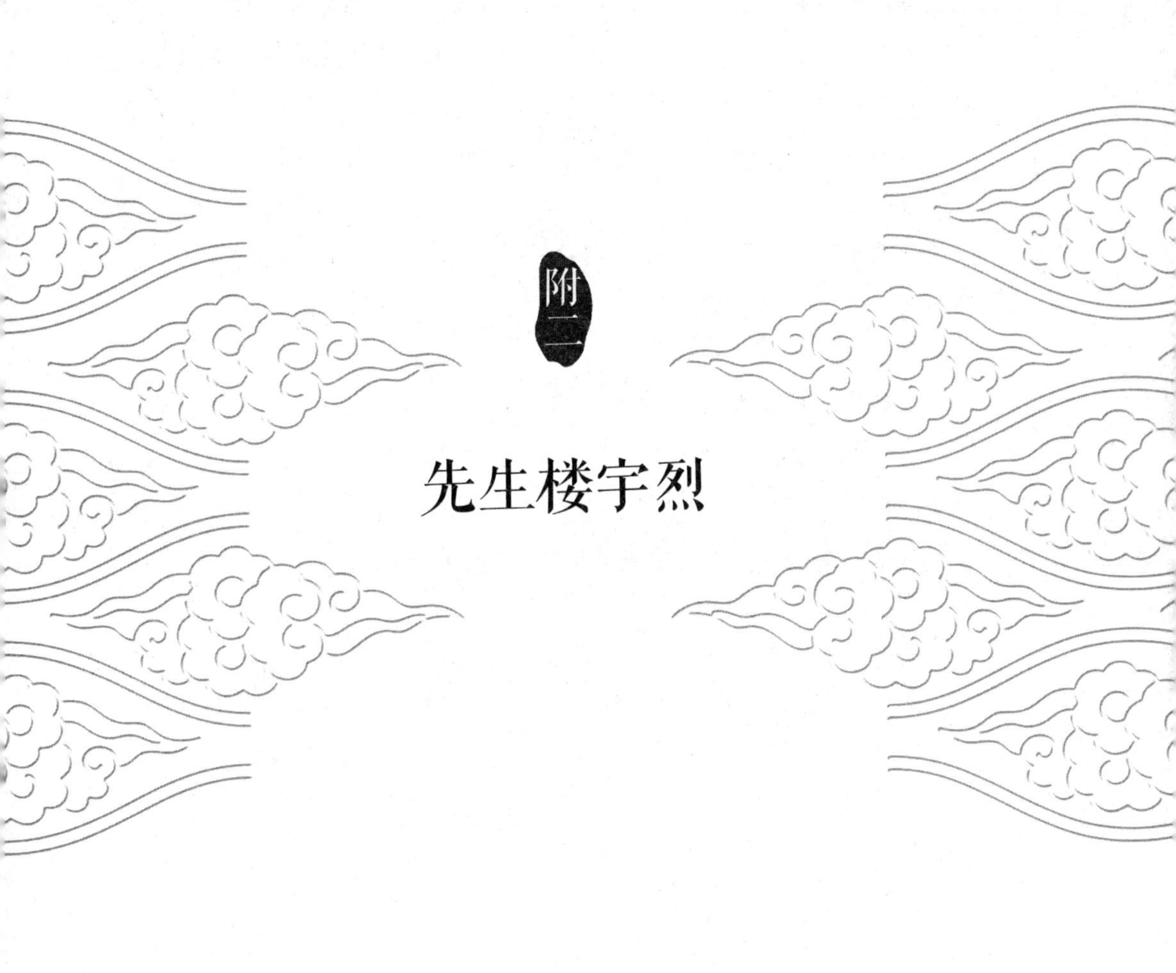

附二

先生楼宇烈

楼宇烈先生，浙江嵊县人，1934年12月生于杭州，北京大学哲学系教授，享誉海内外的著名学者、智者、仁者，中国优秀传统文化的集大成者和虔诚的守护者，也是“清华园里读经典”百年树人主题读书活动的文化总顾问。

是学者，楼宇烈先生著作等身，中西融会、古今贯通；是智者，楼宇烈先生儒释道三教圆融通达，诗词文赋、古琴昆曲、书画禅茶自然天成，“以道统艺，由艺臻道”；是仁者，楼宇烈先生为了民族优秀传统文化的传承，乐此不疲、有求必应，他不仅桃李满天下，还创立了北大国艺苑，兼任校内外几十家书院、国学社等社团组织的院长、顾问，耄耋之年行走海内外，每年公益讲座近二百场……

楼宇烈先生八十三岁高龄，自称“无齿老人”（掉的一颗牙都没了），笑眯眯的，自然而然，被称为“好心态大师”，有很多名言趣语：

> 他说：“持平常心，做本分事，成自在人。”
>
> 他自题《三不堂训》：“不苟为，唯贵当；不刻意，顺自然；不执着，且随缘。”
>
> 读书关乎死活，先生常说要“读活书，活读书，读书活”，不能“读死书，死读书，读书死”，先生也常引夫子“古之学者为己，今之学者为人”，也常提《荀子》“为己之学，以美其身；为人之学，以为禽犊”，也相信“人不为己，天诛地灭”。
>
> 身心有疾，如何调养？先生常借曾国藩言：“治心病以广大二字为药，治身病以不药二字为药。”先生也总结了自己《养身养心之三十二字口诀》：“养身：拍拍打打、扭扭捏捏、蹲蹲起起、溜溜达达。养心：嘻嘻哈哈、大大咧咧、松松垮垮、从从容容。”
>
> ……

在品读楼师清华《君子之风与大学之道》系列讲座的同时，让我们一起，跟随孙国柱、徐佳希、谭惟、李勇刚、李海峰博士等楼门弟子，走近先生楼宇烈，去领略老人家博学的、有趣的、幸福的、忙碌的、真实的生活中的圆融智慧。

圆融的智慧，慈悲的胸怀

文/孙国柱、谭惟

燕园有一老，执教已逾半个世纪，桃李遍寰宇。尤为令人钦佩的是，先生虽已八十高龄，却自然而行，常不休息，为昌明国学奔波呼吁。他就是楼宇烈先生，人们称他为“中国传统文化真诚的倡导者和实践者”亲近楼宇烈先生的人，大都被先生圆融的智慧，慈悲的胸怀所打动。忝列先生门墙，笔者亦概莫能外，深得其益。

一、传道授业解惑

自从1960年起就留校任教的楼宇烈先生，对于小小的三尺讲台有着特殊的感情，他现在已八十高龄了，仍旧坚持每周一讲课，鲜有间歇。据说，在千年伊始，SARS病毒肆虐的时候，楼宇烈先生亦未尝一次废学，课程照常进行，其尽职尽责、笑看生死的精神感动和激励了很多人。小小的三尺讲台，就是楼宇烈先生“传道，授业，解惑”的平台所在了。

第一次听楼先生讲课，先生穿着一身唐装，桌子上摆着自己带来的茶水，微笑着面对济济一堂来自天南地北的听众，轻轻地说一句，“看看大家有什么问题？”于是乎，早有准备的听众就会站起来发言。想提问的人太多了，大家就用写小纸条的方式依次排队，这样一来，那些腼腆的人也踊跃起来。这些问题，有的是博士论文写作的疑难，有的是生命成长的烦恼，有的是对社会现实的思考，还有的是关于中西文化的对比。严肃的有，令人莞尔的也有，不胜枚举，问题的范围，真可以用一句“其大无外，其小无内”来概括了。而先生总是慈祥地看着“你”，不徐不疾地娓娓道来，使问者释然，听者欢喜。

先生平时讲课，喜欢穿插些小故事，这些小故事，或来自生活，或来自典籍。有一次课堂上，楼先生讲解“仁”这个观念，特意引用《荀子》中的一则小故事——

> 有一天，孔子在屋子里休息。子路进来了，孔子就想考考自己的学生怎么理解“智”和“仁”这两个概念的。子路回答说，“知者使人知己，仁者使人爱己。”孔子听了非常高兴，评价说你能够称为“士”了。随后，子贡回答说，“知者知人，仁者爱人。”孔子称赞道你能够称为“士君子”了。最后，颜渊进来了，回答说，“知者自知，仁者自爱。”孔子听了，给了一个最高的肯定，你可以称为“明君子”了。

通过这则小故事，很容易让人明白“仁”的多重意义，并能够懂得“古之学者为己”的真义所在。楼先生的讲课风格，就是这般简洁明了，几乎没有自造的概念，大都是古人的成语，一般人听了能够有所受用、有所体悟，学者听了，也有反思的空间、回味的余地。有“述而不作”之风的楼宇烈先生，在引用古人语句时，也是精挑细选，力求雅俗共赏，古为今用。后来，楼先生还将特意挑选的古人语句，用《古训今读》的书法年历形式与亲朋好友结缘，从2011年起，迄今为止已出版了4册，内容涵盖了儒释道三家和古典诗词。

楼先生的课程，给人许多教益。如果现在问我，听了楼先生的讲课，最大的收获是什么？我会毫不犹豫地回答——“自然合理”的思维方式。楼宇烈先生，在课堂上一直强调“自然合理”与“科学合理”这两种思维方式的差异。

> 什么是“自然合理”呢？这是相对于西方社会追求普遍适用的“科学合理”思维来讲的。所谓“自然”就是“本然”的意思，做事要顺应自然，因势利导，妄图以私志去改造公道，都得出问题。“自然合理”与“科学合理”，这两种思维方式的差异，实际上也是中西文化类型的差异。对不同文化类型上的差异是不应当强求一致的，事实上也不可能强求一致。然而，当下的中国，由于盲目的现代化，人们逐渐抛弃了“自然合理”的思维方式。

行文至此，不由地想起近期楼宇烈先生对于某矿泉水广告的批判。楼先生说，该公司完全忘掉了古人“一方水土养育一方人”的教训，其实，很多疾病就来源于水土不服。这一下子使我想起了《中庸》里那句不起眼的话——上律天时，下袭水土。可见，“自然合理”的基本意思就是说不要与自然作对。然而，现代的人们，崇尚科技，不加克制，对此，楼先生敦敦告诫——自然给人以最大的自由，人要有更大的自觉。为了使人们更容易把握“自然合理”的思维方式，楼宇烈先生总结了一些有意思的话，可供人们详参，比如说，中华文化的特征是“整体关联，动态平衡”，又比如说“法无定法，因人而异；理有常理，顺其自然”等等。

“自然合理”的思维方式，使我发现很多事情，其实一切现成，“向来枉费推移力，此日中流自在行”。人生在世，有本来的幸福，也有后得的幸福。懂得“自然合理”思维方式的人，才会受到本来幸福的庇佑。

二、古琴昆曲香茶本我

楼宇烈先生，是一名学者，然而了解楼先生的人，都知道楼先生还有唱昆曲的雅好，甚至自费筹办了“国艺苑”。成立于2002年的国艺苑，是北京大学国学研究院下属机构，十二年来，先后开设了二三十个古琴班，每班六位学员，每班学制三到四年，以老师教学生，学生当老师的形式，薪火相传；昆曲每周三定期上课，加深了大家对昆曲的了解和热爱；迄今为止，国艺苑学员已有几百人，几乎每年末在北大都有不同主题的汇报演出。关于国艺苑的活动内容，楼先生曾经写了几句话：

> “弹拨最古老的乐器——古琴；吟唱最经典的戏剧——昆曲；品尝最普通的饮料——香茶；体悟最平和的人生——本我。”

为什么这么推崇艺术呢？究其原因，楼先生认为，中国文化，是“艺术的文化”，古代有所谓六艺——礼、乐、射、御、书、数，涵盖了我们日常生活中方方面面的知识和技能。“艺术的视野，给人以旷达与平静；艺术的幽默，给人以智慧与轻松。多一点艺术修养，多一点艺术精神，将给人生增添无尽的生气活力，将给社会带来普遍人格的提升和生活秩序的和谐。”

有了“国艺苑”这个平台，不仅使古琴和昆曲这两门岌岌可危的古老艺术有了栖息之地，也使更多的人能够接触艺术，走近国学。就拿我来说吧，想不到有一天，我也会主动学习昆曲，进而喜欢昆曲。昆曲的美妙在于发声。一开始学习，我很不习惯，但是学习几次之后就感觉其中确实有妙不可言者存在，使我想起《老残游记》中小玉说书的章节。楼宇烈先生说，唱唱昆曲，自然会上下通气。看来，唱昆曲也能养生。事实正是如此。有一次学唱昆曲，我坐在先生旁边。先生开唱，其声音仿佛从深渊中发出来，自然浑厚，空旷悠远。先生平日讲课，有时长达七八小时，其功夫实得力于此。现在，按照惯例，每周三的下午，楼宇烈先生都会带领大家唱昆曲。至于怎么来唱？楼先生更希望原汁原味地保存昆曲这一“人类口头和非物质文化遗产代表作”，学习的素材则是北京昆曲研习社所编的《谷音曲谱》，每次上课会温习学过的曲子，如果要学习新曲子了，楼先生会亲自示范一下，然后大家一起唱，唱得熟练了，会再配上笛子，声音更加动听。学习的曲子虽然有所变化，然而每堂课的结束曲是雷打不动的——

天淡云闲，列长空数行新雁。御园中，秋色斓斑：柳添黄，苹减绿，红莲脱瓣。一抹雕阑，喷清香桂花初绽。

这是《长生殿》中的经典片段。至于为什么会选择它，我也不知道。不过有一年，深秋时节到了，楼先生微笑地对大家说，如果现在去北大勺园看看，大概就是这样的景色。我想，或许，这个问题的答案，就在秋天里吧。

一开始学习昆曲的时候，我还有点压力。不过楼先生的话，很快打消了我的疑虑，“我们唱曲也是快乐，不是为别人唱，而是为自己唱，并不是去比较唱得好不好。从本质上讲，不是为了表演，是为了陶冶心情，是自我修养过程中的一个环节。至于把它当作一种竞技，更是误导。现在很多人把艺术当作一种资本去追名逐利，从根本上违背了艺术自身的本质。”不仅学唱昆曲是这样，国艺苑的培养模式也是如此。楼宇烈先生说：

“我并不是要培养专业的古琴家和昆曲艺术家，不会在技艺上做过于严格的要求，而是使人们有机会通过艺术来了解传统文化，进而修身养性，道提升了，艺才能提升，所以我说‘以道统艺，由艺臻道’。对于传统艺术来讲，轰轰烈烈并不一定是好事，我更希望它能不绝如缕。”

在国艺苑里，除了昆曲，我还参加了古琴班，由于访学的缘故，暂时中断了。不过，在这儿，我可以介绍一下品茶，更具体地讲是楼宇烈先生创设的“无我感恩茶礼”。在这个茶礼中，每人各自沏茶，分酌两杯，敬左右同座，当你敬给别人的时候，别人也会给你回报，这一来一去的过程，使我想起“天堂和地狱的筷子”的故事。在进行“无我感恩茶礼”的时候，还要齐颂、默念《感恩词》各一次。楼先生建议在喝茶中去体会“净、静、敬”的深层含义：

“我们在喝茶的时候，就要想到向茶的品德去学习。我们在喝茶中体悟人生，我们通过喝茶来体会茶的清淡或者香浓，这些都是茶的本色，因此做人也应当本色。”

“无我感恩茶礼”，可以说简单易行，然而却能够提醒我们不要时时刻刻总想着自己，要更多地想着别人。此时此刻，我们是无法体验“无我感恩茶礼”了，那就暂且在《感恩词》中体会“此时无茶胜有茶”的感觉吧：

民胞物与 仁民爱物 天地万物 同体共生
让我们感恩天地——天地大德，生命之源，生而不有，长而不宰；
让我们感恩父母——父母养育，慈爱辛劳，无微不至，无私奉献；
让我们感恩师长——师长教诲，传道授业，解惑启发，润物无声；
让我们感恩同胞——同胞一体，相依相存，人人为我，我为人人；
让我们感恩同学——同学相聚，缘结当下，珍惜欢喜，互勉共进。
让我们永存感恩之心，常持报恩之行——
感恩天地，感恩父母，感恩师长，感恩同胞，感恩同学。

三、善用者无弃物，善学者无弃学

在日常中，楼先生的许多生活细节，也是使我终身受益的。

在我听课的两年时间里，“一粥一饭，当思来之不易；半丝半缕，恒念物力维艰”这句古训，只记得先生在课堂上引用过一次，然而在生活中，先生就是这样做的。我在昆曲课上，曾不经意间低头看到先生穿了一双布鞋，这不就是前几天在早市上所见到的那种布鞋么？不过十元左右而已。穿在先生脚上板板正正，仿佛新买的一样，这一下子使我感觉生活没有任何压力了。

现在想想，楼先生很多物品，都是用了再用的，比如那个米黄色的挎包，就是一个电脑包而已。这个电脑包，我不知用多久了，楼先生似乎很喜欢它，平时出行经常挎着它，下课了，会把水杯收起，装上布套，轻轻放进挎包。为什么这么节俭呢？有一次上课我问先生您怎么看待“敬惜字纸”现象。我满以为先生会从“敬惜”二字入手来解释。楼先生说，以前老辈的人，看过的报纸，页边空白部分也会剪下来另作他用，为什么会敬惜字纸，就是养成习惯了呗。一句习惯了，看似不是理由，却解释了所有的问题。人生总应有些习惯，让我们记住过往，在时间中刻下永恒。

生活俭朴，是楼先生的一个侧面，然而喜穿唐装的楼先生，生活一点也不古旧，不仅不古旧，还很“摩登”。在日常生活中，楼先生还是一位“电脑发烧友”。

这位“电脑发烧友”，早在1987年在日本访学的时候，花了几乎所有的个人经费搞来一台电脑，在当时北大哲学系可以说是第一个吃螃蟹的人。从此之后，楼宇烈先生不仅学会了修理电脑，甚至还学会了设计网页，这种玩法，可以说是乐在其中了。有时候，楼先生还会得意地朝大家展示自己的手机功能，里面装了各种数据库，有古典诗词、藏经，还有其他古典文献，真是琳琅满目，让人感觉一机在手，上下五千年文明全有。此时此刻，向大家炫耀手机的楼先生，更像是一个大小孩。

事实上，生活中的楼先生，不乏这样的事例。有一次到了先生家，先生拿了一根木棍，让大家看看，美其名曰“狼牙棒”，原来这是先生从云南带来的荆棘棒，长期把玩，上面的刺已经圆润了，通身光滑油亮，已经成了养生锻炼的好物件，不知道的人还以为是什么养生新发明呢。一根带刺的木头，在先生的手中就是有这种化腐朽为神奇之妙。

现在生活水平发达了，物不如新，东西“升级换代”也快了，实际上人们是搭上了物欲的快车，身不由己。好多人千方百计拥有了一个东西，不会想着怎么充分利用它，只是为了满足占有欲和虚荣心，获得一种快感。在楼先生这儿，我看到的是，无论是贵的贱的、好的差的，只要是经手的东西，一件东西，就是一件东西，使用时小心翼翼，物尽其用，绝不毛毛糙糙，大手大脚，暴殄天物。现在想想，这实际上就是楼先生平日所讲的“善用者无弃物，善学者无弃学”。在楼先生“物尽其用”的外在行迹下面，我看到了一颗“善待一切”的温柔之心。

忝列先生门墙的岁月里，行不言之教的楼先生，能够恩泽学生的自然不止这些。“于细微处见精神”，从楼先生点点滴滴的生活细节中，我更加体会出做人之道、为学之方的深层况味。在此，我要说一句——先生，遇到您，我是幸福的。

【本文作者：孙国柱、谭惟，原文名《楼宇烈：现代人不应抛弃自然合理的思维方式》，曾载于《人民教育》，2015年第20期，本文题目为编者另加。】

观于海者难为水

重温先生在勇刚、星儒结婚典礼上的证婚词

文/李勇刚 李星儒

农历乙未年冬月初九日，公元2015年12月19日，我们在北京大学东北角的大益膳房，用传统唐制婚礼的形式结为伉俪。我们的恩师、尊敬的楼宇烈先生担任证婚人，让我们倍感荣幸。当时，我们恭立在恩师的身旁。看着八十多岁的老人家一动不动地站那么长时间，心中真是不忍，而礼仪的约束让我们不宜轻举妄动……

2008年，勇刚考入北大国学研究院，师从楼宇烈先生。七八年光阴，弹指而过。先生从古稀之岁进入杖朝之年，而勇刚也从一名无忧无虑的学生，变成一枚整日不得不为稻粱谋的“青椒”。2012年，星儒考入北大艺术学院，却每每以听楼先生的课为学习生活中最殷切的期待，奉楼先生为自己真心服膺的大德。2015年底，我俩有幸一起主持了北大国艺苑“琴韵曲情”岁末汇报演出。先生和师母温润、慈祥的目光，让我们内心倍感充实而明亮。

“观于海者难为水”。在先生和师母身上，在楼门的大家庭里，我们体知到中华文化的醇厚精神和雍容气象，中心喜悦，怡然自足。

一、恣汝所问

先生教人之法，不求按部就班，重在随缘点化。入门第一学期末，首次交作业，勇刚略效文言格式，记录下听课内容及所思所感，名曰《楼师开示沁心录》。作业前言如此写道：

楼师讲学，无高头讲章、概念框架，惟数段粉笔、一杯清茶。诸生随意发问，师尊悠然作答。课虽名曰“中国佛教概论”，实于古今、中外莫不该备，世事、人生皆多涉及。乍一听之，恍惚不知所云，乃生“名实或异”之疑；三次课后，悦怿难以名状，遂知“大象无形”之意。思高僧大德，为大众开示之时，其心神交感之际，亦当如是乎？

先生的课堂，或许是燕园里最独特的课堂。课程的名称，或曰《中国哲学专题》，或曰《中国佛教专题》。但在先生看来，这个名不过是随顺学校课程管理体制的一个“假名”而已。课程的实质，是回答同学们的各种问题。问题五花八门，涉及三教九流，老师总是娓娓答来，举重若轻，将听者心中一个又一个结，化解于无形。先生渊博如海的学问，让我们惊讶且折服。先生的课堂，之所以值得期待，很重要的一个原因，就在于不论是学生还是先生，永远都不知道下一节课会讲到什么具体内容。这种“不知道”背后，恰恰是活生生的、当场的兴发，是生命和生命、心和心的“相与之际”。在这个到处讲规划、重设计的功利时代，这样的课程着实难得！

在课堂上，一些同学或旁听生所提的问题，在我们这些后生晚辈看来，难免“幼稚”，甚至还有些“无厘头”“闲磨牙”。即便如此，先生对所有问题都是一视同仁，没有一丝不悦之色，总是能从这些问题出发，阐发一番让人受用的道理，很多讲述还事关中国文化的大关节处。对于一些较为专门、生僻的问题，先生会直言“没有专门研究”，但仍会从更宏观、更根本的层面启发提问者。这种自自然然、不起分别的风范，这种“知之为知之，不知为不知”的态度，诚为更深沉的教化。

二、天淡云闲

每周一的自由课堂之外，每周三随先生及诸师友唱昆曲，亦是勇刚读博期间一大乐事。在某一学期交给先生的作业中，有这样一段记录：

这学期跟老师学昆曲。感觉很好。

说实话，在博一的时候，虽然也知道先生在唱昆曲，但是压根儿就没打算学。当然，确实周三下午正好有课也是一个原因。很长一段时间，在我眼里，昆曲不过是戏子们营生的活计，干吗付出那么多时间去学那无用的玩意儿？当然，先生德高望重，学生没敢“腹诽”，只是觉得可能是受出身于昆曲之家的师母的影响吧，纯粹一种个人爱好而已。探宇师姐好几次“拉”我“入伙”，我总是说忙，其实是心里不太愿意。

缘分有时候很奇妙。就在上学期快结束的时候，碰见一位学佛学道多年的朋友张利民老师，据说还随侍南怀瑾先生好几年，被我们认为是有相当的道行的人。跟张老师聊起先生唱昆曲的事，也说了自己不愿意去学的原因。张老师眼睛一亮，说，昆曲可是个好东西，是最好的“炼气”法门。说唱戏，我没多少兴趣；说炼气，我马上来了精神。张老师还说，南怀瑾先生也非常推崇昆曲。我从读南先生的书开始学习《论语》的，张老师提到南先生，更增加了我对昆曲的好感。

所以，这学期就“蹭”过来学了。先生说，不用刻意学，跟着哼哼就好。这话要分两截看。好处是，我没有多想，就这么跟着哼哼唧唧，居然也能唱下几首曲子了。那斜扭扭的工尺谱，居然慢慢也习惯了。“坏处”呢，学得不是很刻苦，有些随意。

唱曲的时候，喜欢给大家斟茶倒水，因为觉得自己很受用。在曲声中的茶水，流动中别有风韵。最是感动的，是每次斟茶的时候，师母总会一个劲地说“谢谢”“谢谢”“谢谢”……所谓身教，总在无意中。

在勇刚的博士论文后记中，还有如下记录：

> 随先生唱昆曲，也不必深究理论，甚至不必理会曲谱，只跟着唱就好，唱久了，工尺谱之妙处，自然领悟于心间。先生唱昆曲逾半个世纪，如今年老齿落，唱腔反而珠圆玉润，韵味悠长，每每令我们心中豁然，抬头窗外，“天淡云闲”。

“天淡云闲”是昆曲班每次活动的结束曲《长生殿·惊变·粉蝶儿》中的首句。如今，诸事繁杂，未能坚持随先生继续唱昆曲。不过，兴致起来时，还是忍不住扯开嗓子来上几句。有一天，勇刚发现一个问题。现在能唱下来的曲子，大多是还不会工尺谱之时所学的。学会工尺谱之后，看着谱子很快就能唱，但时间久了就容易忘了。看来，会谱子未必是好事。谱子上的东西，未必能印在脑子里，难怪先生一开始并不强调识谱。

三、琴缘曲侣

先生自费开设北京大学国学研究院国艺苑，为学生及社会人士提供研习昆曲和古琴的平台。勇刚虽粗通乐理，对古琴也颇为喜欢，但始终有畏难情绪。然而，缘分总归会到来，或早或晚。

星儒对古琴近乎痴迷。于是，两年前，勇刚以“陪读”之名，与星儒每周末同赴位于太舟坞的国艺苑，开始学习古琴。古琴老师谭惟虽为勇刚同门师妹，但课上勇刚通常称之为谭老师。如此虽有辈分混乱之感，但一码归一码，师道终段庄严。虽然工作繁忙，但只要《归去来兮辞》的第一个滑音从手指中响起，这肉身仿佛便从喧嚣抛掷入宁静。星儒练琴颇为精进，一曲《良宵引》，越弹越有中夜的静谧气息。这学期开始，由国艺苑的大师兄如山法师继续教我们弹琴。法师要求严厉，所教之曲必得弹够200遍，且要求上台演出的曲目需弹够1500遍。每学完一曲，需通过考试才能继续学习。

大师兄之“严”与楼先生和谭老师之“宽”，正好让我们全面体认

“道”和“艺”（技）之间的关系。在一遍遍的共同练习和合奏中，在那音声相和所造就的意境中，我们获得一种难以言传的精神愉悦。这一切内在的受用，终段感恩楼先生提供的国艺苑这个平台。

而我们结成知音，成为伴侣，更应感恩先生的教诲和鼓励。先生常年奔波在外，我们婚礼前一天先生刚从三亚赶回来。对于我们的婚礼，先生不仅为我们特地挥毫写下“百年好合”的祝福，还和师母亲临现场，致证婚词。先生在致辞中，教导我们要把爱情转化为亲情，承担起自己对家庭的责任。

我们婚礼第二天，在与陈鼓应先生对话的活动上，楼先生对现场的观众说：

“昨天一早又去参加一个纪念活动，中午又参加我的一个学生的婚礼，做证婚人，做婚礼致辞，昨天的婚礼大家没有参加，遗憾啊。已经结婚的学生说啊，老师，我们要重新来一次这样的婚礼，因为他们设计了一套我们传统的婚礼的模式，而且新娘子自己亲自设计了结婚的礼服，新郎新娘一套传统的礼服，还有8位伴娘，1位伴郎，穿的衣服也都是新娘设计的，也是我们北大的同学，大家看到了这个婚礼都羡慕得要命啊，说我们重新结一次，实在不行老师给我们每一个做一个婚礼太累了，我们举行集体婚礼。”

四、百年好合，永结同心

忝列楼门，三生有幸！感恩先生和师母一直以来的教导和关爱，先生在我们婚礼上的谆谆教诲，是先生对我们的莫大鼓励，更是激励我们把中国文化的美丽精神不断生活化的不竭动力，“百年好合，永结同心”——勇刚和星儒将永远铭记在心。

祝愿先生和师母健康长寿，六时吉祥！

最后，让我们再次重温楼师在勇刚、星儒结婚典礼上的证婚词：

勇刚贤契、星儒女士，双方亲家、各位亲朋好友、各位嘉宾，大家好！

天地阴阳相合，万物生生不息；男女夫妇相合，子孙代代繁衍。男婚女嫁，结婚成家，乃天理当然之事，亦为人生终身之大事。古者以婚礼为众礼之本，诚因为有夫妇，然后有父母子女，然后有上下长幼，人道伦理之序发端于斯，由此而立也。所以，婚礼大事岂可草率为之！

今日，天赐良缘，地为大媒，众亲友为见证，勇刚贤契与星儒女士喜结连理，老朽愿以过来之人，奉献以下三点陋见，以供参考。

第一、要珍惜一份缘分。

古人说："夫妻本是前缘，善缘、恶缘，无缘不合。"善缘来合是为接续前缘，证盟三生；恶缘来合是要化解前缘，转恶为善。俗话说："百年修得共枕眠。"今生相聚，成为一家，理当万分珍惜。俗话还说："家和万事兴。"如何才能"家和"？这就需要夫妇之间，相互尊重，相互理解，相互信任，相互宽容，相互担当。《周易·家人》《彖》曰："家人，女正位乎内，男正位乎外。"也就是人们常说的"男主外，女主内"，此乃"天地之大义也"。"家道正而天下定矣！"所以，"家和"不仅一家兴，个人事业兴，而是社会国家都会兴。

第二、要认清两个转变。

其一，从今天起，你们两位已经由"爱情"关系转变为"亲情"关系了。世上之情，大要有三，曰亲情，曰友情，曰爱情。今日青年喜谈爱情，高唱爱情至上，爱情永恒。为了爱情，甚至可以抛弃亲情，断绝友情。孰知此三情中，亲情与友情都是至上的、永恒的，唯爱情却是一时的、变动的。爱情结果，成为夫妻，从此爱情转为亲情。爱情未能结果，则应转为友情。婚姻意味着相守，而不是离异。以所谓爱情为借口的夫妻离异，是对亲情责任的推卸。

其二，从今天起，你们已由为人子女转变为将为人父母。俗话说："不养儿女，不知父母恩。"此时，我们更应当深深感激父母辛劳养育之恩。人的一生，身份在不断地变化，今日为人子女，明日为人父母；今日年轻，生龙活虎，明日年老，步履蹒跚。今天你们对父母老人的孝敬，将会转变为明日子女对你们的孝敬。人类社会就是这样代代相承，因果相续的。

第三、要担起三项责任。

其一，从今天起，你们相互之间要担起责任来了。过去我只要担我自己的责任就可以了，成年礼就是告诉你要对自己负起责任来，婚礼则意味着对你的对方也有了责任，相互有责任了。

其二，从今天起，你们对双方的父母都有责任了。本来你只有对自己父母的责任，现在则不是单方的父母了，而是对双方的父母你都有责任了。

其三，担起教育子女的责任。教育子女不单纯是一个为人父母应有的责任问题，更是一个家庭对社会应当承担的责任问题，还是一个十分重要的社会责任问题。父母是子女的开蒙老师，家庭教育是人生最早受到的教育，它对人一生的成长有着极其深远的影响。《三字经》中说："养不教，父之过。"父母对子女良好的家庭教育，一方面体现了父母对子女最深的爱，一方面也落实到你交给社会一个什么样的接班人，是个合格的接班人，还是一个不健全的接班人，甚或是一个危害社会的接班人上去？这是个不容轻视，更不应无视的问题。

良辰吉时，一刻千金，老朽的话再不打住就要讨人嫌了。我衷心祝愿两位新人"百年好合，永结同心"！祝愿双方亲家"喜事盈门，福寿绵长"！祝愿各位亲朋好友、贵客嘉宾"六时吉祥，健康快乐"！

谢谢！

【作者：李勇刚，北京大学国学院博士，中央社会主义学院中华文化教研部教师；李星儒，北京大学艺术学院硕士，北京元年春文化有限公司创办人。】

历事练心，回归平常

从师门生活点滴中感悟平常人的本分

文/徐佳希、谭惟

师门是一个幸福和乐的大家庭，也是一个历事练心、回归本心的道场。老师常常教导我们：持平常心，做本分事，成自在人。年轻的我们，渴望飞得高、走得远。跟随老师和师母几年，耳濡目染，生活点滴中，我们却愈加感受到，作为一个平常人的本分。

一、一只小猴子

我宿舍书架的第二层，摆着一只纸折的小猴子。

大约去年（2015年）冬天，师门接连三场预答辩，情况不乐观。我这个答辩秘书推着自行车，载着一堆答辩材料，走在沿未名湖的路上，心也沉沉，如同彼时北京浓重的雾霾。师兄仰天笑道："真是天人合一啊。"

到了艺园，吃饭的气氛也不如往常活泼欢乐，大家都像犯了错的孩子，低着头默默吃着。

吃完饭走下楼梯时，老师忽然问："你们谁身上带了不用的纸啊？我给你们折个东西。"我们纳闷。老师说："你们现在还会折纸吗？小兔子……小裤子……小船？"我们还是纳闷："小时候会，现在忘了……"部师兄掏出一张纸，老师就路边找了一块大石头，弯腰蹲下，不一会儿折好了。

"这是一只小猴子，今年是猴年，大家要像猴子一样生气勃勃、开开心心的啊。论文虽重要，也不要给自己太大压力。"

寒风里，大石头旁，老师眯着眼睛笑着，看着我们。大家七嘴八舌起来，最后师兄说："佳希是花果山的，猴子给她。"回宿舍的路上，师兄们说："老师像大树一样庇护着我们。我们自己要争气。"

我把猴子带回宿舍，它会一直陪伴我的博士时光。

二、关于捡垃圾的对话

仍是去年（2015年）冬天。

师姐说："老师，找工作好难啊。"

老师说："找一份养得起自己的工作还是很容易的，捡垃圾都能养活自己。"

师姐说："老师……我们不仅要活着，还想活得体面一些啊……"

老师笑着不语。

过了半年。

师兄说："老师，我就想一辈子像现在这样，每天读读书、站站桩、弹弹琴、下下棋……"

老师说："可以啊，你上午读书下棋，下午去捡垃圾，够自己活着就行。"

师兄说："……老师，为什么要捡垃圾？我可以做金融啊股票啊……"

老师说："那是空对空，不经过实际的劳动，没有实际的价值。"

一路上，师兄"喃喃哭诉"："老师竟然要我捡垃圾……"

晚上回到宿舍，我写下这段日记，并总结：

"我们自是明白：能捡垃圾者大菩萨，无我相人相众生相。

我自忖不能。但学着：怀大爱心，做小事情。"

三、就是心态好

师兄问师母："老师怎么那么厉害啊！"

师母笑："你们老师没什么，就是心态好。"

师兄以为师母谦虚。

过了一阵子，师兄又问师母："老师怎么那么厉害啊！"

师母仍是笑："没什么，你们老师就是心态好。"

师兄仍是以为师母谦虚。

如此几次三番。

师兄与我谈起这个，叹到："心态好，正唯弟子不能学也啊！"

……

四、老师有个石头梦

第一次发现老师喜欢石头，是跟老师师母去新疆，克拉玛依的沙漠里面，遍地都是各种彩色的石头，老师兴奋得像发现了宝藏似的，满脸含笑，弯腰东捡起一块，西捡起一块，爱不释手，笑眯眯地捧给我们看："这可都是天然的石头，多美！"老师随时随处搜寻着石头，手里拿不下的，就放进裤兜，裤兜放不下的，就放进书包，一点都不顾师母幸福的故作不屑的神情。那一刻，我觉得老师比我还小，就像一个天真活泼的孩童，在大自然的怀抱里自在嬉戏，那一幕真是终身难忘。

后来，每每有机会随老师到外地，只要见到特别的石头，老师都会捡拾，只要看见奇石商店，都要进去溜溜。对于石头，老师总是按捺不住激动，就像漂亮衣服之于女孩儿。往往在大有收获之后，低头把玩，左右端详。记忆最深的是老师有次问我们，"你看这个像什么？"我们说"像只小狗"，老师就说"狗的耳朵哪有这么大，你们看像不像米老鼠？"我当时突然觉得很神奇，不仅是石头神奇，而且是老师赤子一般的童心神奇。同行的人们往往会一下子被老师引入神奇的世界，各自捡石头，互相猜测着石头中的秘密。

前不久，老师和师门同学从台湾回来，见面时，老师又给我一块小石头，这是一块温润透亮的玛瑙石，老师说你看这个像不像一颗眼睛，做成项链的坠子，也是不错的。

有人说，石头寓意灵魂，《红楼梦》不也叫《石头记》么？石头里藏着石头梦，老师喜欢石头，在我看来，那是老师的灵魂的梦，我猜不透，但朦朦胧胧地感觉到，那是一个纯净深邃的世界。

五、铭记先生《三不堂训》

2016年中秋，在西山脚下，古色古香的敬德书院——先生兼职院长的地方，师门同道，陪伴老师、师母共享明月雅集。

那天下午，先生就中国传统文化中的安身立命之道为大家圆融开示；那天晚上，水果、月饼、美食之余，先生把新得《三不堂训》手书一卷（印刷版）赐福众弟子，楼门广大！

望着慈爱的老师、师母，不禁想起了唐太宗李世民表彰唐玄奘的《圣教序》里的名句，“松风水月未足比其清华，仙露明珠讵能方其朗润。”感恩先生教诲，《三不堂训》，弟子们永远铭记！

最后，敬录老师《三不堂训》及《释义》于心：

三不堂训：不苟为，唯贵当；不刻意，顺自然；不执著，且随缘。

释义：夫三不者，不苟为、不刻意、不执著也。

《荀子·不苟》篇曰：“君子行不贵苟难，言不贵苟察，名不贵苟传，唯其当之为贵。”此意谓：人不应为显示自己之行、言、名而背离常情苟且为之，唯以其所为之事合于常情常理（当），才是最重要（贵）者。

《庄子·刻意》篇曰：“刻意尚行，离世异俗，高论怨诽，为亢而已矣；此山谷之士，非世之人，枯槁赴渊者之所好也……若夫不刻意而高，无仁义而修，无功名而治，无江海而闲，不道引而寿，无不忘也，无不有也，澹然无极而众美从之。此天地之道，圣人之德也。”此意谓：众人皆以种种故意做作来显示己之与众不同，而不知若能顺其自然，不刻意而高……则众美皆从之矣。

佛陀时时处处教导曰：人生一切烦恼皆源于因贪嗔痴而生起之分别执著，所谓：“以有于执著，流转生死中。”（《无所有菩萨经》卷第二）“若能看破缘起无常之诸相，于一切法无所执著。”（《说无垢称经》卷第四）随缘而处之，则成自在人矣。

余学之深有感悟，遂以“三不”名堂，以“不苟为，唯贵当”自警，以“不刻意，顺自然”自期，以“不执著，且随缘”自勉。今笔之于书，诚亦愿与同道诸君共勉之。

丙申季夏，古越剡人楼宇烈，时年八十又三。

【作者：徐佳希、谭惟，北京大学哲学系暨国学研究院在读博士。上文（四）为谭惟作，其余为徐佳希作。】

从游楼师于艺、道之间

文/李海峰

楼宇烈先生是北京大学哲学系教授，我的博士导师，虽然跟随在先生身边学习只有短短的几年时间，但是这影响了我的人生轨迹。楼先生给予学生的不仅是人格的榜样、艺术的熏陶，更是君子之风的教化，桃李不言，下自成蹊，在先生身边不知不觉就净化了心灵，提升了人生的境界，具备了美好的品质。他引领一个又一个学生走上了以艺臻道，在艺术中领略中国文化精神的人生道路。我博士专业是中国哲学，原本只想到追随先生学习传统文化核心课程，感悟古圣先贤的人生智慧，寻找生命幸福的真谛，却没想到，严谨求学的同时，竟从游于楼师，从国艺苑的“弹琴唱曲”，到“三不堂”里日常生活的“应对进退”，开启了丰富多彩的“依仁游艺”的生活，先生其人其事、点滴难忘。

一、国艺苑里“由艺臻道，以道统艺”

楼先生对学生的教导与孔子讲的“志于道，据于德，依于仁，游于艺”同出一辙，能够扩展人们生命的格局，增加生活的色彩与厚度。中国文化是求道的文化，先生以身行道，传承中国文化不遗余力，特别强调以艺臻道，通过艺术去体悟中国文化的精髓。2002年楼先生创办了“北京大学京昆古琴研究所”，2003年又创办“国艺苑”，以公益的形式常年开展古琴、昆曲的课程与教学，北大的学子和老师们受益无穷。楼先生门下的博士生们，都或多或少地学习了古琴与昆曲，我也有幸在国艺苑学习古琴，从中体味到中国文化的韵味。北大国艺苑致力于将非物质文化遗产中的昆曲和古琴艺术发扬光大，使得北大学子们能够在增加艺术修养的过程中体悟中国文化的精髓。国艺苑创办之初一无所有，更缺乏师资，楼先生多方筹措，并亲自教授昆曲。被先生赤诚地传承中国文化之心所感动，来自韩国的如山法师是先生在古琴艺术上的知音，也是先生早年的博士生，通过义务做古琴老师的实际行动来支持楼师“以艺臻道”心愿的实现。如山师兄是古琴广陵派的传人，致力于传承古琴艺术，对古琴如痴如醉，有时为了学到一只琴曲，只身下扬州待两三个月，哪个地方有优秀的琴师，哪个地方就有他求学的身影，他在中国各地辗转学习琴艺，在古琴艺术上达到很高的造诣。为了报答先生教化知遇之恩，他毕业之后就没有回韩国，而是留在国艺苑义务地教北大的师生们弹奏古琴，我们称之为“大师兄”。古琴是最古老的乐器，道家文化中把古琴称之为道器，蕴含着中国文化的中和之道，以及乐而不淫、哀而不伤的文化精神，可以逐渐转变人的气质。古时候，琴棋书画中都蕴藏着士大夫君子的文化追求，而琴居首位，为文人雅士之必备。

楼先生创办国艺苑的初衷是因为中国的文化是一个整体，哲学和所有文化艺术，甚至科学技术都是浑然一体、不可分割的，仅从哲学或文学的角度研究是不可能全面理解中国文化的。戏曲是音乐、文学、舞蹈等的综合艺术，戏曲里反映了古代人的生活和思想感情，这也是了解中国整体文化和哲学的依据。中国传统文化的生命力根植于人们的日常生活，中国的哲学与生活密切相关，上学下达，下学上达，思想与生活密切打通，中国文化的特质是“上薄拜神教、下防拜物教” 的人文精神，体现在其伦理精神和艺术精神中，所以从一定意义上来讲，中国传统文化亦可称之为“礼乐文化”。

楼先生着重强调最重要的学习是“做人之道，为学之方”。首先，把道德的基础打好，然后，把所学门类的核心理念掌握，其次才是技术。如学医，首先是医德，其次是医道，再次才是医术。如学艺术，首先学艺德，有好的品德；然后才是艺道，明白艺术是修身养性的，人们通过它来感受到一种精神的力量，即所谓的“由艺臻道”；最后才是技巧。所以，国艺苑不在乎大家技艺学得好不好，而是让学生体验古人创造的东西，然后慢慢从中间去领悟，什么是好听的，鉴赏之知和实际体验相滋相发，听出高低、弹出水平，慢慢也造就融合美好意境的性情。真正体会到这些东西，就知道艺术对人生的修养是极其有意义的，艺术熏陶中使人成为把握生命艺术、人生艺术、生活艺术的人。

二、起而行之，智慧圆融

楼先生平易近人，温而厉，虽然长着一副慈祥可亲的面容，但是却自然而然让人有敬畏之心，不敢在先生面前造次。先生的课程形式总是很特别，一般都不会长篇大论地讲述一个主题，而是针对博士生们读书研究中的困惑来答疑，这种一问一答的形式看似随意自在，实则非满腹经纶、内蕴深厚、学富五车之人岂敢大开开放之问。最初他的博士生们不多，只有五六位的时候，我们每逢周一的下午就挤在静园草坪边哲学系小院的一间办公室里，屋子只有10平米左右，靠墙的一排书架上还摆着满满当当的书籍，学生们围绕楼先生紧紧坐成一圈，共同探讨佛教义理、道门玄奥、人生困惑，谈笑有鸿儒，往来无白丁。有时候参与讨论的还有作为访问学者的汉族僧人和藏族活佛，在不同文化的差异中领略到世界的丰富。先生总是温文尔雅，有问必答，无论深奥的般若性空之理，还是人生迷惑，都在娓娓道来的智慧中迎刃而解。偶尔师兄弟之间也有意见不同的争执，甚至面红耳赤，而先生却是如如不动，以中和之道化解着纷争。那种温馨的问答，会心的微笑，疑义相与析的学术氛围，虽然已经过去许多年了，仍然深深地刻在我的脑海中，自我的执着与烦恼就是在这润物细无声的熏陶中慢慢减轻与消失了。曾经有一段时间我对佛教非常痴迷，执着于文字和教条，局而不化甚至还有出家的念头，在跟随先生学习的过程中，逐渐圆融起来，先生告诫我“佛法在世间，不离世间觉，离世觅菩提，犹如求兔角”，对于佛教不仅要进得去，更要出得来。跟随先生几年后，终于明白先生讲的这句话的意思了：佛法是智慧，无关文字与形式，佛法的核心是塑造人的完美人格，以慈悲和智慧利益世间的精神，与其坐而论道，莫如起而行之。楼先生始终强调实践的重要性，教导学生们以天下为己任，胸怀国家，忧国忧民。

先生起而行道的君子之风体现在生活的很多细节之中，包括对弟子们的细心关爱。楼先生的每位博士生成家之时，楼先生都会用金色的纸亲自为其题词一幅。我2007年结婚，正在北大求学期间，先生给我的那幅题词为“合二姓之好，结百年良缘”，至今依旧挂在我的卧室中，每每读起来就能品味到先生那满心慈悲的期许：婚姻不只是两个人的事情，而是两个家族的结合，对上要孝敬双方的父母，对下慈育儿女，中间相互扶持，把那激动的爱情逐步转化为相互扶持关爱的亲情与恩情，一结同心永不相离……结婚已近十年，虽然日常生活中我跟夫君也时有争执，但每每读到这幅先生的题字总能安下心来，踏实度日。

三、“走着去”与“念念无滞”

先生的心胸是非常开放的，并不断与时俱进，甚至比我们学生都能跟随潮流，他年逾八旬还自己开发网页，学习网络技术，电脑手机门门通。每到博士们毕业找工作时，先生都稳坐钓鱼台，不急不躁，对于在体制内还是体制外工作，自己创业、回家做家庭主妇等都是包容接纳，无可无不可。有位师兄信仰佛教，年龄比较大，毕业多年，依旧是打工状态，先生也温然接受；另一位师妹毕业之后一年休闲在家，一年后才到某高校就业；另一位学生精通诸种乐器，毕业之后也是在一家小公司打工；还有一位师弟毕业后成立文化公司，推广传统礼仪与培训等，大部分学生都是进入高校、科研机构工作，先生那种平等无二的无分别心，在对待每个学生时体现得淋漓尽致。

我在北大读博期间，楼先生已经七十多岁了，但他的身体非常棒，年轻的学生们都自愧不如。记得2007年春天，楼先生给宗教研究生班的活佛和法师们新开了一门课程《宗教学研究方法》，让我与李明师兄来做笔记录音整理，每天的课程都是从上午8点半开始一直讲到中午12点，下午2点开始讲到6点，这样一整天楼先生滔滔不绝地讲课，没有具体的讲稿，都是看着大纲来讲，记下来的却是一篇篇条理清晰的文章。我和李明两个人听课都听得腰酸背痛、疲惫不堪，而先生却是神采奕奕，精神抖擞，我们都惊叹先生为神人。日常生活中，常常看到先生刚下飞机，就赶到另外一个场地做讲座，或者一天安排好几个活动：讲座、授课、座谈等，我心中就十分纳罕：为何楼先生的身体如此之好呢？

在一次活动中，终于私下里问先生找到了答案，结果非常出人意料。记得那是学期末的最后一次课程结束时，听课的访问学者要请楼先生和所有的同门到清华东门的天厨妙香吃饭，同学们讨论怎么去，打车还是坐公交车……

楼先生一声令下“走着去！”所有的学生都沉默了，先生年龄最长而且还上了一个下午的课，大家都年轻又有什么理由不走路呢？

于是浩浩荡荡十来个人从北大东门出来，沿着成府路往清华东门走去，路上我走在先生旁边，趁机请教：“楼老师，您身体为什么这么好啊？是一直这样吗？”

楼先生就笑了，慢条斯理地跟我讲起来，他说他50岁之前身体也不好，常常生病，而且还抽烟，后来就戒烟了，悟透了，身体变好了。我赶紧追问“您到底悟到了什么？”楼先生回答，“念念无滞”，并且又详细解释并不是石头人没有情绪与感觉，而是来则应，去不留，心如明镜，所有的念头都是来来去去，心中没有纠缠与烦恼。

我暗自叹服，终于明白先生为何总是这样精神饱满了，与《六祖坛经》所讲的“自性本自清净”暗自相合，没有烦恼的境界太高明了。我牢牢记下“念念无滞”这四字，学着去应对生活、工作中的种种事情。

四、做人之道，为学之方

楼先生还有一个特点，淡泊名利，秉承了孔老夫子述而不作的传统，不主动去著书立说。他认为古圣先贤留下来的经典著作已经足够多了，诠释已经够了，因此从我认识先生到现在许多年了没有见过他的专著，零星地有出版先生署名的著作都是别人对先生讲课录音的整理与编辑，如《中国的品格》《佛教与中国文化》《十三堂国学课》等，他自己更愿意是中国传统文化的弘扬者、实践者，而非理论家。

先生的服饰也很有特色，常年都是中式风格，先生认为文化的自觉体现在方方面面，衣服也是文化的载体，是中国文化的符号。在一些场合，穿上中式服装，能够唤醒我们对民族文化的记忆与对身为中国人的自豪。

先生对博士生们常讲的是要学会做人之道与为学之方，知识不断更新，而做人之道与为学之方才是一个人立身的根基，因此先生的很多弟子都以复兴中华传统文化为己任，无论治学还是经商、从政，都非常注重实行对社会风俗的改善与净化，有着“苟利国家生死以，岂因祸福趋避之”的君子情怀。在对待学生的细节上，楼先生总是待人厚道热情，多方关爱学生的方方面面。学生们春节去给先生拜年，只要家中有小朋友，无论是否带去给先生拜年，先生总是备有印着红色“楼”字的红包，怎么退让也要你收着。每个学生的婚礼，先生能挤出时间就都去致辞、祝福，即使出差了，也不会疏忽任何一个人，都让师母带着厚厚的红包来参加婚礼……而对学生的身体、婚姻、学业、研究方向、工作等无不悉心指导。

楼先生非常重视女德的教育。2010年博士毕业的时候，楼先生跟我聊天，谈到整个社会阴阳失调，阳性价值观过盛，社会上的戾气浓厚，整个社会的价值观比较单一，缺乏多元与综合全面的思考，崇尚阳性的价值观，一味地竞争、争强好胜，人们只知道积极进取，不知道柔弱自守。反映到家庭生活中，众多女性丧失了自己女性的本质力量，也秉承着这种阳性价值观，职场与家庭都要争第一，家庭矛盾不断，强大的自我导致了争吵与当代社会居高不下的离婚率，社会的离婚率逐渐升高。绝大部分女性只知刚强，不知柔弱；只知至阳至刚，不知道上善若水；迷失在滚滚红尘中，烦恼丛生，痛苦不堪。楼先生期望我博士毕业之后能够回归家庭，相夫教子，从事公益文化事业的推广，弘扬女德，推动阴性价值观的建立，女性回归女性的本位，发挥柔性的力量，化解社会中的戾气与暴躁。

非常惭愧，我的母亲不同意我博士毕业后没有正式的工作，因此还是找了体制内的工作，同时兼职做公益的女德推广。不仅自己在家中实践柔弱胜刚强的道理，在家庭中守好柔和的媳妇本位，创造和谐的家庭关系；同时力所能及地帮助身边的朋友们，放下自我，尊重他人，和谐家庭关系。今后我还要推广女德，继续完成先生的叮嘱。姑娘是世界的源头，母亲是世法的根本，推动摇篮的手也是推动世界的手，“一代好女人，三代好男人”，女性是造就优秀下一代的关键所在，母亲的教育至关重要，而这样神圣的工作极需要众多有识之士认真推进。

五、“做本分事，持平常心，当自在人”

先生常常说的一句名言是“做本分事，持平常心，当自在人”，这也是先生推崇的人生的三种境界，做本分事意味着在自己的工作岗位中敬岗敬业，在家庭中扮演好自己的角色，完成自己的责任和义务，勤奋工作，分内的事情都做到位；第二层境界持平常心的要求就高了一层，不仅要事情做得好，而且能够任劳任怨，我心坦荡无愧，“毁誉褒贬，一任世情”，坦然面对各种诽谤、诋毁，我心自是如如不动，先生还曾讲过忍辱忍受打骂还是容易，最难忍耐的是赞美奉承与吹捧，如果被赞美动心之后飘飘然就失去了平常心，有了计较好坏，这时要保持平常心就特别不容易做到；第三层境界当自在人，已然是孔夫子所言“从心所欲不逾矩”的自由境界，掌握了事物发展的规律，对于道有体悟，达到了必然与自由的统一，怎么做都是自在与喜悦的，也就是禅家“看山是山，看山不是山，看山还是山”的回归自性的自由境界。这三句话先生常常提及，希望学生们能够在做好本分事，有平常心之余，还可以活得自在潇洒。

先生善昆曲，亦喜书法，不光弟子们的家里、单位留下了他的殷殷墨宝，对各地学校、书院等文化传播机构及慕名求题词者，只要与文化传播有，他也是有求必应。自2009年开始，先生每年从传统经史子集中挑选修身词句，亲自书写，并以线装方式做成精美周历，内容从《古训今读》《佛法箴言》，到《古诗文词句名曲欣赏》《养生箴言》《淮南古训》等等，每次印量竟高达上万册，弟子们和各界同道争相藏阅。每年岁末，在北大跟先生同台《国艺苑》晚会、获赠一本文化周历，竟也成了弟子们的年终幸事。

先生之德行功业，如《诗经》所云：“高山仰止，景行行止。虽不能至，然心向往之。”今生有幸能在先生教导下做人为学，虽不能至，但可以孜孜不倦，推进文化的传承与延续，是每一位楼门弟子的心声。“以道统艺，由艺臻道”，这也是先生的人文理想，借由艺术上通下达，实现对日常琐事的超越，并最终实现自我精神的提升。感恩楼师。

【本文作者：李海峰博士，北京师范大学文化创新与传播研究院副教授。】

楼宇烈先生关于当代书院发展的教诲

文/马一弘

楼宇烈先生是我的恩师，先生非常关心当代书院的发展、建设以及书院文化与教育。在十几年的时间里，先生就七宝阁书院如何办好书院文化和书院教育进行了一系列的讲座。还号召发起了“书院传统和未来发展论坛”，该论坛至今已经举办了六届，在此期间还同时举办了“书院文化与大学生高端论坛”“朱子与书院文化高端论坛”，先生不遗余力地推动着当代书院的发展和建设。

一、蒙以养正，圣功也

2004年成立七宝阁书院时就恳请先生出任书院的院长，先生说名誉的就好。在这十几年的时间里，跟在先生身边受益匪浅，特别是在办教育上有诸多感受。记得准备成立书院时，特向先生请教，教小孩子要把握什么原则，先生语重心长地说，孩子们在心智未开、蒙昧之时，先要养教正当了，即“蒙以养正”。当时读书不多，对“蒙以养正”也不大理解，在这些年的教学实践中，不断的体悟着“蒙以养正”的含义。后来在2008年元月，向先生又问及此问题时，先生又重新给出详细的讲解，并书写了“蒙以养正”的匾额和“蒙以养正”的注解。先生说：

> “‘蒙以养正’语出《周易·蒙卦·彖辞》，且被称为‘圣功也’。按照宋儒朱熹的解释是：‘盖言蒙昧之时，先自养教正当了，到那开发时，便有作圣之功。若蒙昧之中，已自不正，他日何由得会有圣功！’这是说，在儿童心智尚未开发（童蒙）之时，就要用正道来教育，这样日后发展起来才能成就圣人的功业，如果童蒙时已不正了，日后怎么有可能成就圣人的功业呢！由此可见正确的童蒙教育的重要和根本。”

从先生的日常教诲和言谈之中，以及公众场所对教育的言论中逐渐理解先生的蒙以养正，并可以感受到先生对于今天教育的一种期许。那就是，相对于书本来讲，洒扫应对进退为本谓之正，童蒙时期教之以事谓之正，在事上教，需以言传，需以身教谓之正；在童蒙时期的教育过程中，要保护好孩子们自然而然的天性，不可泯灭谓之正。这从先生多次推荐给老师们一定要读的几篇文章可以看出。先生说《病梅馆记》《郭橐驼种树记》和王守仁的

《训蒙大意》一定要多读、多理解，老师不能以造“病梅”为美，教育孩子要像郭橐驼种树那样，让孩子们的“枝条”舒畅，顺其性情而教，用适宜的方法，让孩子们欢天喜地，情愿受教。王阳明在《训蒙大意》中也是这个意思，但是，王阳明也强调了教之人伦、礼成自然的教育。故先生推荐大家多读这几篇文章的深意是告诫大家，童蒙养教正当了，有不偏不倚之意，孩子时期的教养，做事、规矩、家礼不可少，然而保持孩子的天性自然而然也很重要，不偏一方谓之正也。

关于蒙学教育，先生还给七宝阁书院提了四句碑词——“教之以爱，育之以礼，启之以智，导之以行”，书院把这四个教育理念用在教育实践中。教之以爱就是爱的教育，爱的教育不是说教的，爱的教育是师生之间、同学之间爱的传递；育之以礼就是日常生活中对规矩和礼教的培育；启之以智就是爱护孩子们的兴趣，保护孩子们的天性本然；导之以行就是正确引导孩子们的行为规范，使他们日渐养成好的习惯。

二、书院将来还是体制教育的补充，家庭教育的补充

关于如何办好当代书院，作为大会组委会主席，先生至今已经主持了六届“书院传统和未来发展论坛”，该论坛由岳麓书院、白鹿洞书院、七宝阁书院共同主办，七宝阁书院承办，是旨在引导当代书院发展的全国性年度高端论坛。在“书院传统和未来发展论坛”创办之初的第一届论坛上，先生就明确提出了论坛的宗旨：

> 当代书院的发展必须是继承传统书院精神上的创新和发展。不能只谈发展、创新不谈继承，这是无根之木；也不能只谈继承不谈发展，这是复古。所以论坛的名称就叫“书院传统和未来发展”。

关于当代书院发展的定位问题，在第一届大会上先生明确指出“未来书院发展应该是当代教育的补充，而不是替代。”先生说：

> “书院将来还是体制教育的补充，家庭教育的补充。因为历史的发

展不会逆转，把我们的体制教育都恢复到书院的教育之下，这是不可能的。”

三、传统书院的精神

关于传统书院的精神，在“第二届书院传统和未来发展论坛”上先生领着大家共同探讨了这个问题。先生说，书院在中国有一千多年的历史，到上世纪初书院转制，书院才没有了。今天的当代书院发展是复兴传统书院，所以，复兴与当代书院发展的关系应当是继承与发展的关系。继承不是形式上的继承，而应该体现出继承书院的精神，那什么是书院的精神呢？先生说：

“中国传统书院的根本精神，我以为就是教之以‘为人之道、为学之方’，这是教育的根本理念和宗旨。中国传统文化中，对教育是非常重视的。《礼记·学记》中明确指出：‘建国君民，教学为先。’教育为立国之本，‘立国之本’的根本之处并不是简单地教授知识，而是教之以‘为人之道’和‘为学之方’。中国传统教育是将知识教育和德行教育结合在一起的。近年来，教育界提倡与世界教育接轨，实际上就开始进入了一个误区：在西方的教育传统中，知识教育和道德教育是分头进行的，学校是知识教育的场所，教会、教堂是进行道德教育的场所。在中国传统文化中，知识教育和道德教育是集于一身的，书院充分地体现了这种理念。而在知识教育和道德教育二者之间，道德教育又是放在第一位的，‘为人之道’是传统书院教书育人的根本理念。即使是知识传授，也不是灌输死的知识、书本的知识、章句的知识，而是教学习的方法，教会人们发现知识、掌握知识和运用知识的方法和能力，这就是‘为学之方。’

‘为学之方’的特色。首先，书院坚持学生在教学过程中的主体地位，故在教学方法中，总是以学生为本位，充分调动学生的积极性和学习的主动性。发展学生们的学习兴趣和内在潜能，将教学过程看作是一个由学者本人独立认识、自我探索、发现知识的过程。书院倡导的以学为本的教学思想，并不是要否定教师在教学中的作用，而是强调在

‘教’与‘学’的关系中，应以‘学’为本位，教的目的最终还是学生的‘学’，是教育学生如何做学问，如何掌握知识、运用知识，即‘为学之方。’古人说：‘授人以鱼，不如授之以渔。’如果教给学生知识，而不教以方法，知识装得一麻袋，懂得的也就这么多了，过一段时间，可能大部分都没有用了；如果教的是如何掌握知识、运用知识做学问，学生能一辈子受用而且还能不断地开拓学问的领域。所以，教育最根本的是教人如何做人，如何做学问。”

四、传统书院的理念

关于传统书院理念中的“师生如父子，书院如家庭”，先生说：

“书院还有一个传统，就是密切的师生关系，‘师生如父子，书院如家庭’，这是非常有意义的。我们现在的师生，只有在课堂上才见面。有人说‘师生如父子’是封建的东西。其实我觉得‘父子关系’——师父师父，学子学子，师就是父、学就是子——是不能简单地否定的。我们过去也常讲君父、臣子，父母官、子民，这都是通过父子关系构建一种亲情，然后形到融洽的关系。可能很多人会反对‘师生如父子，书院如家庭’。我曾经接受中央台的一个专题采访，他们有一个问题，说中国历史上是家国同构的，他们认为这是封建专制主义的特征。是的，中国古代确实是‘家国同构’，我们常把国天下变成家天下，然后把家天下推扩到国天下。很多人认为这是我们文化中的腐朽作风，近百年来我们批判宗法血缘制度的核心也是‘家国同构’。不能否认确实有这方面的问题，但也可以从其他方面去理解。地方官是父母官，跟子民的父子关系，就是绝对的不好吗？父母对子女永远是无私的奉献、永远是不计回报的。所以，我们看任何问题都不能简单地考虑。

书院的传统，尤其是‘师生如父子，书院如家庭’的传统，是今天的教育非常需要的。现在的教育如果变成学生出钱买知识，教授收钱卖知识，那还有什么意义呢？

传统书院里所有的学生和老师同学习、同探讨、同游乐。我们都知道王阳明游南镇的故事。什么叫‘游南镇’？不就是一起郊游嘛！大家在南镇游玩看到了花，弟子问：‘花在心中还是心外？’王阳明就回答说：‘你未看此花时，此花与汝心同归于寂；你来看此花时，则此花颜色一时明白起来。’他回答了一个非常深奥的问题，这不是单纯在课堂上能得到的。我讲过，学生要学会‘偷学’，‘偷学’不是‘偷’东西，而是随时随地都可以学、随时随地都要学。但现在教育的问题是，没有一起随时随地同游的机会，学生怎么‘偷学’？”

关于当代书院在继承传统书院“有教无类、因材施教”的教育理念上，先生又说：

“书院继承历代的教育理念，就是‘有教无类、因材施教’，这两个方面的配合非常重要：一方面，不管你的资质如何、不管你的身份如何，我们是‘有教无类’的；另外一方面，我们根据你的不同资质进行不同的教育，充分地发挥你的资质，而不是像现在这样，批量生产化、标准化、规范化，扼杀了许许多多学子的资质和才能。书院要充分地发挥每个学子的特长，‘因材施教’，同时要做到‘有教无类’，二者需要很好的配合。”

关于“启发式教育”的传统教育理念，先生还说：

“书院教育理念中的另外一点就是启发式教育。什么是启发式教育？启发式教育就是点拨的意思。该怎么点拨呢？首先要启发学习的自觉性。孔子讲：‘不愤不启，不悱不发。’学习的主动性要充分地调动起来，这是启发式教育的根本，然后才有‘引而不发，跃如也’。如果他没有这个意识，你再教他也没有用，再启发也没有用。我原来对马一浮先生有一点不太理解。当年浙江大学请他当教授，他说‘我不去’，‘礼闻来学，未闻往教’嘛，我说那么坚持干什么呢，是的，‘礼闻来学，未闻往教’，但人家来请你，你就可以去传道嘛！这样做太古板了吧。后来想想，马先生这样做很有道理——你没有来学的精神，我去教你干吗呢？对方没有学习要求，我们主动送上门，那就是对牛弹琴——对牛弹琴不是牛的问题，而是弹琴者的问题，弹琴者不看就弹，人家根本没有需要，你非要送上去给人家。学子一定要主动地自觉要求，才能有针对性地教育。书院教育过去都是自觉自愿的——学子背着粮食跑到深山老林来求学，有学习的主动性和自觉性，我们做老师的就爱收这样的学生，这样的学生才能进行启发式的教学。有了自觉，他才可能举一反三、融会贯通。这应当是书院坚持的一个原则。"

五、书院发展与民族复兴

书院的复兴是和当代社会发展紧密结合的。从书院定位到书院精神，再到书院实践，几届论坛后，先生把话题引导到当代书院发展和民族复兴的关系上。在"第五届书院传统和未来发展论坛"上，确定了一个鲜明的主题"书院在民族复兴中的作用"。先生说：

"民族复兴一定要有充分的文化准备，因为一个民族的复兴，不仅仅是经济的复兴，也并不在于各种各样的先进的华丽的物质设施的复兴，它的根基应该是文化的复兴。首先是我们民族独立的问题，这个路走得相当艰难的。1840年鸦片战争以后，我们就沦为了一种半殖民地的地位，民族独立的复兴直到1949年，才可以说真正完成，民族独立的梦我们做了109年才得以实现。第二个梦，国家富强。独立了还要富强，我们又走了60多年的路程，应该说我们的富强基本上确立起来了。虽然我们自己还不能那么说，但是世界各国已把中国看成是世界第二个最强的经济实体，而且也看好今后世界经济的发展要靠中国来支撑。今天我们要走的路，要实现的梦想，是一个什么梦想呢？我想应该就是文化复兴的梦，这个梦，比独立的梦、富强的梦更加艰巨。"

先生还说：

"大家之所以对书院有那么多的热情，就因为看到了传统文化教育的优秀。”

听了先生的讲话，我们深深地意识到，书院在民族复兴中更多的要承担起文化传承的责任。

六、家教、家训、家风

“第六届书院传统和未来发展论坛”确定的主题是——家教、家训、家风。先生在这届论坛上提出了鲜明的观点。先生说：

“习近平主席提出了怎么样继承和发扬我们的家教传统、家风传统，所以大家也越来越关注这个问题。他也讲，家是社会的细胞，因为家是社会最基本的构成要素。一个国家就是由家庭这样一个个细胞构成的。中国人过去讲的，‘家和万事兴’。家和万事兴绝不是说家和仅仅只是一家的幸福，而是整个社会的兴旺。所以我们把它比喻成社会的细胞，看作社会的基本结构。这个观念只有在中国传统文化中才具有，在西方的文化中应该说没有家这个概念。这是从总的对比来讲，并不是说西方人不重视家。从现在来讲、从某种意义来讲，现代西方人对家的重视超过了中国人对家的重视。为什么说家这个概念是中国文化的根基呢？这是跟我们对于生命的认识相关的。”

关于大家和小家的关系，先生进一步指出：

“我们的家里有父母子女，我们再推展出去，我的父母也有兄弟姐妹，另一个家，叔叔伯伯姑姑姨，这个家跟我们也有关系。姨表是最亲的，姑表也挺亲的。那么再上去又是一层，再上去又是一层。所以由一个小家慢慢就到家族、大家。再往上，一个地区，在过去是一个乡，再上去，一个社会，再上去，我们的祖先，所以我们都称自己为炎黄子孙。那我们整个中国人都是一家，这是大家、大大的家。所以为什么说一个小家是一个社会的细胞，就是因为这个血缘关联使我们构成了整个民族、整个社会。炎黄是两个不同的部族。所以中国人的民族、家庭的概念就是一个大家族，我们现在讲56个民族是一家。所以中国不是以民族认同来建国的，而是以大家这样共同的理念——一个大家庭、各民族在一起都是有血缘联系的这样一种理念来建国的。不是以民族认同而是以文化认同来建国，所以能够包容56个民族，56个民族是一家。因此家的概念绝不是三口子的家，家的问题不是一个简单的问题。家就是我们传统文化的根。我刚才讲的的不是仅仅局限于我们的小家，而是要从小家推广出去的一个大家。”

关于“家”的概念，先生继续阐述：

“我们大家都很熟悉的一句话，孟子讲的，‘老吾老以及人之老，幼吾幼以及人之幼’，不是光看到我家人的老，我要把它推广出去看到他家的老、家族的老、整个家乡的老、国家的老，幼也不是只局限在我的小家里。所以整个中国文化，推广出去，不仅仅是人类，我们跟天地万物也是一家。我们讲到仁，仁者从爱亲人开始，亲亲，推广出去，爱民，再推广出去，爱物，也就是‘亲亲、仁民、爱物’。我们宋代的一位哲学家张载就讲，‘民吾同胞，物吾与也’。所有的民跟我都是一母所生，是同胞的兄弟姐妹，所以‘民吾同胞’；‘物吾与也’，所有的物跟我都是同类，都是天地所生之物。所以中国人的家的观念绝不是一个小小的私家的观念，而是一个大家。”

先生谈到家教、家训、家风时说：

“家有大小，家教、家训、家风的建设不仅是小家的建设，更重要的是大家的建设。家教、家训的内化是家礼、家规、家法。这里的家礼、家规、家法强调的是自我、自觉、习惯成自然的东西；构建家礼、家规、家法，构建父子有亲，夫妇有别，长幼有序的关系，是人与人之间的自然而然的一种关系。”

七宝阁书院在这十几年中的长足发展，可以说离不开先生的指导和教诲，深深地感恩先生。在这十几年里，书院发展了，书院的老师们也都成长起来了，一切都是先生给予的，再次感恩先生。

【作者：马一弘，北京七宝阁书院山长，中国书院传统与发展论坛组委会秘书长。】

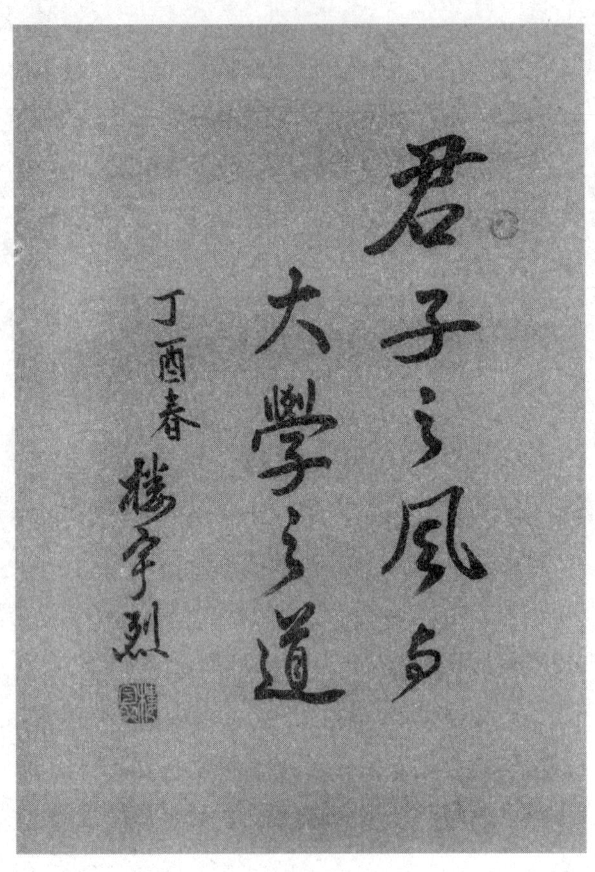
君子之風
大學之道
丁酉春
樓宇烈

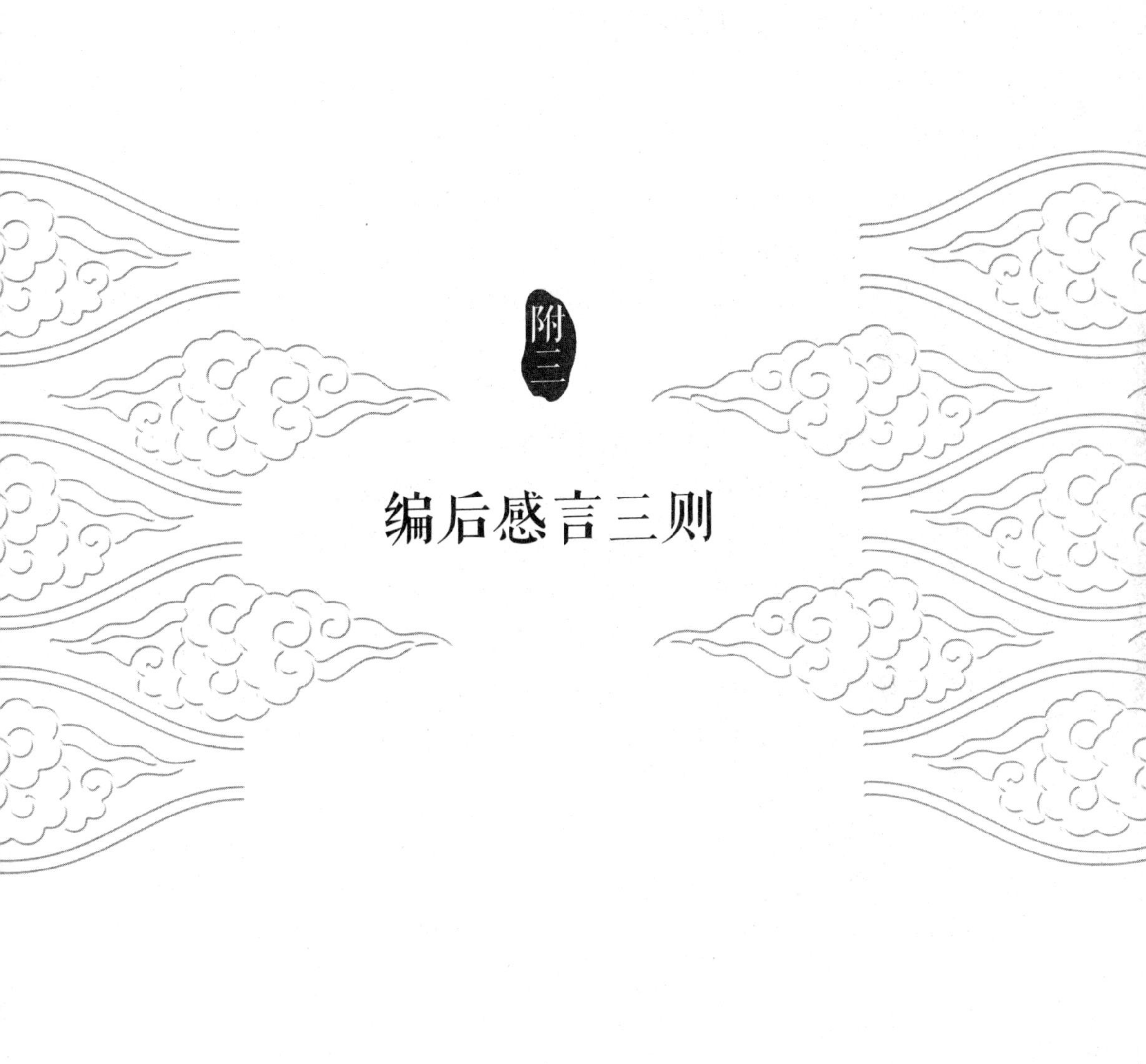

附三

编后感言三则

君子人与君子人也

被长期广泛错误“标点”的梁任公清华《君子》演讲

文/徐林旗

众所周知，《君子》一文，源自梁启超先生1914年11月5日应邀来清华为学校所做之主题演讲，是清华校训的导引，原载于1914年11月10日第20期的《清华周刊》。当年“新文化运动”还没到来，《清华周刊》还是传统的竖排、繁体、没有标点的非“白话文”形式。

最近，本人签约清华大学出版社，欲编辑出版“大师梁启超”与“先生楼宇烈”相隔百年的清华演讲录，主题是《君子之风与大学之道》，目的不言自明：旨在传播清华人文精神，弘扬传承千年的中华民族优秀传统文化，启迪后学行健不息，践行“明明德、亲民、止于至善”的大学正道！

今天出版当然得用简体、得加标点符号了，尤其是梁启超先生的《君子》演讲，既是本书开篇又是主题之所在，当然得求正解。于是对照原文上网查询，再翻检能看到的图书及相关出版物，关于梁启超先生《君子》演讲原文的第一段，“白话文们”近乎“异口同声” “千篇一律”地如此标注：

> 君子二字其义甚广，欲为之诠注，颇难得其确解。惟英人所称“劲德尔门”，包罗众义，与我国君子之意差相吻合。证之古史，君子每与小人对待，学善则为君子，学不善则为小人。君子小人之分，似无定衡。顾习尚沿传类以君子为人格之标准。望治者，每以人人有士君子之心相勖。《论语》云：“君子人与君子人也，明乎君子品高，未易几及也。”
>
> 上文最后一句：《论语》云：‘君子人与君子人也，明乎君子品高，未易几及也。’也有标注为：《论语》云：君子人与君子人也，明

乎君子品高，未易几及也。等等，几无差异。显而易见，标注者大多可能认为“君子人与君子人也，明乎君子品高，未易几及也”是梁任公引用《论语》原句了！此句何义？出自《论语》何篇？本人心存疑惑，可毕竟《论语》原文读得不够熟、也没有成诵（背），于是输入上句，又求教于“百度”“搜狗”“360”等搜索引擎，结果大家又不约而同地“指认”其为“清华校训”说、“梁启超《君子》”说了。所说何义？引用最多的“标准答案”竟然是：“不懂得天命，就不能做君子；不知道礼仪，就不能立身处世；不善于分辨别人的话语，就不能真正了解他。”于是彻底疑惑了，如此“《论语》名句”，万能的搜索引擎们竟查不到。是搜索引擎们集体失灵？！还是此句为梁任公造的“《论语》名句”？！

疑惑中，竟也想起了《论语·阳货》云：“乡愿，德之贼也；道听而途说，德之弃也。”于是，老老实实捧起《论语》诵读起来……千真万确，千真万确，《论语》里没有“云”：“君子人与君子人也，明乎君子品高，未易几及也。”《论语·泰伯第八》却明明白白地云“……曾子曰：可以托六尺之孤，可以寄百里之命，临大节而不可夺也。君子人与？君子人也！”“曾子曰：士不可以不弘毅，任重而道远。仁以为己任，不亦重乎？！死而后已，不亦远乎？！”于是，恍然大悟，当年梁任公《君子》演讲竟也如此“开宗明义”——

君子二字其义甚广，欲为之诠注，颇难得其确解。惟英人所称“劲德尔门”，包罗众义，与我国君子之意差相吻合。证之古史，君子每与小人对待，学善则为君子，学不善则为小人。君子小人之分，似无定衡。顾习尚沿传类以君子为人格之标准。望治者，每以人人有士君子之心相勖。《论语》云：“君子人与？君子人也！”明乎君子品高，未易几及也。

大师梁启超没有造假！他老人家只是把上句言简意赅地“成语”为“君子人与？君子人也”而已！天可怜见，当年没有“新文化”的《清华周刊》的学长们，他们怎么会料得到：“运动”了近百年的后学们，不敬读民族根源性经典，不再“一切皆以修身为本”，多以“知识、财富、权利”外物马首是瞻，却竟胆大包天地“标点”《君子》，而且人云亦云、不知不问、不知不学、云里雾里、道听途说、肆无忌惮……呜呼，哀哉！难怪梁任公告诫“明乎君子品高，未易几及也”，难怪夫子自谦“知者不惑，仁者不忧，勇者不惧，我无能焉”，中华民族伟大复兴任重道远，君子之风、大学之道，“盍归乎来”？！

最后，我们还是再重温一下梁任公当年在《君子》演讲结语里，对清华学子的殷切期望吧：

> “纵观四万万同胞，得安居乐业，教养其子若弟者几何人？读书子弟能得良师益友之薰陶者几何人？清华学子，荟中西之鸿儒，集四方之俊秀，为师为友，相蹉相磨，他年遨游海外，吸收新文明，改良我社会，促进我政治，所谓君子人者，非清华学子，行将焉属？！虽然，君子之德风，小人之德草，今日之清华学子，将来即为社会之表率，语、默、作、止，皆为国民所仿效，设或不慎坏习，惯之传行，急如暴雨，则大事偾矣。深愿及此时机，崇德修学，勉为真君子，异日出膺大任，足以挽既倒之狂澜，作中流之砥柱，则民国幸甚矣！”

当然，现在的中国已不止“四万万同胞”；当然，现在的学子也不再非“遨游海外不可”。但是，“民国”永远是民之国，是五千年生生不息的文化之国！中国万岁，君子不死！

【作者：徐林旗，本文刊登于2016年11月出版的《博览群书》（总第383期），并于2016年11月5日，在清华百年树人文化促进基金项目指定公益服务平台“i清新书坊”公众号发布。】

潸然泪下。上过大学却没读过《大学》这本书！！！清华调查结果令人不寒而栗……

文/徐林旗

刚过去的一个多月里，我在清华园里，为来自北京、内蒙古、新疆、吉林、陕西、山东、江苏、湖南、湖北、云南等地的1000余位继续教育学员，讲了“清华人文精神”“大学之道与民族优秀传统文化智慧”等主题课程，涉及各地组织、人事、质监、农业、教育、纪检以及经贸、国资、民航等系统近20个班，包括公务员、教师、企业家、工程师等不同职业，都是各地、各个单位的精英与领导。既然分享“大学之道”，课前我便经常问学员这样两个问题：您上过大学吗？您以前读过《大学》这部经典吗？

一、令人不寒而栗的调查结果

第一个问题毫无悬念：含义务教育阶段后的大专、本科、硕士、博士以及各种职业教育在内，

几乎所有学员都上过大学，有的年轻干部班硕士、博士的比例竟高达百分之七八十！

第二个问题则令人大跌眼镜：

您诵读过《大学》吗？应者寥寥！

您完整地诵读过一次以上这篇仅两千余字的《大学》吗？应者少之又少！！

您完整地诵读过《大学》《中庸》《孝弟三百千》这些蒙学经典一次吗？应者珍奇稀有！！！

您完整地诵读过《论语》《孟子》《周易》《道德经》《庄子》等传统文化根源性典籍吗？应者在哪里……全场寂静，静的让人心碎！！！

答案虽然是意料之中，毕竟作为1983年考入清华、“学好数理化，走遍天下都不怕”的“工科男”，四十八岁生日之前，我也没有系统读过经典，甚至没有完整地诵读过一遍两千余字的《大学》一文。但是，面对千余位不乏博士、硕士的精英们的回答，我还是不寒而栗！

二、廖申白先生的“潸然泪下”

大概是在2012年、清华百年校庆后，为了更好地传播清华人文精神与民族优秀传统文化，在苇杭书院杨汝清老师的帮助下，我第一次面向师生们组织了国学文化公益讲座。具体时间记不清了，只记得地点是在清华建筑北馆三层的一个教室里，主讲嘉宾是清华的钱逊先生和北师大的廖申白先生。

钱逊先生是清华教授、博导，生于1933年10月，著名国学大师钱穆之子。1952–1953年先后毕业于清华大学历史系、中国人民大学马列主义研究班，1953–1981年先后在清华大学马列主义基础教研组、哲学教研组任教，1982年后转攻中国思想史，五十岁后主要课程为《论语》《道德经》。那天，八十岁的钱逊先生只讲了《论语·学而第一》里的三句话：“学而时习之，不亦说乎？有朋自远方来，不亦乐乎？人不知而不愠，不亦君子乎？”半部《论语》治天下，先生希望师生们回归经典。

廖申白先生是北师大教授、博导，1950年8月出生。先后在中国社会科学院哲学研究所、北师大哲学与社会学学院工作，曾到哈佛、牛津、维多利亚大学，以及俄罗斯、韩国等国家与机构进行学术工作，是国内最有影响力的西方哲学研究专家之一，著作等身，也是《正义论》等世界哲学名著的共同翻译者。那天，先生分享了自己五十岁“潸然泪下”的感受，那一幕，深深地刻在了我的脑海里！

廖申白先生说，五十岁之前，自己专注于西方哲学史的研究，对中国经典涉猎不深，学术上虽小有成就，却总有越来越多的疑惑……力不从心之际，从《论语》开始，重读中国的经典，竟一发而不可收，经史子集，如醉如痴，读着读着，禁不住潸然泪下：原来，自己脚下就是五千年民族生生不息的文化沃土，自己五十年来竟没能与之接续！重读经典，50岁后的廖先生开启了自己学术与人生幸福的又一春。他说，从那以后，他就要求他的西方哲学硕士、博士弟子们，必须补上中华经典的基础课。

三、从楼宇烈先生说的“根源性典籍”中，把握中国文化的根本精神

谈到一百多年来，中国人救亡图存路上传统文化不断迷失的现状，楼宇烈先生常用“失魂落魄”描述，先生认为，失去的这个“魂”就是中国传统文化的经史子集，尤其是其中的根源性典籍，“失魂落魄”的过程就是不断“离经叛道”的过程！楼先生认为：

> “这些根源性典籍，大概可以用‘三、四、五’这三个数字来加以概括，说简单点就是三玄、四书、五经。三玄是指《老子》《庄子》《周易》；四书是指《大学》《中庸》《论语》《孟子》；五经指的是《周易》《三礼》《书经》《诗经》，还有《春秋》（三传）。加起来是多少呢？十二本。在这十二本书里，五经里面的《周易》跟三玄里面的《周易》是重复的，那么就减掉一个，等于十一本。另外，四书里面的《大学》和《中庸》其实是《三礼》里面《礼记》中的两篇文章，如果把它们再放到《礼记》里面去，那又少掉两个，等于九本。这九本书就构成了中国文化的根源性典籍。
>
> 从春秋战国一直到20世纪初的新文化运动，这九本书是中国文化内容的根源。不管是论述哲学思想，还是论述文学历史；不管是讲政治、经济、法律，还是讲农、工、医、科技，都离不开这几部典籍的根本理念和价值观念，引经据典都不会超出这九本书。
>
> 毫不夸张地说，如果不了解这九本书，就很难了解中国文化的方方面面；反过来，即使了解了中国文化的方方面面，但不能将它们统摄到这九本书里去，也把握不住中国文化的理论基础和核心价值观念。所以，这九本书统领了整个中国文化，是我们把握中国文化根本精神的必读书。
>
> 我们更需要从源头性的典籍入手去体会中国传统文化，而不应该从

现代人的诠释中去追寻。因为现代人的诠释已经很难把握中国文化的根本精神了。只有从这些源头性的典籍入手，才能够慢慢的对中国本有的文化的精神，有一个重新的体悟和认识。”

四、传承文化，重读经典，拥抱中华民族伟大复兴的时代

“一个不知道来路的民族，是没有出路的”（习近平语），“不寒而栗”的调查结果面前，我们一起重温清华学长、国家主席习近平在刚刚闭幕的中国文联、中国作协全国代表大会上的有关论述吧：

“中华民族生生不息绵延发展、饱受挫折又不断浴火重生，都离不开中华文化的有力支撑。中华文化独一无二的理念、智慧、气度、神韵，增添了中国人民和中华民族内心深处的自信和自豪。在5000多年文明发展中孕育的中华优秀传统文化，在党和人民伟大斗争中孕育的革命文化和社会主义先进文化，积淀着中华民族最深沉的精神追求，代表着中华民族独特的精神标识。我们要大力弘扬以爱国主义为核心的民族精神和以改革创新为核心的时代精神，大力弘扬中华优秀传统文化，大力发展社会主义先进文化，不断增强全党全国各族人民的精神力量。

文化是一个国家、一个民族的灵魂。历史和现实都表明，一个抛弃了或者背叛了自己历史文化的民族，不仅不可能发展起来，而且很可能上演一幕幕历史悲剧。文化自信，是更基础、更广泛、更深厚的自信，是更基本、更深沉、更持久的力量。坚定文化自信，是事关国运兴衰、事关文化安全、事关民族精神独立性的大问题。

文运同国运相牵，文脉同国脉相连。实现中华民族伟大复兴，是一场震古烁今的伟大事业，需要坚忍不拔的伟大精神，也需要振奋人心的伟大作品。”（中国文学艺界联合会第十次全国代表大会、中国作家协会第九次全国代表大会，2016年11月30日）

拥抱中华民族伟大复兴的时代，必须补上《大学》这一课，传承文化，重读经典！

"从我做起，从现在做起。"于是，我的所有课堂里都庄重地加上了经典诵读的环节……

【作者：徐林旗，本文作于2016年12月3日，并于12月7日在清华百年树人文化促进基金项目指定公益服务平台"i清新书坊"转发。】

君子的节日

——纪念梁启超《君子》演讲102周年年度讲座举办

清华新闻2016年12月2日电（通讯员朱宝玉）：梁启超先生于1914年11月5日在清华大学发表演讲《君子》，其所引《易经》"自强不息，厚德载物"之言被立为清华校训，一直影响着清华的莘莘学子。为了纪念《君子》演讲102周年，弘扬中华民族优秀传统文化，11月29日晚，北京大学哲学系教授、当代著名国学大师楼宇烈做客清华，在清华大学第六教学楼6C300教室，从《三不堂训》与《四留铭》谈起，为到场的400余名清华师生校友阐述了君子幸福人生的安身立命之道。

讲座中，楼宇烈先生首谈自己的《三不堂训》。"不苟为，唯贵当；不刻意，顺自然；不执著，且随缘"。这"三不"分别来自儒道释三家的思想。"不苟为"是楼先生从荀子的《不苟》中得到的启示，君子不应当为了追求表面的明察与名声而不择手段，应当时刻考虑行事是否合乎为人的标准；"不刻意"来自于《庄子·外篇·刻意》，道家的主张是"无为"，"刻意"是真君子的大敌，紧接着先生又从"顺自然"的角度说明了为何应该做到顺应自然；在这之后，楼先生又借佛教的思想向同学们解释了"不执著，且随缘"的深刻内涵，执著会产生种种的烦恼，破除了执著，就是随缘。

讲座中，楼宇烈先生再谈南宋王伯大的《四留铭》："留有余，不尽之巧以还造化；留有余，不尽之禄以还朝廷；留有余，不尽之财以还百姓；

留有余，不尽之福以还子孙。”其中第一“留”讲的是人与自然的关系。古诗有云，青山不墨千秋画，绿水无弦万古琴。现在我们把人工之“巧”用到了极致，征服自然，改造自然，天地也对此无能为力，结果反而是破坏了自然。后三“留”讲的是个人与家庭、与社会的关系。积善之家必有余庆，多做善事，为子孙后代留有福荫。做事情为他人多考虑，为自然多考虑，做人做事都要留有余地，凡有所欲皆应取一个度。

在互动提问环节，楼宇烈先生针对同学们关心的养生秘诀作出了解答。他说：“如果你的心中没有负担，没有执着，再累不会累到心，自己的心态要好。”楼先生将自己的养生秘诀总结为：“在身体上拍拍打打、扭扭捏捏、蹲蹲起起、溜溜达达；在心态上嘻嘻哈哈、大大咧咧、松松垮垮、从从容容。”随后，主持人向楼宇烈先生送上清华大学学生纸艺社创作的作品《鹤》，仙鹤在我国传统文化中寓意吉祥长寿，寄托了清华师生对楼先生的美好祝愿。

清华大学继续教育学院首席课程研究员、清华百年树人文化促进基金项目秘书长徐林旗老师作为本次讲座的嘉宾主持，介绍了梁启超先生与楼宇烈先生两代大师与清华师生的“君子”之约。当年的梁任公先生奔走呐喊，唤醒中国人民的文化自觉，今天的楼宇烈先生娓娓道来，为后学弟子开释人生幸福的文化智慧。两代大师，一脉相承，君子不死，中国万岁！

在活动最后，清华大学百年树人文化促进基金项目秘书处，在楼宇烈先生的支持下，举行了《中国传统文化的品格》图书赠送仪式。《中国传统文化的品格》是楼宇烈先生讲座、采访、论文的集锦，本次赠送由清华百年树人文化促进基金理事郃志强学长、贾庆伟学长出资，赠送总共价值十万元的图书。徐林旗老师在现场提议，把每年的11月份定为“清华君子活动月”，每年举办梁启超先生《君子》演讲年度纪念讲座，希望每个清华人，乃至每个中国人，都能够读中国的经典，做中国的君子，全场对此报以热烈的掌声。

此次讲座由共青团清华大学委员会、清华大学百年树人文化促进基金主办，清华大学图书馆、清华大学校友总会校友学堂协办，是纪念梁任公先生清华《君子》演讲102周年的年度讲座。据悉，这也是楼宇烈先生近年来第九次来清华做《君子之风与大学之道》的相关主题演讲。